# 中国经济学源流与自主知识体系建构

The Origin of Chinese Economics and the Construction of Independent Knowledge System

中国人民大学经济学院 编

中国人民大学出版社
·北京·

图书在版编目（CIP）数据

中国经济学源流与自主知识体系建构/中国人民大学经济学院编．--北京：中国人民大学出版社，2023.7
ISBN 978-7-300-31925-4

Ⅰ.①中… Ⅱ.①中… Ⅲ.①中国经济-研究 Ⅳ.①F12

中国国家版本馆CIP数据核字（2023）第121509号

## 中国经济学源流与自主知识体系建构
中国人民大学经济学院　编
Zhongguo Jingjixue Yuanliu yu Zizhu Zhishi Tixi Jiangou

| 出版发行 | 中国人民大学出版社 | | |
|---|---|---|---|
| 社　　址 | 北京中关村大街31号 | 邮政编码 | 100080 |
| 电　　话 | 010-62511242（总编室） | 010-62511770（质管部） | |
| | 010-82501766（邮购部） | 010-62514148（门市部） | |
| | 010-62515195（发行公司） | 010-62515275（盗版举报） | |
| 网　　址 | http://www.crup.com.cn | | |
| 经　　销 | 新华书店 | | |
| 印　　刷 | 涿州市星河印刷有限公司 | | |
| 开　　本 | 720 mm×1000 mm　1/16 | 版　次 | 2023年7月第1版 |
| 印　　张 | 21.5 插页3 | 印　次 | 2023年7月第1次印刷 |
| 字　　数 | 256 000 | 定　价 | 118.00元 |

版权所有　侵权必究　印装差错　负责调换

# 目 录

**上 篇** 中国经济学自主知识体系建构

建设中国经济学的科学生态体系——以教材体系为突破
以知识体系为基础构建中国经济学学科、学术和话语
体系 ………………………………… 刘 伟 陈彦斌 / 3
财经教育在新时期的新使命——构建中国经济学自主
知识体系 ……………………………………… 刘元春 / 37
中国经济学的本土话语构建 ………………… 姚 洋 / 46
关于经济学科课程思政教学设计的思考 ……… 董志勇 / 62
中国式现代化与中国经济学知识体系创新 …… 盛 斌 / 70
坚持问题导向的中国经济理论创新 ………… 刘守英 等 / 78

**下 篇** 中国经济学源流

中国经济学的源流与发展 …………………… 杨瑞龙 / 107
中国经济学的学科特点和理论创新 …………… 洪银兴 / 129
政治经济学在中国的源流与发展 ……………… 林 岗 / 157
西方经济学在中国的传播和影响——兼论新时代如何对待
西方经济学 …………………………………… 方福前 / 163
世界经济学科的源流与发展 …………………… 佟家栋 / 198
世界经济学的源流与中国世界经济学的贡献 …… 雷 达 / 214

中国经济史学科的源流与发展 …………………… 贺耀敏 / 236

中国经济史学的源流与展望 ……………………… 魏明孔 / 243

中国经济思想史研究的历史初心与未来
使命 …………………………………………… 程　霖等 / 273

外国经济思想史学科在中国的源流与发展 …… 贾根良 / 311

上 篇

# 中国经济学自主知识体系建构

# 建设中国经济学的科学生态体系*
## ——以教材体系为突破 以知识体系为基础构建 中国经济学学科、学术和话语体系

### 刘 伟 陈彦斌

新中国成立以来，中国共产党带领中国人民进行了卓绝的经济建设实践，探索出了一条适合中国国情的中国特色社会主义道路。尤其是改革开放以来的40多年中，中国创造性地将社会主义与市场经济相结合，开创并发展了中国特色社会主义市场经济，实现了快速发展的"经济奇迹"和社会长期稳定奇迹，并顺利实现了第一个百年奋斗目标。站在新的历史起点上，中国又乘势而上开启了全面建设社会主义现代化国家的新征程，向第二个百年奋斗目标进军。习近平总书记指出，"人类社会每一次重大跃进，人类文明每一次重大发展，都离不开哲学社会科学的知识变革和思想先导"。[①] 总结人类近三百年历史也可以看到，每次大国崛起和新的赶超都会孕育新

---

* 本文为中国人民大学科学研究基金项目"中国经济学研究"（批准号：ZIXNLG01）的成果，得到国家自然科学基金专项项目（72141306）的资助。作者：刘伟，中国人民大学原校长，中国人民大学经济学院教授；陈彦斌，首都经济贸易大学副校长。

① 习近平. 在哲学社会科学工作座谈会上的讲话. 人民日报，2016-05-19.

的发展模式和经济思潮。可以说，中国经济的伟大实践已经为中国经济学的构建提供了千载难逢的契机。如何把中国经济发展的成功实践经验上升为系统化的理论学说，构建有中国风格、中国气派、中国话语的中国经济学，为中国建成社会主义现代化强国与实现中华民族伟大复兴提供高水平的理论支撑，已经成为广大哲学社会科学工作者勇于探索的时代之问与理应肩负的时代使命。

问题是时代的声音，实践是思想之源。理论创新通常是由问题引发的，理论创新的过程就是发现问题、提出问题、研究问题、解决问题的过程。中国经济学不是简单地将现有西方经济学理论中国化，而是要具有鲜明的历史感与时代感，核心是要解决和科学回答建设中国特色社会主义的发展道路、发展阶段、根本任务、发展动力、发展战略等方面的根本性问题。一是，总结中国共产党带领中国人民在生产力落后的条件下，全面建成小康社会、顺利实现第一个百年奋斗目标的成功经验。二是，站在新的历史起点上，为把握新发展阶段、贯彻新发展理念、构建新发展格局、推动高质量发展，从而顺利实现第二个百年奋斗目标提供理论支撑和政策工具。三是，理解中国经验特殊性中所蕴含的一般性，提炼中国经验的理论贡献，从而为"既希望加快发展又希望保持自身独立性的国家和民族"贡献中国智慧和中国方案。

不可否认，中国经济学建设工作任重道远，难以一蹴而就。在构建过程中，需要围绕中国经济学的思想基础、构建原则、主体内容与实现途径等关键问题进行深入研究。对于这些问题，习近平总书记在2016年"5·17"讲话中已经做出了重要指引。一是，"坚持以马克思主义为指导，是当代中国哲学社会科学区别于其他哲学社会科学的根本标志，必须旗帜鲜明加以坚持"，这明确了中国经济学的思想基础。二是，中国特色哲学社会科学应该具有"体现继承性、民族性"、"体现原创性、时代性"与"体现系统性、专业性"三大特点，这明确了中国经济学的构建原则。三是，"学科体系同教材体系密不可分。学科体系建设上不去，教材体系就上不去；反过来，教材体系上不去，学科体系就没有后劲"，这明确了建设中国经济学的核心抓手与具体路径。本文将在学习习近平总书记2016年"5·17"讲话和2022年4月25日考察中国人民大学在师生座谈会上的重要讲话精神的基础上，就构建中国经济学的历史基础和思想基础，以及中国经济学的构建原则、主体内容和中国经济学教材体系建设的新探索等内容进行讨论，提出要以中国经济学的教材体系作为突破口和系统呈现，打造中国经济学知识体系（教材体系），在此基础上构建学科体系、学术体系、话语体系有机统一的完整学术生态体系，从而系统性地助力中国经济学的构建、完善和发展。

## 一、中国经济学的创立基础

哲学社会科学的特色、风格、气派，是社会发展到一定阶段的产物，是社会制度、发展模式和发展道路成熟的标志。回顾中国共产党领导中国人民进行艰苦卓绝的中国特色社会主义经济建设的过程和经验，可以看到构建中国风格、中国气派、中国话语的中国经济学学科体系、学术体系和话语体系的历史基础和思想基础已经具备。

### （一）构建中国经济学的历史基础

中国特色社会主义经济建设实践是中华民族伟大复兴和文明发展进程中的重要阶段，也是世界社会主义运动发展史上的重要部分。中国建设社会主义强国的道路实际上是在世界共产主义运动遭受严重挫折、世界进步力量被严重削弱的环境下进行的艰辛探索。国际共产主义运动也正是在这种曲折中前进的。1848年欧洲革命和巴黎公社的失败推动了马克思、恩格斯等经典作家对科学社会主义理论的发展。伯恩施坦和考茨基的修正主义、第二国际的分裂，也客观上促进了列宁主义的实践和理论发展。托洛茨基、布哈林、普列奥布拉任斯基和斯大林等关于社会主义工业化路线的争论，推动了苏联早期社会主义思想的形成。然而，20世纪90年代，东欧剧变、苏联解体，世界社会主义阵营遭受巨大冲击、凝聚力被严重削弱。许多资本主义国家内部的共产党出现了分裂与分化，部分国家的共产党纷纷改旗易帜（林彦虎、冯颜利，2016）。

苏联解体和东欧剧变为我们提出了深刻的理论问题。一方面，要如何辩证地看待传统社会主义经济理论、建设模式，如何保持社会主义经济的活力。另一方面，剧变前后苏东国家的转型也让我们认识到西方主流理论的局限性及其背后的阶级性和意识形态性质，认识到在资本主义世界体系中保持国家的社会主义性质、社会安全稳定和实现独立自主的重要性。这既是对中国共产党和中国社会主义道路的严峻挑战，同时也从反面为中国的社会主义现代化建设提供了教训，为中国社会主义建设提出了更艰巨的任务，推动了新的探索和实践。

面对复杂严峻的国际环境，中国共产党领导中国人民走出了一条中国式的现代化道路，创造了人类文明的新形态。[①] 从最早在1954年提出"四个现代化"目标到改革开放以来党和国家确立以"一个中心，两个基本点"为核心内容的社会主义初级阶段基本路线（刘伟、蔡志洲，2021），从第一个百年奋斗目标的实现，到党的十

---

① 中共中央关于党的百年奋斗重大成就和历史经验的决议. 人民日报，2021-11-17.

九大首次分两个阶段对实现第二个百年奋斗目标的征程进行战略安排，提出全面建设"社会主义现代化强国"（刘伟、陈彦斌，2021），党和国家对社会主义现代化内涵和实现路径的认识不断深入，逐渐探索出了一条中国特色社会主义现代化道路，为解决人类发展问题贡献了中国智慧和中国方案，为构建中国思想和中国理论奠定了实践基础。

这一伟大实践为中国经济学的创立提出了历史性的任务，也提供了重要的历史条件。中国仅用几十年时间就走完了发达国家几百年走过的工业化历程，取得了西方经济学和传统社会主义政治经济学所无法解释的实践创新和伟大成就。这为我们梳理中国特色社会主义经济实践的特征事实，总结中国共产党领导中国人民百年奋斗与新中国社会主义建设的经验，提供了丰富和成熟的现实条件，从而为中国经济学的构建提供了深厚历史基础。

### （二）构建中国经济学的思想基础

"我们党的历史，就是一部不断推进马克思主义中国化的历史，就是一部不断推进理论创新、进行理论创造的历史"。[①] 新中国成立以来，中国共产党坚持将马克思主义的一般科学原理与中国具体实践相结合，不断推进马克思主义中国化、时代化、大众化，实现了马克思主义中国化的新飞跃，发展了社会主义经济理论，为中国经济学的创立奠定了思想基础。毛泽东思想是马克思主义中国化的第一次飞跃，中国特色社会主义理论体系是马克思主义中国化的第二次飞跃，习近平新时代中国特色社会主义思想则是马克思主义中国化的新飞跃，这三次飞跃带来了中国经济思想的发展和创新。

---

① 习近平. 坚持用马克思主义及其中国化创新理论武装全党. 求是，2021（22）.

毛泽东思想横跨了新民主主义革命时期以及社会主义革命和建设时期。毛泽东新民主主义经济思想勾勒了新民主主义经济的特征，包括节制资本、有关国计民生的企业要由国家经营管理，由无产阶级领导的新民主主义共和国的国营经济是整个国民经济的领导力量，允许私人资本主义在不操纵国计民生的前提下得到发展，实行耕者有其田和平均地权，并在此基础上发展具有社会主义因素的各种合作经济等。[①] 这些思想科学地运用马克思主义政治经济学分析了当时中国经济的性质和特征，形成了中国新民主主义基本经济纲领，为中国经济发展提供了重要指导。在社会主义革命和建设时期，毛泽东首先提出了过渡时期的总任务和总路线，逐步对生产关系进行调整和转变，建立社会主义经济制度，形成了社会主义过渡时期的理论；明确了社会主义建设的战略目标，初步形成了正确的建设社会主义的基本纲领；形成了社会主义工业化原始积累理论、社会主义商品经济理论、"以农业为基础、以工业为主导"的产业结构理论、有计划按比例发展理论、国民经济综合平衡理论等经济思想（刘伟、范欣，2022），为中国经济学的发展提供了宝贵思想基础。

改革开放以来，我们党不断总结新经验，解决新问题，发展新理论，形成了包括邓小平理论、"三个代表"重要思想和科学发展观在内的中国特色社会主义理论体系。这一理论体系蕴含着丰富的中国特色社会主义经济思想，是马克思主义政治经济学与中国社会主义经济建设实践相结合所取得的根本性突破。邓小平理论反思了"文化大革命"等社会主义建设时期的挫折，重新建立了实事求是的科学作风，科学回答了"什么是社会主义、怎样建设社会主义"，开创性地提出并发展了社会主义市场经济，确立了以公有制为主体、

---

① 毛泽东. 新民主主义论 在延安文艺座谈会上的讲话 关于正确处理人民内部矛盾的问题 在中国共产党全国宣传工作会议上的讲话. 北京：人民出版社，1966：18.

多种所有制经济共同发展的基本经济制度和社会主义初级阶段的基本路线。"三个代表"重要思想从代表中国先进生产力的发展要求、代表中国先进文化的前进方向、代表中国最广大人民的根本利益等三个方面对中国共产党的全部活动提出了要求，把握了中国社会经济发展的国内外形势变化，坚定了在社会主义制度下发展生产力的决心，坚持社会主义和共产主义的方向不动摇。科学发展观提出坚持以人为本，全面、协调、可持续的发展，对中国特色社会主义发展做了科学的规划。中国特色社会主义理论和实践的探索表明，中国共产党把马克思主义与中国社会主义具体建设实践紧密结合起来的理论自觉和自信获得了历史性的提升，带来了马克思主义政治经济学与中国社会主义经济改革和发展实践的创造性结合，开创了"中国特色社会主义政治经济学"，写下了一部"初稿"。

习近平新时代中国特色社会主义思想是当代中国的马克思主义，是21世纪的马克思主义。习近平新时代中国特色社会主义经济思想开拓了当代中国马克思主义政治经济学的新境界。习近平新时代中国特色社会主义经济思想以中国特色社会主义政治经济学为基础，从历史逻辑、理论逻辑、实践逻辑的统一上，系统阐释了中国特色社会主义的基本纲领——实现建成中国特色社会主义现代化强国的民族伟大复兴，明确了中国特色社会主义发展的历史方位——长期处于社会主义初级阶段，概括了中国特色社会主义的生产方式——坚持社会主义初级阶段的基本经济制度，构建了中国经济理论的学说体系——提出中国经济理论的主要任务和需要分析的基本问题，尤其是以新发展理念为主要内容，强调以人民为中心的发展思想和党对经济工作的集中统一领导，在建设更高水平的社会主义市场经济体制、建设现代化经济体系、解决"三农"问题、加快构建新发展格局和逐步实现全体人民共同富裕等方面都形成了系统理论，创造性地发展了中国特色社会主义政治经济学，科学地指导了新时代中国改革开放和经济发展实践，是新时代中国特色社会主义经济建设和经济发展实践的理论基础和根本遵循（刘伟、邱海平，2022）。

马克思主义中国化的三次飞跃，极大地解放了思想、推动了理论创新，为中国经济学理论体系的创建提供了丰富的实践素材，激发中国学界围绕中国经济学开展了四次大讨论。第一次大讨论发生在新民主主义革命时期，这一时期在面对无法用传统经济思想体系解答中国经济实践问题的局面时，学者们从西方经济学中国化、马克思主义中国化、中国传统经济思想现代化等不同视角进行了建立中国经济学的探索和早期尝试。第二次大讨论发生在新中国成立后到改革开放之前，中国的经济理论工作者借鉴和吸收苏联社会主义经济建设中的经验，并联系中国经济实践中遇到的新问题、新情况和新特点，对斯大林关于社会主义经济的思想、苏联政治经济学教科书以及苏东社会主义国家经济学界对社会主义经济运行规律的研究，展开了创造性的、实事求是的探索，形成了一批具有重要理论和现实意义的研究成果。第三次大讨论发生在改革开放后至党的十八大之前，讨论的主要内容包括中国经济学的提法是否成立等。从1984年写出马克思主义基本原理和中国社会主义实践相结合的政治经济学初稿，到在不同范式与统一视域下探讨中国经济学的提法是否成立，相关研究不断推进，为后续在融合中发展中国经济学奠定了基础。第四次大讨论发生在党的十八大以来，由于党中央多次提出要构建新时代中国特色社会主义政治经济学，把中国经济学研究推向了一个前所未有的新阶段和新层次，在这一阶段学者们重点探讨了中国特色社会主义政治经济学与中国经济学的异同、中国经济学的范式来源等问题，基本形成了中国经济学应该立足中国实践、以问题为导向的共识；并在中国经济学理论体系的构建上进行了有益探索，基本形成了涵盖中国经济理论和应用方面的研究内容框架（刘伟，2021）。马克思主义中国化三次飞跃中的经济思想和学界关于中国经济学发展的四次大讨论都为中国经济学的创立和发展提供了思想条件，为新时代建设中国经济学奠定了坚实基础。

与此同时，对国外不同流派经济学的学习、吸收、批判和借鉴也是中国经济学建立的重要思想基础。改革开放以来，国内经济学界以一种开放和包容的心态面对国外各个经济理论流派的思想，合理借鉴西方经济学中的有益成分、国外左翼学者对新自由主义的批判以及东欧经济学者对传统计划经济体制弊端的反思，这对于中国经济学的构建具有重要作用。其一，引进和吸收现代西方经济学理论与现代化的数量分析方法，为理解市场经济运行机理、推进市场经济制度构建以及对市场经济的宏观治理和微观管理提供了许多有益见解。其二，国外的左翼经济学者对资本主义经济的历史性、阶段性和多样性进行的深入剖析，尤其是对新自由主义阶段资本主义的反思，能够帮助中国学者理解西方各种经济模式的矛盾和问题，使得中国学界能够更加全面地看待西方发达国家的发展道路及其经济学。其三，以批判以苏联模式为代表的计划经济体制以及研究改革目标和如何改革为主要内容的东欧经济学，主张对传统计划经济体制进行改革并倾向于引入市场机制，这对中国经济学家和中国经济体制改革实践产生了巨大影响（黄少安，2020），也是中国经济学的重要思想来源。

## 二、中国经济学的构建原则

中国经济学是中国共产党领导中国人民建设社会主义现代化国家、实现中华民族伟大复兴过程中成功经验的思想结晶和理论升华，其建立和发展遵循科学理论的一般原则。

## （一）以马克思主义为指导的科学性

中国经济学是新时代马克思主义哲学社会科学整体构建的一部分，是新时代理论和实践的结晶，也是吸收人类最广泛文明成果的结果。中国经济学面向的对象是中国的社会主义经济实践，这一实践彰显了马克思主义理论的强大生命力，这也意味着中国经济学最根本的来源必然是马克思主义。因此，中国经济学的构建应当深刻体现出这种理论源流，遵循指导思想正确性和理论内涵兼容性的统一。这首先意味着在构建中国经济学的过程中要坚持辩证唯物主义和历史唯物主义，要从社会关系尤其是生产关系入手理解经济活动，理解经济中生产、分配、交换和消费中的重要结构；要从变化、发展、历史的视角去看待经济关系，通过矛盾分析去把握历史变化的趋势。历史和现实都表明，只有坚持这一方法论，"我们才能不断把对中国特色社会主义规律的认识提高到新的水平，不断开辟当代马克思主义发展新境界"。[①]

在此基础上，中国经济学要坚持习近平新时代中国特色社会主义思想的指导，这是"马克思主义中国化最新成果，是党和人民实践经验和集体智慧的结晶，是中国特色社会主义理论体系的重要组成部分"。[②] 习近平新时代中国特色社会主义经济思想是习近平新时代中国特色社会主义思想的重要组成部分，这一思想"系统回答了我国经济发展的一系列重大理论和实践问题，深化了我们对经济社

---

[①] 习近平.坚持历史唯物主义不断开辟当代中国马克思主义发展新境界.求是，2020(2).

[②] 习近平.决胜全面建成小康社会 夺取新时代中国特色社会主义伟大胜利——在中国共产党第十九次全国代表大会上的报告.北京：人民出版社，2017：20.

会发展规律的认识，对丰富和发展中国特色社会主义政治经济学做出了原创性贡献"。①

此外，中国经济学建设既要积极吸收中华民族优秀传统文化，也要借鉴西方经济学的有益成分。中华民族深厚的历史积淀和在悠久的历史实践中所形成的文化，不仅仅是中国经济学所必须面对和研究的现实基础，也是中国经济学理论特质的重要来源。对于西方经济学，正如习近平总书记指出的，"我们坚持马克思主义政治经济学基本原理和方法论，并不排斥国外经济理论的合理成分。西方经济学关于金融、价格、货币、市场、竞争、贸易、汇率、产业、企业、增长、管理等方面的知识，有反映社会化大生产和市场经济一般规律的一面要注意借鉴。同时，对国外特别是西方经济学，我们要坚持去粗取精、去伪存真，坚持以我为主、为我所用"。②因此，我们应在充分吸取西方经济学精华的基础上建设好、发展好中国经济学。

## （二）以问题为导向的实践性

毛泽东同志在《人的正确思想是从哪里来的？》一文中深刻地指出，人的正确思想只能从实际中来，人的认识的第一步是感性认识，一切思想理论都发源于感觉、经验，依赖于感性认识；接下来要对感性认识的材料进行思索、整理和条理化，去伪存真，去粗取精，使感性认识上升为理性认识。然后实现认识的第二次飞跃，即从认识到实践的飞跃，从实践中得出的思想、理论，还必须再回到实践中去，指导人们改造世界的革命实践。要建设科学的中国经济学理

---

① 习近平经济思想研究中心. 做好新时代经济工作的根本遵循——习近平新时代中国特色社会主义经济思想的重大意义和丰富内涵. 人民日报，2022－02－16.
② 习近平. 不断开拓当代中国马克思主义政治经济学新境界. 求是，2020（16）：4－9.

论，就必然遵循这种以问题为导向的实践性原则，避免"李嘉图恶习"。不将某种抽象的理论直接套用在复杂的现实中，而是以中国丰富的经济实践为基础，提炼理论核心范畴并在实践中丰富发展这些理论。

中国特色社会主义经济建设实践创造了举世瞩目的经济和社会发展奇迹，使中华民族实现了从站起来、富起来到强起来的伟大飞跃，为中国经济学理论的创立和发展提供了实践素材。一是，经济保持长达 40 余年的高增长，1978—2020 年 GDP 平均增速高达 9.3%，使得中国从贫困落后的低收入国家迅速跃升成为全球第二大经济体，成为全球经济的"稳定器"与"发动机"。二是，城乡居民生活水平大幅提高，从普遍绝对贫困到全面脱贫。改革开放以来中国的减贫人口占同期全球减贫人口的 70% 以上，为全球减贫事业做出了卓越贡献。三是，经济运行格局从"高增长、高波动"转向"高增长、低波动"，尤其是党的十八大以来，随着中国经济迈向高质量发展阶段，经济发展的稳健性与可持续性进一步增强。四是，平稳实现了经济体制转轨，没有出现苏联与东欧国家在转轨阶段所经历的经济大幅衰退，为世界提供了罕见的经济转型成功范例。这些成就是中国共产党带领中国人民进行伟大实践的结果。

在这些实践素材的基础上，中国已经形成了一系列富有特色的理论成果，为中国经济学理论的构建打下了坚实基础。习近平总书记对这些成果做出了系统概括：关于社会主义本质的理论，关于社会主义初级阶段基本经济制度的理论，关于树立和落实创新、协调、绿色、开放、共享的发展理念的理论，关于发展社会主义市场经济使市场在资源配置中起决定性作用和更好发挥政府作用的理论，关于我国经济发展进入新常态的理论，关于推动新型工业化、信息化、城镇化、农业现代化相互协调的理论，关于农民承包的土地具有所有权、承包权、经营权属性的理论，关于用好国内国际两个市场、两种资源的理论，关于促进社会公平正义、逐步实现全体人民共同富裕的理论，关于构建新发展格局的理论，等等。如何明确这些理论与经典理论之间的关系，明确这些理论如何对经典理论进行了继承和发展，如何在这些理论的基础上进一步提炼和阐述中国经济学的核心范畴，也将成为中国经济学理论生长的重要基础。

### （三）以人民为中心的价值性

"社会"是由人构成的，人的精神、价值、文化及其相互之间的关系等深刻影响着社会的特征；社会现象及其运动规律本质上是人的社会性的表现。同时，人是具有高度主观能动性的存在，这意味着人的行为、选择和活动具有深刻的价值性。因此，作为反映和研究人类社会运动规律的哲学社会科学具有鲜明的价值取向。西方经济学关于个人利益最大化的"经济人"假设，反映了以资本主义私有制为基础的市场经济的基本特征。诺贝尔经济学奖获得者、美国经济学家索洛（1972）指出："社会科学家和其他人一样，也具有阶级利益、意识形态的倾向以及各种各样的价值判断。但是，所有社会科学的研究，与材料力学或化学分子结构的研究不同，都与上述的（阶级）利益、意识形态和价值判断有关。不论社会科学家的意愿如何，不论他是否觉察到这一切，甚至他力图避免它们，他对研究主题的选择、他提出的问题、他没有提出的问题、他的分析框架、他使用的语言，都很可能在某种程度上反映了他的（阶级）利益、意识形态和价值判断。"

习近平总书记在《在哲学社会科学工作座谈会上的讲话》中明确指出："为什么人的问题是哲学社会科学研究的根本性、原则性问题。我国哲学社会科学为谁著书、为谁立说，是为少数人服务还是为绝大多数人服务，是必须搞清楚的问题。世界上没有纯而又纯的哲学社会科学。"① 因此，中国经济学的价值取向必须反映中国特色社会主义的基本特征。以人民为中心的立场，是马克思主义政治经济学的根本立场，也是马克思主义的根本追求。习近平新时代中国特色社会主义思想也明确了增进人民福祉、促进人的全面发展、朝着共同富裕方向稳步前进的目标。

因此，中国经济学建设应坚持以人民为中心的基本价值取向和原则。这种价值取向体现在四个方面。一是，深刻理解和重视人民在经济活动中的根本性地位。以人的关系而不是物的关系作为经济分析的基础，透过经济现象的"拜物教"性质，将经济关系理解为人和人的经济关系。也只有在这个意义上，才有可能不被商品、货币、资本运动所表现出来的现象所遮蔽。二是，以人民群众的共同富裕、人的自由全面发展为根本目标。中国经济学以历史唯物主义和辩证唯物主义为指导，以人民的立场理解经济过程，超越传统经济学理论单纯的将利润、效率、增长、分配理解为经济的终极目标的狭隘观点，赋予马克思主义关于"人的自由全面发展"的新时代内涵，将人民群众的共同富裕和满足人民群众对美好生活的需要作为发展的目标。三是，在政策制定上，始终牢牢坚持以人民为中心这个根本立场，注重民生、保障民生、改善民生，让改革发展成果更多更公平地惠及全体人民，使人民群众获得感、幸福感、安全感更加充实、更有保障、更可持续。四是，要坚持发展为了人民、发展依靠人民、发展成果由人民共享的原则，把人民满意与否作为各个时期中国经济发展得失成败的根本评判标准，并以此作为推动社会经济发展的根本动力。

---

① （授权发布）习近平：在哲学社会科学工作座谈会上的讲话（全文）. 新华网，2016 - 05 - 18.

## 三、中国经济学的主体内容

经济学是一门社会科学，经济理论要深刻反映其历史定位，就是要对一个时代的经验进行高度凝练和概括，进而更好地指导经济与社会的发展。总结人类近三百年历史也可以看到，每次大国崛起和新的赶超都会孕育一种新的发展模式和经济思潮。资本主义第一次工业革命的巨大成就，促进了以英国为代表的自由主义的扩张，催生了现代世界体系，同时也导致了英国古典经济学的诞生。资本主义第二次工业革命，促进了以美国为代表的垄断资本主义世界体系的重构，这也使得发源于英国的凯恩斯主义思想在美国不断成熟，并对世界产生了巨大影响，使之成为现代经济学的最重要组成部分。

中国共产党带领中国人民百年奋斗的征程，使中华民族实现了从站起来、富起来到强起来的伟大飞跃，极大地改变了世界政治、经济和文化格局，是一场在人类文明史上波澜壮阔的壮举，为中国经济学的建设提供了历史性机遇。① 全面建成小康社会、实现第一个

---

① 在新民主主义时期，中国共产党创造性地提出了新民主主义经济纲领，在探索社会主义建设道路过程中对发展中国经济提出了独创性的观点，在改革开放的实践中把马克思主义政治经济学基本理论与中国改革开放新的实践相结合，不断丰富和发展马克思主义政治经济学，创立了中国特色社会主义政治经济学。1984年10月《中共中央关于经济体制改革的决定》通过之后，邓小平评价这个决定"写出了一个政治经济学的初稿，是马克思主义基本原理和中国社会主义实践相结合的政治经济学"。这个初稿实际上就是中国特色社会主义政治经济学的初稿。改革开放40多年来，随着中国特色社会主义经济实践的蓬勃发展，中国特色社会主义政治经济学的初稿不断丰富、充实、拓展、完善，发展成了具有鲜明主体性、原创性的系统化的经济学说。党的十八大以来，中国特色社会主义进入新时代，中国经济发展也进入新时代。2021年7月1日，在庆祝中国共产党成立100周年大会上，习近平总书记代表党和人民庄严宣告："经过全党全国各族人民持续奋斗，我们实现了第一个百年奋斗目标，在中华大地上全面建成了小康社会，历史性地解决了绝对贫困问题，正在意气风发向着全面建成社会主义现代化强国的第二个百年奋斗目标迈进。"面对新时代新实践，习近平总书记多次强调，我国经济发展进程蕴藏着理论创造的巨大动力、活力、潜力，要深入研究世界经济和我国经济面临的新情况新问题，不断完善中国特色社会主义理论体系。

百年奋斗目标和开启全面建设社会主义现代化国家新征程的伟大事业，是中国经济学的深厚底蕴和无穷的素材来源，是中国经济学在中国和人类发展史上的历史坐标。中国经济学要牢牢地把握准自己的历史方位，深刻反映中国特色社会主义这一主题，认真研究两个一百年奋斗征程中的主要关系、矛盾和运动规律，对中国的发展和现代化过程进行科学的理论解释。遵循这一要求，中国经济学需要研究的主体内容包括中国特色社会主义市场经济的本质和基本规律、中国特色宏观调控和宏观经济治理以及中国特色社会主义发展战略和发展模式等。随着中国特色社会主义经济建设实践的不断丰富和中国经济学理论探索的不断深入，中国经济学的主体内容还会不断增加。

### （一）中国特色社会主义市场经济的本质和基本规律

中国改革与发展的伟大创造性实践之一是将社会主义基本制度和市场经济结合起来，建设和发展中国特色社会主义市场经济，从而开辟了中国特色社会主义经济发展的道路，取得了举世瞩目的伟大成就。把市场经济与社会主义统一起来的理论与实践，是我国改革开放历史进程中的伟大创新，既打破了西方资产阶级经济学的传统，也突破了马恩经典作家的理论，中国经济学必须深入总结和提炼这一伟大实践创造的经济思想，深刻剖析其中的内在逻辑，阐释其中所包含的崭新的经济学知识体系、概念范畴、思想内涵、逻辑结构、本质特征等。从根本上说，只有社会主义才能救中国、才能发展中国，社会主义基本制度是中国特色社会主义市场经济区别于资本主义市场经济的最本质特征。因此，基于中国改革实践的中国经济学建设必须要揭示社会主义基本经济制度下市场机制在资源配置中发挥决定性作用的经济学逻辑。要说明在社会主义市场经济条件下，不同所有制主体复杂多样的决策过程和行为方式，以及它们是如何通过市场结合在一起的，要阐明社会主义基本制度在社会主义市场经济中的表现形式和运行逻辑，等等。归根到底，中国经济学要研究和说明中国特色社会主义市场经济的本质和基本规律。

国内学者基于不同的角度，对中国特色社会主义市场经济的本质和基本规律的阐释有所不同。从生产资料所有制结构、资产流转体制和资源配置机制等来看，社会主义市场经济的本质特征是产权流转上的共有性与交易性的有机统一，其基本规律是共有经济与交易经济的辩证平衡机制，主要体现在二者之间的统一性上（陈宣明，2018）。从本质要求来看，社会主义市场经济坚持以人民为中心和以共同富裕为目标，实现社会财富增加和社会财富共享的统一（周文、司婧雯，2022），彰显了社会主义制度的优势。从经济运动规律来看，社会主义市场经济存在商品运动规律、资本运动规律和社会主义经济运动规律等三个层次上的发展规律的统一，前两者是市场经济的一般规律，后者则是社会主义市场经济的特殊规律，体现了中国社会主义经济的性质和特色（李建平，2016）。这些关于本质和基本规律的论述实际上辩证地将社会主义基本制度的特征和市场经济的特征统一起来，但还只是从分散的视角考察。

鉴于中国特色社会主义市场经济的本质和基本规律的研究现状和要求，中国经济学建设必须系统、辩证地总结和提炼中国特色社会主义市场经济的本质和基本规律。熊彼特曾说过：如果一个人不掌握历史事实，不具备适当的历史感或所谓历史经验，他就不可能指望理解任何时代的经济现象（熊彼特，1996）。马克思的唯物史观的形成，也是与马克思对人类社会经济发展史的翔实掌握密不可分的。因而深刻总结和梳理中国特色社会主义市场经济的本质和基本规律，必须要立足于中国特色社会主义市场经济的伟大实践。马克思主义基本理论及其中国化的理论成果的指导、中国共产党的坚强领导和坚持社会主义基本经济制度是实现中国经济发展奇迹的关键原因,离开这些内容,就不可能真正理解中国经济实践的伟大意义及其所蕴含的伟大理论。

### (二) 中国特色宏观调控和宏观经济治理

中国特色宏观调控是在社会主义市场经济制度建立与完善的过程中逐步形成的。与西方国家宏观经济政策理论根植于成熟的自由市场经济体制不同,中国特色宏观调控体现了非常鲜明的时代特征与独特优势,是中国经济取得举世瞩目伟大成就并顺利实现第一个百年奋斗目标的重要支撑和保障,这也决定了中国特色宏观调控是中国经济学不可或缺的内容和重要组成部分。

中国特色宏观调控与西方宏观政策相比具有四方面显著优势。一是,在短期内,中国特色宏观调控具有更强的逆周期调节能力。无论是西方国家还是中国,对经济运行进行逆周期调节都是宏观经济政策的核心任务。与西方国家相比,中国特色宏观调控的逆周期调节能力相对更强。尤其是 1992 年以来随着中国宏观调控体系的逐渐完善,中国经济增速的波动程度显著低于其他主要经济体。二是,在长期中,中国特色宏观调控保证了中国经济增速的平稳换挡。从国际经验来看,日本和韩国等许多国家随着经济发展水平不断接近世界前沿,经济增速均会出现显著下降,经济波动明显增大。与之不同,中国在经济追赶过程中经济运行反而更加平稳。在 1992—2012 年的高速增长时期,中国经济增速的离散系数为 0.2。随着 2013 年以来中国过渡到中高速增长阶段,经济增速的离散系数更是降至不到 0.1 的低位。[①] 三是,

---

[①] 离散系数为标准差与平均数的比值。1992—2012 年中国经济增速的离散系数使用相应期间每年 GDP 实际增速的标准差除以平均数计算,2013 年以来中国经济增速的离散系数使用 2013—2019 年每年中国 GDP 实际增速的标准差除以平均数计算。

在面对危机冲击的特殊时期，中国特色宏观调控具备更强大的反危机能力。西方国家在经济与金融危机的冲击下，往往会陷入较长时间的经济增长低迷或者衰退之中。比如，"大萧条"导致美英等国家在20世纪30年代陷入了长达数年的衰退之中，2008年的经济危机也让欧美主要经济体面临"长期停滞"的风险。相比之下，中国特色宏观调控强大的反危机能力，能够使中国较好地应对经济与金融危机的冲击。面对20世纪90年代末亚洲金融危机的冲击，中国在1998年和1999年依然实现了9%以上的高增长，而韩国、日本等国家均出现了负增长。在2008年全球金融危机的冲击下，中国是全球主要经济体中率先恢复的国家。2020年在新冠疫情的巨大冲击下，中国更是全球唯一能够实现经济正增长的主要经济体。四是，中国宏观调控具有更加充裕的政策空间，回旋余地更大。这更好地保证了宏观调控的连续性、稳定性与可持续性，显著增强了宏观调控效果，并与2008年全球金融危机之后发达经济体普遍面临利率零下限等政策空间约束形成了鲜明对比。

之所以中国特色宏观调控相比于西方宏观政策具有明显优势，是因为中国特色宏观调控突破了西方宏观政策的两大缺陷。

第一，西方宏观政策主要关注短期稳定而很少关注长期增长，中国特色宏观调控则注重兼顾短期稳定与长期增长。在西方主流宏观理论中，长期增长与短期稳定长期处于分离状态。关于长期增长，西方主流理论基本建立在新古典增长理论体系之上。在该框架中，由于物价水平能够充分灵活调整，因此增长政策通常只关注实际变量之间的联系而并不关注名义变量的长期变化。关于短期稳定，西方主流理论建立在新凯恩斯理论体系之上。新凯恩斯主义宏观政策理论的核心是：使用货币政策和财政政策等稳定政策平抑短期经济波动，从而使得产出缺口和通胀缺口维持在零附近。不仅如此，新凯恩斯主义宏观政策理论认为，宏观政策不需要关注潜在增速的变化，也就不需要对长期目标做出反应。与之不同，中国特色宏观调控注重兼顾长期与短期，并且创新性地提出了"逆周期调节＋跨周期调节"的新思路。"逆周期调节＋跨周期调节"意味着，中国特色宏观调控的考量时期不再局限于短期，而是兼顾长期。这表明，宏观政策不会过度地追求将产出缺口或通胀缺口在短期内一直保持在零附近，而是更多地兼顾长期增长路径。"逆周期调节＋跨周期调节"的新思路使得中国特色宏观调控能够将长期发展目标与短期稳定目标相结合，从而在长期的改革与发展中实现较小的经济波动。而这正是中国特色宏观调控得以保证中国经济增速平稳换挡以及有效应对巨大冲击的理论根基。

第二，西方宏观政策很少关注经济结构，而中国特色宏观调控非常注重对经济结构的调整和优化。到目前为止，西方国家的政府部门和主流经济学教科书很少关注经济结构。究其原因，其一，西方国家尤其是美国和英国等发达经济体的经济结构相对稳定，因此不太需要调整和优化经济结构。其二，西方国家的宏观政策实践普遍是以新凯恩斯主义逆周期调节理论为指导，其核心是使用货币政策和财政政策等稳定政策平抑短期经济波动，从而实现短期经济稳定。而经济结构调整需要在长期框架下进行分析，这与新凯恩斯主义的短期分析框架"格格不入"，从而进一步削弱了在西方教科书引入结构政策的必要性（陈小亮、陈彦斌，2022）。与之不同，中国经济的跨越式发展意味着中国一直处于发展阶段快速转换的过程中，总需求结构、供给结构、收入分配结构、债务结构、产业结构、区域结构等经济结构均处于动态变化的状态之中，优化经济结构的必要性更加突出。近年来中央实施的供给侧结构性改革和需求侧管理等中国特色宏观调控创新举措的核心目标就是要不断优化供给结构和需求结构。对经济结构的不断调整和优化，是中国经济运行长期保持在合理的轨道和区间的内在保障，也是短期经济稳定和长期经济增长目标得以实现的重要前提。

上述两方面突破孕育了中国特色宏观调控理论，为中国经济学理论体系的构建提供了重要素材。西方主流宏观调控理论注重使用货币政策、财政政策和宏观审慎政策等稳定政策平抑短期经济波动，从而实现经济稳定和金融稳定的目标。中国特色宏观调控理论则在政策目标和政策工具上实现了突破。中国特色宏观调控不仅追求短期稳定目标（包括经济稳定和金融稳定），还追求长期增长目标和优化经济结构目标。中国特色宏观调控理论不仅使用稳定政策工具，还广泛使用增长政策工具和结构政策工具，从而孕育了中国特色宏观调控理论体系的新框架。将聚焦于短期经济稳定的稳定政策、聚焦于长期经济增长的增长政策和聚焦于调节经济结构的结构政策这三大类最重要的宏观政策纳入统一的理论框架，可以更好地消除产出缺口和长期潜在增速缺口，促使实际经济增速、长期潜在增速和最优经济结构下的潜在合理增速三者趋于一致，从而实现最优经济结构下的短期平稳运行与长期稳定增长。中国特色宏观调控理论体系的不断构建和完善，不仅可以为第二个百年奋斗目标的实现提供理论支撑和政策保障，而且可以作为中国经济学理论的重要组成部分，为全球宏观经济治理提供中国智慧与中国方案。

## （三）中国特色社会主义经济发展战略和发展模式

新中国成立 70 多年来，尤其是改革开放以来，中国从积贫积弱走向繁荣富强，创造了举世瞩目的增长奇迹，为第一个百年奋斗目标的实现打下了坚实基础。这一成功的重要原因之一就是我们对中国特色社会主义发展阶段的准确把握，形成了社会主义初级阶段理论，明确以经济建设为中心，并提出了包括"三步走"发展战略在内的一系列适应中国国情的发展战略，对中国创造经济增长奇迹起到了重要的指导作用。

在经济发展过程中，中国逐步构建了中国特色社会主义基本经济制度和发展战略，这与西方国家的自由主义市场经济制度存在显著差异，也使得西方经济增长理论难以解释中国经济持续的高增长。一些国外学者基于西方的经济增长理论更是对中国经济增长做出了非常错误的判断，甚至多次提出了"中国崩溃论"。例如，2009年诺贝尔经济学奖得主克鲁格曼指出，"中国经济崩溃是迟早的事"；2016年美国著名经济学家巴罗在美国经济研究局（NBER）发表论文指出，"中国的人均GDP增速很快将由8%左右降至3%～4%"。然而，直到2019年中国GDP增速始终保持在6%以上，2020年在新冠疫情的巨大冲击下，中国更是全球范围内唯一实现正增长的主要经济体，体现了强劲的韧性。可以看到，中国经济不仅没有"崩溃"，反而创造了一个又一个增长奇迹，而基于西方增长理论的"中国崩溃论"则屡屡以"崩溃"告终，这表明西方经济增长理论不适用于中国的发展战略，也就无法解释中国的经济增长奇迹。

因此，中国经济学的构建与发展必须要根据我们自己的发展战略、发展模式和发展逻辑来提炼中国成功的经验，需要聚焦于以下几个关键领域。其一，要将新发展理念作为中国发展经济学理论框架的构建主线。这既体现了中国特色社会主义经济发展理论的精髓，又符合中国当前经济发展的实际情况，具有重要的理论意义和现实意义。其二，要系统总结中国在发展和崛起过程中的转型经验与发展模式，并主动向世界展示中国的成功经验与经历的各种挑战，让世界各国了解中国，增强对中国发展模式的理解。这不仅有利于世界各国尤其是发展中经济体实现有效的经济追赶，而且可以大大提高中国的软实力，提升中国在国际事务中的影响力，对中国自身发展和进一步壮大也大有裨益。其三，要用中国经济学理论更好地指导迈向第二个百年奋斗目标的新征程。当今世界正处于百年未有之大变局之中，中国既面临历史性机遇，也面临前所未有的挑战，国内外形势严峻复杂。① 再叠加新冠疫情的冲击，全球经济增长进一步低迷，逆全球化趋势愈演愈烈等，这些因素给中国迈向第二个百年奋斗目标的新征程带来了新的困难与挑战。由此，必须增强风险防范的战略意识，认清第二个百年奋斗目标在经济发展上的突出任务，预判在实现第二个百年奋斗目标过程中将会遇到的挑战，从而在发展战略上做出针对性部署，以顺利实现第二个百年奋斗目标。

中国经济学是服务于中华民族伟大复兴、实现全面建成社会主义现代化强国目标的理论工具和智力支持。中国在全面建设社会主义现代化国家进程中面临较为严峻的挑战，要想更好地完成建成社会主义现代化强国的核心任务，需要从学理上梳理和研究清楚如何充分发挥中国经济的特色优势，制定好合理的发展战略、规划与实施路径等关键战略性问题和难题，确保中国向着社会主义现代化目标稳步迈进。

## 四、构建中国经济学的新探索：以知识体系和教材体系为核心抓手

从经济理论的演变历史经验来看，理论体系的形成离不开教材体系的支撑。一方面，教材是理论的载体，是理论内核与共识的集

---

① 就国内形势而言，近年来中国经济增速下滑势头有所加剧，增长动力有待增强。系统性金融风险仍处高位，高债务、高房价等问题还没有得到较好的解决，总需求结构、产业结构与收入结构等结构性问题依然突出。就国际形势而言，全球经济尚未摆脱2008年金融危机的深刻影响，存在长期停滞风险。

中体现,是传播理论的重要渠道。另一方面,教材也是进一步推进理论发展的重要基础。习近平总书记在 2016 年 5 月 17 日哲学社会科学工作座谈会上明确指出:"学科体系同教材体系密不可分。学科体系建设上不去,教材体系就上不去;反过来,教材体系上不去,学科体系就没有后劲"。[①] 习近平总书记在 2022 年 4 月 25 日视察中国人民大学时指出,"加快构建中国特色哲学社会科学,归根结底是建构中国自主的知识体系。"[②] 知识体系需要靠教材呈现。知识体系除了要明确知识点之外,还要明确知识的基本范畴、基本概念和基本问题。这几个方面都需要通过教材来承载和构建。哲学社会科学每一个学科的学科体系、学术体系和话语体系的构建,如果离开了这个学科的知识体系及其知识点、基本范畴、基本概念和基本问题,那么就难以成功。因此,知识体系和教材体系是构建哲学社会科学的学科体系、学术体系和话语体系的关键抓手。近年来教育部教材局和国家经济学教材建设重点研究基地(以下简称"教材基地")大力推进中国经济学教材体系建设,以教材为载体,汇聚全国经济学重点高校和研究机构的专家学者,对中国经济学建设进行了多方面的有益探索,取得了一些重要的阶段性成果。

## (一)对"中国经济学"的定义和内涵进行重新界定,凝聚了学界普遍共识并引领了全国范围内研究中国经济学的新热潮

在过去的很长一段时间里,"中国经济学"的定义和内涵并不十分清晰。有观点认为"中国经济学"是国别概念,是在中国的经济

---

① (授权发布)习近平:在哲学社会科学工作座谈会上的讲话(全文). 新华网,2016 - 05 - 18.

② 高培勇. 归根结底是建构中国自主的知识体系. 光明日报,2022 - 06 - 08.

学或经济学的中国化应用。但是，回顾近百年来全世界经济学理论的发展历程可知，不管是英国古典经济学还是美国经验占主导地位的当代西方经济学，都不只是纯粹的国别概念，而是具有鲜明的历史感和时代感。与之类似，中国经济学也不是单纯的国别的概念，而是具有特殊内涵的历史概念，同样具有鲜明的时代感。

教育部教材局和教材基地以建设中国经济学教材为重要契机，通过高端论坛、研讨会与调研等多种方式组织全国范围内的权威专家学者对"中国经济学"的定义和内涵进行了深入研讨。在此基础上，对于中国经济的内涵达成了新的基本共识：中国经济学的本质在于，对新中国成立70多年来尤其是改革开放40多年来中国从落后国家建设成为小康社会的伟大成就进行系统性的理论总结，并且用来指导中国建设成为现代化强国；中国经济发展的成功实践经验以及在此基础上提炼出的中国经济学理论，不仅具有中国的根据和意义，同时也具有世界意义。

"中国经济学"这一新的定义和内涵较好地引领了全国范围内研究中国经济学的新热潮。国家自然科学基金委、清华大学、中国社会科学院、南京大学、西南财经大学等重要组织和单位，以及《经济研究》《管理世界》等重要学术刊物围绕中国经济学举办了一系列高端学术论坛与研讨会。其中，国家自然科学基金委专门设立"中国经济发展规律的基础理论与实证专项项目"，旨在通过多学科、大交叉、新范式的研究，从典型事实、基本规律、核心理论等方面系统总结改革开放以来中国经济发展的成功经验与规律，形成能够解释过去并指导未来的中国经济发展理论，包括中国经济增长与经济结构转型理论、中国特色宏观调控理论、减贫理论与乡村振兴理论等。中国社会科学院还专门创办了《中国经济学》期刊，旨在挖掘中国规律性经济现象和经济学故事，发表具有原创性的中国经济学论文，推动中国现象、中国问题、中国理论的本土化和科学化，为加快构建中国经济学理论体系贡献力量。

## （二）分批推进中国经济学教材建设工程，为中国经济学理论体系和知识体系的构建和发展提供重要载体

推进中国经济学教材建设工程，是落实教材建设国家事权，切实推进习近平新时代中国特色社会主义思想进教材、进课堂、进头脑的重要举措，是构建中国经济学理论体系和知识体系的关键环节和抓手，具有非常重要的理论和现实意义。首先，中国经济学教材是中国经济学的重要载体。教材在理论中具有独一无二的作用，能够更好地梳理理论脉络、澄清学术共识、塑造学科逻辑体系。中国特色社会主义经济建设实践的成功经验和中国经济学的理论成果可以通过一套系统完备的中国经济学教材清晰呈现。通过中国经济学教材的建设，可以将中国经济发展过程中的经验性特征和重要经济学理论成果纳入统一理论框架，将共识性的理论成果以教材的形式传递。其次，中国经济学教材是落实立德树人任务的关键抓手，有助于培养将论文写在中国大地上的高素质经济学人才。长期以来，中国经济学教育面临的问题是课堂教学与现实实践脱节，广大青年学生对中国国情的了解不够充分。中国经济学教材体系的构建可以促进经济理论与中国社会经济实践的联结，增进广大青年学生对于中国国情的了解，从而为培养新时代经济学有用之才提供重要保障。最后，中国经济学教材的构建在将中国实践概念化、中国经验一般化的过程中，也能够展现中国经济的理论价值，促进政治经济学和西方经济学传统教材和理论体系的更新，使其能够更多地体现中国经济学理论要素和学术成果，从而在更广大范围内和更深入层次上促成对中国经济的理解、研究和教学。

2021年11月5日,国家教材委员会办公室正式发布了《关于公布首批中国经济学教材编写入选学校及团队的通知》。来自全国13个科研院所的25个团队获得了《中国特色社会主义政治经济学》《中国宏观经济学》《中国微观经济学》《中国发展经济学》《中国开放型经济学》《中国金融学》《中国财政学》《中国区域经济学》《中华人民共和国经济史（1949—1978年）》等首批9种中国经济学教材的编写资格。首批中国经济学教材将紧密结合改革开放和社会主义现代化建设实践，坚持问题导向，体现中国特色，以更好地解释中国经济发展的伟大成就与关键性问题为原则，系统梳理中国经济理论的独创性贡献，讲好"中国故事"，增强中国经济学教材的解释力和生命力。同时，教材编写将突破"用原有理论解释中国经济问题"或"原有课程＋中国案例（数据）"的编写形式，立足新时代，系统总结新中国成立70多年来尤其是改革开放40多年来中国经济建设发展的丰富实践，提炼具有原创性、解释力、标识性的新概念、新范畴、新表述，推动形成中国经济学理论体系，并用来指导新的伟大实践，为构建中国经济学教材体系奠定坚实理论基础。这有助于真正落实习近平总书记强调的"用中国理论阐述中国实践，用中国实践升华中国理论"的指示精神。

未来中国经济学教材建设过程中需要进一步处理好四大关系。一是，处理好建设与规划的关系，在教材建设过程中应该遵循"边规划边建设""以规划促建设"的原则，充分尊重教材建设与理论发展的规律，及时调整规划方案，确保中国经济学教材建设工作能够持续稳步推进。二是，处理好继承与创新的关系。既要继承马克思主义政治经济学及其中国化的理论成果，并较好地借鉴吸收西方经济学的有益内容，也要突出体现以中国经济伟大实践为源泉的中国经济学理论创新。而且，中国经济学理论创新应该在中国经济学教材中占据主导地位。三是,处理好理论与实践的关系。既要从实践中提炼理论,也要用理论指导实践。要不断完善中国经济学理论体系与教材体系,并用来指导中国现代化建设新征程。四是,处理好教材建设与理论研究、学科建设的关系。关于教材建设与理论研究的关系,应该以国家教材的严肃性和权威性,彰显中国经济理论的共识性和可推广性;同时,以理论的严谨性和中国实践的鲜活性不断充实与完善教材体系,形成知识体系与教材体系的双向互动。①

## (三)加快推进《中国经济学研究手册》建设工程,与中国经济学教材形成互动互补,从而进一步完善中国经济学教材体系

中国经济学教材体系应该是多层次、全方位的体系,目前正在编写的中国经济学教材处于核心地位,是对中国经济原创性理论与标识性概念的集中体现,对中国理论、中国故事、中国智慧与中国方案进行广泛传播。在此基础上,针对经济学研究人员以及经济学高年级本科生和研究生等专业人群,还需要有相应的配套工程,从而更好地推进中国经济学理论研究。为了丰富和完善中国经济学教材体系,教材基地正在推进《中国经济学研究手册》建设工程。

在国际上,与《中国经济学研究手册》相对应的是具有广泛影响力的《经济学手册》(*Handbooks in Economics*)。《经济学手册》

---

① 在教育部教材局的统一部署下,教材基地深入开展了一系列研究工作,为教育部教材局推动中国经济学教材建设提供了重要的智库支撑。一是,协助教育部教材局研制了中国经济学教材建设工作方案,论证了中国经济学教材建设总体思路。二是,协助教育部教材局开展中国经济学教材建设论证和落地实施工作。基地组织专家团队论证了首批中国经济学教材建设目录、主要内容及编写要求等,研制了首批中国经济学教材建设、申报与评审工作方案,为首批中国经济学教材建设工作的启动和落地实施提供了重要支撑。三是,汇聚国内一流学者深入推进中国经济学理论研究,为中国经济学教材建设提供坚实理论支撑。在此基础上,教材局与基地正在组织专家进行第二批中国经济学教材建设论证工作,重点围绕教材建设目录、主要内容、编写难点等进行反复论证。

由 Elsevier 出版社出版，自 1981 年出版首部《数理经济学手册》以来，以学科为单位至今已经累计出版 100 余部，而且还在不断增加，它们涵盖了政治经济学、宏观经济学、微观经济学、国际经济学、金融学等经济学人类知识体系的几乎全部重要领域。《经济学手册》的目的在于为专家学者和研究生提供深度研究资料，具有鲜明特征。一是权威性。每一部《经济学手册》的每一位作者均由该领域权威专家学者（如诺贝尔经济学奖获得者）担任。二是前沿性。《经济学手册》大约每 10 年更新一次，这使得手册所涵盖的内容不仅包括学界已达成共识的成熟研究成果，还包括来自学术期刊和学术会议等的最新前沿研究成果。三是高被引性。《经济学手册》的被引率超过了绝大多数知名经济学期刊。《经济学手册》是国际经济学界运用西方经济学范式研究经济问题的重要工具书，能够为中国特色哲学社会科学体系建设提供有益参考。编制"以中国为观照、以时代为观照，立足中国实际、解决中国问题"，助力构建中国自主知识体系的《中国经济学研究手册》（以下简称《手册》）具有重要意义。

《手册》是中国经济学教材之外中国经济学理论的又一重要载体，需要将国际学术手册的一般性与中国经济学的本质有机结合，并且突出以下四大鲜明特点。第一，紧扣中国经济学的内涵与本质。《手册》应系统总结新中国成立 70 多年来尤其是改革开放 40 多年以来的伟大实践，提炼中国特有范畴与独创性理论，提炼中国经济学的核心范畴与主要理论。第二，聚焦中国经济建设与发展过程中重要领域的重大问题，充分体现中国学者的独创性贡献以及政府政策的成效。既要将中国学者提出的特色范畴、独创性理论以及相关文献等研究成果写入《手册》，又要对政府部门在中国经济发展过程中所采取的卓有成效的政策举措进行总结提炼并将其写入《手册》。第三，秉持权威性与客观性。为了保证《手册》的权威性，应由国内经济学界的权威学者对相关领域的现实问题、理论进展和文献脉络进行梳理，从而为经济学研究人员、高年级本科生以及研究生提供权威的研究述评、未来展望和经典参考文献。为了保证《手册》的客观性，其作者应客观总结与提炼相关领域学者的研究成果，力求把代表性的学说与观点都纳入其中，包括存在分歧的学说和观点，从而全面反映国内学者在该领域的研究成果。第四，具备可持续性与可更新性。中国经济发展过程中的重大问题处于动态变化过程中，源于实践的中国经济理论也会随之更新。与之相适应，《手册》所包含的内容应该是可持续、可更新的，这就要求《手册》所涵盖的内容和话题在过去很重要、现在也很重要，并且在可预期的未来也将保持其重要性。①

可以预见的是，中国经济学教材与《手册》将会不断改善以往中国经济学体系中学术研究、教材编写与理论建设相互割裂的问题。聚焦于学术前沿研究的学术期刊、聚焦于归纳梳理研究动态的《手册》以及聚焦于凝练中国经济原创性理论的中国经济学教材三者之间将形成完整闭环与良性互动。学术前沿研究中基本达成共识的内容，可以不断纳入中国经济学教材之中，形成既相对稳定、又能不断更新的基础教学工具。尚处于学术争论阶段但是已经形成相对稳定的分析范式的部分，则可以纳入《手册》，作为指引新进研究人员的研究指南。由此，中国经济学教材与《手册》将不断丰富中国经

---

① 当前教材基地正在稳步推进《手册》建设工程。一是，多次组织专家论证研讨，较好地厘清了《手册》与中国经济学教材、中国经济学理论研究以及中国经济学人才培养的关系，明确了《手册》的定位和功能。二是，研制并出台了《〈中国经济学研究手册〉规划方案》，论证了手册的内容体系、编写组织架构、建设方式与进度安排等重要内容。三是，已组建两个研编团队，由刘伟教授、陈彦斌教授分别牵头，编写《中国特色社会主义政治经济学研究手册》与《中国宏观经济学研究手册》，并且已初步形成多个样板章节，其他章节的编写工作也在稳步推进。下一步，教材基地将在教育部教材局的统一部署下，在全国范围内凝聚更广泛的专家学者参与《手册》建设工程，加快《手册》编写工作，为中国经济学理论的传播与推广打造新的载体。

济学教材体系，从而大大助力中国经济学的构建和完善。

## 五、结语和展望

时代是思想之母，实践是理论之源。习近平总书记在"5·17"讲话中强调，"当代中国正经历着我国历史上最为广泛而深刻的社会变革，也正在进行着人类历史上最为宏大而独特的实践创新。这种前无古人的伟大实践，必将给理论创造、学术繁荣提供强大动力和广阔空间。"[①] 新中国成立以来，中国经济取得的举世瞩目成就更是为中国经济学的建设提供了历史性机遇。中国特色社会主义经济建设和社会主义现代化的伟大实践业已积累了丰富的成功经验，社会主义经济思想的探索和发展、马克思主义中国化也已到达了新的高度，创立中国经济学的历史条件和思想条件都已经成熟，完全有必要对中国特色社会主义经济建设和中国特色社会主义现代化伟大实践的成功经验做系统性的总结，并加以学术性的总结提炼，从而形成中国经济学，用以阐释和解决中国经济发展的问题，并指导中国迈向第二个百年奋斗目标的新实践。

虽然中国经济学已经具备必要的历史条件和思想条件，但还没有形成一个完善的理论框架与具有中国特色的理论内核。在构建过程中，还面临着中国经济学的构建原则、主体内容与实现途径等关键性问题需要回答。本文基于习近平总书记"5·17"讲话的重要指引，对于上述问题进行了一定的思考。就构建原则而言，中国经济学应当遵循三大原则，分别是以马克思主义为指导的科学性、以问题为导向的实践性和以人民为中心的价值性。就主体内容而言，中

---

① （授权发布）习近平：在哲学社会科学工作座谈会上的讲话（全文）．新华网，2016 - 05 - 18．

国经济学要深刻而系统地研究中国特色社会主义市场经济运行的基本规律、中国特色宏观调控和中国特色发展战略体系等重要内容。就实现途径而言,中国经济学的构建应以中国经济学教材建设工程为核心抓手,并以《手册》为配套建设工程。聚焦于学术前沿研究的学术期刊、聚焦于归纳梳理研究动态的《手册》以及聚焦于提炼中国经济原创性理论的中国经济学教材三者之间将形成完整闭环与良性互动,以中国经济学的知识体系和教材体系为突破口,打造由知识体系、教材体系、学科体系、学术体系、话语体系构成的完整学术生态体系,从而实质性地助力中国经济学的构建和完善。

新的时代赋予新的使命,经济学界应进一步凝聚共识,加快中国经济学理论的构建,未来应着力做好以下几方面工作。一是进一步增强中国经济学的问题导向特征。要科学阐释中国增长奇迹、减贫奇迹、经济低波动运行、经济体制平稳过渡等一系列成功实践背后的经济学逻辑,这将有助于系统性地凝练原创性的中国经济理论,为中国经济学提供重要的理论支撑。二是创新研究范式。中国经济学既不能过多地拘泥于西方经济学的研究范式,也不能过多地局限于意识形态方面的规范性研究,缺乏可实证的科学基础。需要加快构建一套可实证、可计量、可拓展、可传播、可传承、可借鉴的研究范式。三是要进行更大跨度的学科交叉研究。总结中国经济发展的典型事实并深刻剖析中国经济发展的内在规律,创新经济学理论发展,既需要经济学领域之中宏观、微观、计量等多学科进行交叉,也需要经济学与其他社会科学进行交叉与融合,更需要经济学与自然科学进行大跨度的交叉与融合。四是进一步以中国经济学教材建设为抓手,以知识体系和教材体系为突破口,加快中国经济学生态体系构建。以教材基地作为重要支撑,汇聚专业研究力量,围绕中国经济发展相关的重大理论和实践问题展开集中攻关,提炼中国特有范畴和标识性概念，深化理论研究。更好地用中国理论解读中国实践，用中国实践丰富中国理论，用中国话语阐述中国发展，推动中国经济学理论体系的不断完善。

## 参考文献

［1］陈小亮，陈彦斌．结构政策的内涵、意义与实施策略——宏观政策"三策合一"的视角．中国高校社会科学，2022（3）：62-72，158，159.

［2］陈宣明．社会主义市场经济的本质特征、基本规律与发展趋势——从当代中国的经济发展谈起．经济纵横，2018（10）：18-25.

［3］黄少安．马克思主义经济学从根本上主导了中国经济改革——对中国经济改革和发展产生重大影响的主要经济理论总结．中国经济问题，2020（1）：3-10.

［4］李建平．认识和掌握社会主义市场经济三个层次的规律．经济研究，2016，51（3）：30-36.

［5］林彦虎，冯颜利．对苏联解体教训的再认识．红旗文稿，2016（17）：34-36.

［6］刘伟，邱海平．中国特色社会主义政治经济学．经济研究，2022，57（1）：22-28.

［7］刘伟．中国经济学的探索历程、构建原则与发展方向．中国科学基金，2021，35（3）：361-367.

［8］刘伟，蔡志洲．中国经济发展的突出特征在于增长的稳定性．管理世界，2021，37（5）：11-23.

［9］刘伟，陈彦斌．"两个一百年"奋斗目标之间的经济发展：任务、挑战与应对方略．中国社会科学，2021（3）：86-102.

［10］刘伟，范欣．党的基本纲领的政治经济学分析——学习党的十九届六中全会精神的体会．管理世界，2022，38（2）：1-15.

［11］索洛．经济学中的科学和意识形态//克伦道尔，埃考斯．当代经济论文集．波士顿：利特尔布朗公司，1972.

［12］约瑟夫·熊彼特．经济分析史：第一卷．北京：商务印书馆，1996.

［13］周文，司婧雯．全面认识和正确理解社会主义市场经济．上海经济研究，2022（1）：27-36.

# 财经教育在新时期的新使命*
## ——构建中国经济学自主知识体系

### 刘元春

4月25日,习近平总书记在中国人民大学考察时指出:"加快构建中国特色哲学社会科学,归根结底是建构中国自主的知识体系。要以中国为观照、以时代为观照,立足中国实际,解决中国问题,不断推动中华优秀传统文化创造性转化、创新性发展,不断推进知识创新、理论创新、方法创新,使中国特色哲学社会科学真正屹立于世界学术之林。"

按照习近平总书记的这一指示,中国经济学在新时期的新使命就是要在建设中国特色哲学社会科学的浪潮中"构建中国经济学的自主知识体系"。这个命题是习近平总书记"5·17"讲话精神的深化,即构建中国特色哲学社会科学体系的三个核心体系——理论体系、学科体系、话语体系,归根到底就是要构建中国自主的知识体系。这个深化提出了财经院校在新时期的新使命,指明了中国特色

---

* 作者:刘元春,上海财经大学校长。

经济学在理论创新上的关键方向。同时这个深化也说明了我们过去在构建中国特色哲学社会科学方面在自主知识体系的构建上着力不够。中国经济学构建自主的知识体系不仅是社会主义实践积累在理论自信上的必然要求，也是未来中国现代化的必然要求。但自主知识体系的构建是一个漫长的过程，实践的基本展现、思想创新的不断探索、理论创新的不断积累是自主知识体系建立的前提。具有中国特色的中国独特实践不断展现和中国共产党第一个百年奋斗目标的完成，为思想创新、理论创新和自主知识体系的构建奠定了坚实的基础，但自主知识体系的构建依然需要很多要件和程序，需要我们把握正确的知识体系构建的基本规律。所以，在认识习近平总书记所谈的"构建自主知识体系"的时代使命时需要进一步把握以下两个大问题。

第一，什么是知识体系？为什么它是构建理论体系、学科体系、话语体系的核心和关键？为什么构建中国特色哲学社会科学归根到底就是要在自主知识体系上下功夫？经济学的知识体系与我们通常所讲的理论、观点、体系、范式，以及价值、趋向、意识形态有什么区别？如果对此没有一个很好的把握，那么我们很可能难以把知识体系中有用的养分提取出来。

第二，中国经济学自主知识体系的核心是什么？我们目前进展到哪一步了？我们很可能在一些价值形态上进行过度的争论，在一些伪知识上面过度地下功夫。当现实还没有展现出它的全貌的时候，我们就会全面构建过大而全的理论体系，这样做反而会使理论构建脱离现实，并成为下一步实践创新的思想包袱和精神约束。所以笔者认为我们目前处于什么方位、下一步该怎么走，可能也是一个关键问题。

关于第一个问题，什么是知识？什么是知识体系？几千年人类史中有大量的争论。比如说古希腊柏拉图就曾说过，一条陈述要能够称得上是知识，必须满足三个条件：一是它必须被验证过；二是它必须在逻辑上是正确的；三是它能够指导行动，被人相信。若一个命题十分正确，但大家不相信它，在行动上不实践它，那么它也称不上知识。

现代英国大哲学家罗素也谈到过这个问题，他认为，"什么是知识"这个问题就是知识论，是现代哲学的一个核心命题。为什么呢？其原因在于，如果对什么是真知识、什么是真理没有很好的把握，那么我们在文明进程中就很可能难以把握住有利于人类进步、有利于人类前进的信息、数据、观点，从而也难以进行有效的知识积累。罗素认为，知识的获取是一个复杂的过程，涉及感觉、交流、推理，如果要从一般的感觉、一般的信息和一般的推理提炼、演化为真正的知识，它应该具有一致性和公允性。判断真伪的关键逻辑是要以实际为标准，而非以立场、价值为标准。当然罗素的观点不一定完全正确，但是他认为如果在逻辑上不具有一致性、在实践上不具有可检验性，那么大部分的信息、感觉可能是伪信息、伪感觉，可能难以推进人类文明的进程。

英国著名的历史学家彼得博格也谈到：为什么中世纪的神学讨论不是真正的知识，而近代早期欧洲的文艺复兴却使知识得到了全面的发展和积累呢？其中很重要的原因有两个：一是人们把中世纪教会所获得的大量逻辑推论付之一炬，使大家不再相信它、不再遵循它。二是人们通过批判，从实践中提炼出有利于社会发展的元素，知识是经过深思熟虑地处理过的、系统化的，是能够指导实践的。

正是在这些人的基础上，马克思主义知识观和知识体系论发展出了一系列检验知识的标准。

第一个标准就是实践标准。知识永远来自实践，并且能够指导实践，被实践所检验，因此检验真理的唯一标准是实践，没有先验的真理，只有不断被实践所检验的相对的真理。笔者认为，这是马克思主义知识观在所有知识观里最重要的一个特点，也就是实践知识观。

第二个标准就是知识的逻辑一致性。我们在实践中会得出很多命题、很多规律，这些命题和规律往往具有逻辑上的一致性和系统性，这些一致性和系统性有利于我们在对各种冲突的感性认识中获得可检验的理性认识，从而进行理论和思想创新，并创新性地指导实践。

因此我们会看到，对于知识体系和知识观的一些认识，往往决定了知识体系的形成要有以下几个大的要件。

第一个要件就是我们的实践与客观事实。对事实进行客观认识，好像是一个很简单的事情，但它却是个很复杂的事情。复杂之处就在于我们处于一个社会系统中，有大量鲜活的价值观，这些价值观有些是正确的、有些是错误的。陈述事实这个第一步看似很简单，但实际上并不容易。

当然对于中国经济学自主知识体系的构建，笔者认为，对事实的陈述和全面认识是最核心的一步，要对中国共产党所领导的社会主义实践有一个客观的、全面的、真实的、系统的认识。尤其是改革开放40多年来，中国经济到底发生了哪些变化？如果我们无法把握清楚这个事实，依然是从逻辑到逻辑、从理论到理论、从范式到范式，一定会出问题。习近平总书记反复强调，我们现在所做的社会主义市场经济实践是前所未有的，经典马克思主义没有描述，西方的范式也没有描述，因此我们对这一事实的认识，不能简单套用传统理论和范式，必须从中国特色社会主义实践出发。

对于中国经济实践的客观认识如何呢？几代经济学人在实证主

义的指导下已经展开得不错，但是依然存在很多误区：第一，依然有大量学者是从教条到教条，基本上脱离现实，要么在延续经典中简单套用，要么就把中国实践视为西方理论的案例；第二，在不断专业化和碎片化的进程中盲人摸象，从自己的领域简单地来判断中国的实践。要突破这种困境，认清中国的经济运行实践，构建强大的实证研究团队十分必要，系统梳理中国经济的典型事实是中国财经学界的一个初步但最重要的任务。

　　第二个要件就是事实所蕴含的规律。因为我们对事实的认识不是简单的数据、不是简单的各种个案，而是要认识到我们在改革开放中、中国共产党进行社会主义市场经济建设中的一些规律。比如说，习近平新时代中国特色社会主义经济思想中就总结道，"党的领导是社会主义经济奇迹成功的政治保障"，这就是一个很重要的规律！因为党的领导能够使我们的经济系统在一个稳定的政治社会环境之中运行。另外我们也看到，改革开放中的市场化、国际化、法制化是创造两个奇迹的基石和基本方向，这也是规律！

　　但是我们对于经济规律的总结，并不是从各个方面都把握得很透，还没有通过中国增长、中国发展的典型事实把这些规律梳理得很好。比如说过去40多年中国出现没有金融危机的持续增长，这是不是规律？比如说我们在政府与市场之间进行双向动态构建的过程中实现了同步完善，这是不是事实？当然我们也要看到，目前有大量的文献针对一些领域、一些时段形成了很多的规律认识，这也为我们中国经济学奠定了很好的基础。但是笔者认为，对事实规律的总结不是一成不变的，会随着时代的发展而发展，同时也不能以单个领域涵盖整个系统的规律，笔者觉得在这方面我们实际上可能还有所欠缺。

　　第三个很重要的要件就是把握规律之间的联系。不同的规律之间会存在一些冲突。不同规律背后的力量、要素和范畴并不具有一致性和共通性。知识与知识体系往往在这些冲突的规律之中形成，只有在不同现实规律之间寻找到一致的联系，我们才能提炼出规律背后的逻辑、要素和共同的力量甚至范畴，只有比对不同规律之间的冲突，我们才能发现新的经济运行机理和新的规律，也才能进行思想和理论的创新。举一个最简单的例子，比如说收入分配领域有库兹涅茨倒U形曲线这个经典规律，但是从最近40多年经济发展的现实，大家也都看到，由于新技术革命，库兹涅茨倒U形曲线不再成立了，在技术冲击过程中，一些经济完全实现了小康甚至达到了发达国家水平的国家，它们的收入分配也恶化了，新的收入分配规律出现了，这就是皮凯蒂定理。这在中国40多年的改革开放中有所体现。

因此，我们要看到规律与规律之间的矛盾，挖掘出其背后的因素，并进行逻辑一致性的推演和检验，这就进入知识体系里第四个很重要的要件——具有相对一致性的规律体系的构建。我们将对大量规律进行比对，将新规律与旧规律和旧理论进行比对，然后进行各种理论的相互验证，找到不同规律之间的联系，对具有一致性的规律进行有机整合，以形成一致性的规律体系。

第五个很重要的要件就是体系所蕴含的基本性的概念和范畴是什么？规律体系我们已经罗列出来了，但是支撑这些规律体系的基本的范畴是什么？基本的概念是什么？正如很多人所讲，中国经济学之所以成立，基本的范畴、基本的概念到底是什么？我们在总结40多年的改革开放的发展规律的过程中，所发现的支撑这些规律的背后动力到底是什么？

如果我们能够把这些概念和范畴提炼出来，那么就能够构建出第六个要件，就是知识体系必须要有具备逻辑一致性的命题。

在知识体系中构建出一大堆命题后,第七个要件就是在命题的基础上,规范命题的基本理论和基本框架。

第八个要件就是形成统率这些基本概念、基本范畴和基本理论的一些框架。在这些范式的基础上,我们再形成有利于宣传的一种广义的意识形态体系,这就是知识体系的第九个要件。

因此我们就会看到,要想构建一种知识体系,实际上是一个非常艰难、漫长的过程,是在理论批判、实践检验和未来的发展过程中不断修正的一个历史过程。

在中国经济学自主知识体系的形成过程中,笔者认为,对这九个要件之间的递进关系,要有一个深入的梳理。

第一步,对于中国经济学的客观事实要有一个全面总结,特别是在我们完成第一个百年奋斗目标、趁势而上完成第二个百年奋斗目标的过程中,对中国特色社会主义市场经济所展现出来的一些客观事实,要有一个系统性的总结。

第二步,就是在典型事实的基础上,要总结出一些具有规律性的命题。比如说这些年来,对于中国经济奇迹的解释,对于增长、波动之间关系的解释,对于中国特色宏观调控体系的一些规律性的解释,对于供给侧结构性改革方面的规律性的解释。

第三步,就是把这些规律梳理清楚,特别是把各个领域的规律都梳理清楚,对于规律之间的联系进行深入的挖掘,对于规律之间的联系所蕴含的基本概念、基本范畴进行提炼。这是很重要的一步,因为目前大量的学者对规律已经做了很多的提炼,但是规律背后的核心要素是什么?这里面就涉及比如说生产力与生产关系之间的基本范畴问题,就是技术的变革引起组织的变革、引起利益关系的变革,从而引起动力体系和各种基本经济变量的规律性的变化。这一套理论我们可能要进一步地进行挖掘和提炼,而不是只有一些相互冲突、难以厘清的概念。当然，在这个过程中，最好的一种方式就是把现有规律理出来，然后针对一些现有理论难以解释的各种新规律来进行挖掘。

比如说我们经常会看到，现在的很多理论难以解释中国政府在市场化、经济增长和宏观治理中的特殊地位和作用，难以解释中国分权体系、所有制安排在经济增长和宏观调控中的作用，难以解释中国渐进式改革所取得的巨大成绩与成就，难以解释中国经济高增长、低波动的运行格局以及中国房地产在金融深化、市场化、城市化中所起的杠杆性的作用，难以解释中国应对各种巨大冲击所具有的弹性和韧性，也难以解释没有危机的持续的金融深化，当然也难以解释我们未来所要做的一系列变革。

这些东西实际上是我们要真正加以提炼的。在这个提炼过程中，我们要提出具有一致性的命题，同时在命题的基础上形成相应的基础理论和分析框架，最后形成一个成熟的范式。所以我想知识体系的九个要件，对于构建中国特色哲学社会科学中的中国经济学的启示是非常重要的。

当然在这个过程中，我们要有正确的价值导向，这个价值导向，在方法论上、在我们基本的哲学分析框架层面上，就是一定要坚持马克思主义。这一点是很重要的，包括前面所提及的，我们对知识体系的认识，在本质上就是要坚持马克思主义知识观，把实践作为我们理论构建的最为原始、最为基础性的养分，把实践作为检验各种规律、各种范式的一个必要条件，把指导实践作为我们最终的价值观。习近平新时代中国特色社会主义经济思想在过去这些年，特别是新时期的一些最新实践中，不断发展马克思主义政治经济学的核心内容，是遵循了马克思主义知识观的。下一步就要按照马克思主义知识观充分认识构建知识体系的这九个要件，从客观典型事实、基本规律、基本规律体系、基本概念范畴、一致性命题、分析框架和范式，以及范式的意识形态体系这几个方面来展开。这样我们才能避免过度的从概念到概念、过度的从规范到规范、过度的从理念到理念、过度的就规律谈规律，才能够避免过去很多的无用功，使中国经济学的构建在加快构建中国特色哲学社会科学体系过程中起到排头兵的作用。

# 中国经济学的本土话语构建*

## 姚 洋

改革开放 40 多年来，中国经济学经历了三个阶段：1978—1993 年、1994—2003 年、2004 年至今。第一个阶段的主体是 20 世纪 80 年代，伴随着当时的思想解放思潮，经济学家特别是一批年轻经济学家，开始摆脱教条式的马克思主义说教，关注中国现实问题，积极参与中国的改革实践，并为此做出了许多杰出的贡献。在这个阶段，西方现代经济学开始被引入，一些主要大学的研究生项目也开始教授中级现代经济学理论，但是，就研究而言，现代经济学的应用非常有限。第二个阶段的主要特征是系统地引进现代经济学的教学和研究体系。一方面，除传统的马克思主义政治经济学理论之外，各主要大学的现代经济学教育开始形成体系；另一方面，经济学者开始有意识地使用现代经济学的理论和经验分析工具从事研究工作。一个标志性事件是北京大学中国经济研究中心（简称 CCER）于 1994 年成立。这个中心由六位海归学者发起，2008 年更名为国家发

---

\* 本文是笔者为《中国经济学 40 年》（中国社会科学出版社，2020）所做的序言。作者：姚洋，北京大学国家发展研究院院长，北大博雅特聘教授。

展研究院，成为一个集教学、科研和智库于一体的综合性学院。20世纪90年代，CCER致力于引进现代经济学研究生教育体系，后又于2001年出版《经济学（季刊）》杂志，引导规范的经济学研究。进入第三个阶段之后，海归学者大量增加，海外博士毕业生回国工作成为一件平常的事情。与此相呼应，各大经济学院（研究机构）开始引进严格的"非升即走"的长聘制度，学术发表的重要性被提高到一个空前的高度。这大大刺激了经济学者发表论文的动机，经济学研究进入一个繁荣时期。

然而，在论文发表繁荣的背后，中国经济学也存在诸多隐患，其中最为迫切的是没有建立起本土话语体系。什么是本土话语体系？它不是自说自话，也不是脱离国际学术界另起炉灶，而是扎根中国的现代化进程，做问题导向的研究，目标是对经济学理论做出贡献。具体而言，本土话语体系应该包括三方面的内容：（1）以中国问题为导向设定研究议题，研究当下中国亟须解决的问题；（2）具有理论抱负，从中国的特殊性中发现普遍性，对现代经济学理论的发展做出贡献；（3）构建学术共同体，促进学术批评和学术进步。在精神层面，构建本土话语体系，就是回归20世纪80年代中国经济学研究的价值取向；但是，这不是简单的回归，而是在更高层次上将20世纪80年代问题导向学术研究的精神发扬光大，即用现代经济学的手段研究中国问题。

## 一、以中国问题为导向设定研究议题

经济学的研究对象是现实经济问题。尽管不是每项研究都具有应用价值，但是，脱离现实经济问题，经济学研究就失去了意义。在经济学的发展史上，重大的理论突破都是来自对现实问题的研究。

比如，科斯的企业理论来自他对美国企业垂直一体化的观察，而以他的名字命名的"科斯定理"则来自他长期从事美国反垄断法的研究。再比如，凯恩斯之所以能够掀起"凯恩斯革命"，和他长期参与英国政府事务高度相关，而货币主义学派则直接来自芝加哥大学经济学家们对凯恩斯主义经济学的反思。然而，经历了近一个世纪的成长，当今西方经济学已经进入一个平台期，学术研究的数学化倾向越来越严重，而学术成果却离现实越来越远。在很多情况下，经济研究不过是研究者玩弄智力和谋取个人荣誉的媒介而已，其成果是否对现实具有指导意义，甚或能否反映现实，已经不再重要。如果这种虚假的研究仅仅停留在书斋里，它的负面影响还是有限的；然而，许多"虔诚者"还要把在空中搭建的模型应用到现实之中，结果是得到不合直觉的结论。正如保罗·罗默在《主流宏观经济学的困境》一文里批评普雷斯科特提出的真实经济周期理论时所指出的："真实经济周期模型将衰退归因于'燃素'外生性地减少。给定产出 $Y$，货币总量 $M$ 变化的唯一影响就是价格水平 $P$ 的同比例变化。在这一模型中，正如 Prescott 在明尼苏达大学教授研究生课程时讲到的'邮政经济学要比货币主义经济学更接近理解经济的本质'，货币政策的作用微乎其微。"①

西方经济学这种脱离现实的倾向给中国经济学带来了两个负面影响。第一个负面影响是，用书本上的理论和西方国家的实践套中国现实，让研究者无法认清中国经济的本质。以货币理论为例。许多人受货币主义理论的影响，以总量指标来衡量我国的杠杆率，从而得出我国经济的杠杆率太高的结论。受这个结论的影响，降杠杆成为政府过去几年宏观调控的主旋律。然而，这个结论没有注意到，

---

① 人大经济论坛，http://bbs.pinggu.org/forum.php?mod=viewthread&tid=4879204&page=1.

我国绝大多数货币存量是由外汇储备创造的，因而不可能通过常用的手段（如公开市场操作）回收（姚洋，2017）。另外一个例子是对固定汇率制度的理解。在2005年之前，我国采取了相对于美元的固定汇率（或双轨制汇率）制度。我国多数经济学家接受现有经济理论的结论，认为汇率只是一个名义价格，固定汇率不可能对实际汇率产生作用，因而也不可能影响实体经济的运行。然而，既然固定汇率对实体经济没有作用，我国为什么要长期采取这个制度？现实情况是，在金融危机之前，我国存在大量的未加充分利用的人力和物质资源，当我国出口部门劳动生产率上升的时候，这些资源被动员起来，而国内物价却不至于大幅上涨，因此，固定汇率可以抑制实际汇率的上涨，从而增强我国产品在世界市场的竞争力（Mao, Yao, and Zou, 2017）。用书本上的理论套中国现实失败的最显著例子，莫过于对于中国制度变革的理解。众所周知，我国的经济转型采取了渐进主义的道路，中间的许多制度安排都是不合西方经济学理论"常识"的，如价格双轨制、乡镇企业里模糊的产权安排、地区分权、官员的激励和晋升，等等。按照标准的西方经济学理论，这些制度安排要么会直接损失效率，要么会导致寻租和腐败；"把制度搞对"，永远是西方经济学家给发展中国家开出的第一服药方。在他们心目中，"对的制度"一定是纯粹的制度；但现实是，各国拥有自己的历史和制度传统，因而不可能存在放之四海而皆准的纯粹制度，合适的制度才是"对的制度"。不理解这一点，就无法正确理解中国经济，也无法正确理解中国的制度安排。

第二个负面影响是，理解中国不再是中国经济学家的责任，研究中国仅仅是因为中国能够提供新的数据或案例。经济学研究受思潮的影响很大，由于美国的特殊地位，战后的经济学思潮无不反映美国的经济现实。比如，20世纪70年代兴起的货币主义理论，其背景是美国经济的滞胀现象；20世纪90年代开始勃兴的新制度经济学以及随后在21世纪兴起的新政治经济学，在很大程度上来源于美国学者对外援的反思；20世纪90年代的所谓"大缓和"（Great Moderation）无疑促成了真实经济周期理论的滥觞；而当前中美之间巨大的贸易不平衡，催生了一批对于中国出口如何影响美国就业和福利的文章。这些思潮对我国经济学的研究有很大的影响。随着更加严格的升迁制度的引进，国际发表成为各大经济学院和研究机构追逐和考核的目标。为了能够在国际（主要是美国）主流杂志上发表文章，我国一些经济学家有意无意地在美国经济学界设定的议题上做文章。这种倾向取得了一些成果，一些国内学者能够在国际顶尖杂志上发表文章，但它的负面作用是：一些国内学者不再关心研究成果对于中国本身的意义。对美国重要的事情，不一定对中国重要；反之亦然。如果中国经济学家不能自主设定研究议题，中国经济学就难以摆脱被边缘化的尴尬境地。

现阶段的中国人文社会科学学者肩负着理论创新和"讲好中国故事"的双重责任。理论创新要求中国学者把自己的学说和理论摆到世界学术界面前，和国际顶尖学者同台竞争，因而，中国学者的研究必须具有一般性的意义。"讲好中国故事"则要求中国学者对于中国有深入的研究，深刻理解中国的历史、文化和制度背景，因而，中国学者的研究必须关照中国的特殊性，在国际学术界往往被冠以"区域研究"的帽子。如何平衡理论创新和"讲好中国故事"，是中国人文社会科学学者必须面对的挑战。一些学科的策略是不与国际学术界同台竞争，而专注于国内学术界内部的交流；经济学则相反，倾向于以国际发表的多寡和质量作为评判一个经济学者研究能力的唯一标准。两种倾向恐怕都不可取。

正确的取向是把理论创新和"讲好中国故事"有机地统一到对

中国问题的研究上来，路径是设定自己的研究议题，并提炼出对于经济学具有普遍意义的结论。一方面，这些议题应该是对于中国而言有意义的，其研究成果能够增进我们对于中国现实和历史的理解；另一方面，研究它们能够对国际学术界做出贡献，推动经济学理论的进步。在国际学术界被发达国家学者垄断的情况下，兼顾两者显然要面临巨大的挑战，但也有一些成功的先例，如钱颖一和许成钢对中国经济分权和经济转型的研究（Xu，2011）。克服挑战的最大动力来自学者"讲好中国故事"和为经济学发展做出贡献的使命感。

## 二、从中国的特殊性中发现普遍性

在全球现代化的进程中，中国是后发国家，似乎中国当前所经历的，发达国家业已经历过了，因而也不可能为经济学理论提供任何新的贡献。然而，中国的现代化转型的环境与发达国家当年有很大不同，而且，中国具有自己的历史和制度传统，可以为学术研究提供无数鲜活的案例。中国所走过的路是特殊的，但也包含普遍性的东西，学者的任务就是从中国的特殊性中发现普遍性的规律和原理。

1. 认识中国 1840—1978 年的历史

中国自 1840 年以来开启的现代化之路，是全球范围内因工业文明的兴起而形成的现代化浪潮的一部分，在中国特殊之路背后，蕴含着后发国家现代化的普遍规律。除少数国家之外（如日本），后发国家都经历了殖民化或半殖民化的过程，中国也不例外。在这个过程中，几乎所有国家都进行了反抗，有些成功早一些，有些成功晚一些。中国因为没有完全被殖民，所以，反抗和现代化是交织在一起的，"救亡"与"革新"成为自 1840 年特别是 1898 年以来的仁人志士所关注的双重主题。20世纪20年代，无论是新生的共产党，还是改组之后的国民党，都是西风东渐的产物，西式政治组织和政治理念正式成为中国现代化的载体。北伐战争之后形成的国共之争，是现代化道路之争；如黄仁宇所指出的，国民党从上层开始，希冀自上而下地改造中国，而共产党从下层开始，希冀自下而上地改造中国（黄仁宇，2001）。然而，道路之争很快被日本的入侵所打断，国共两党在"救亡"的大旗下联合起来。自1949年执政之后，中国共产党回到"革新"层面。在社会方面，党开始实施自下而上的对社会的全面改造；在经济方面，党集中全部国力，希冀在短期内完成"超英赶美"的壮举。改革开放之前的30年，既有成功，也有失败，至今学术界对此仍然没有停止争论。

要正确认识1840—1978年的历史，就必须把这个历史放到全球范围内波澜壮阔的现代化进程中加以分析。后发国家现代化的道路大体上可以分成两类：一类是被全面殖民的国家摆脱殖民统治，但接受宗主国留下的政治和经济制度，然后在此基础上开始发展本国经济；另一类是没有被全面殖民的国家自发地发愤图强，经济赶超和社会变革交织在一起，形成比较复杂的现代化路径。前者包括印度和广大的亚非拉国家，后者包括日本、俄国、中国等少数大国。就目前的结果而言，第二类国家比第一类国家更加成功，但是，这其中还有许多悬而未决的问题，等待学术界深入研究。就经济学而言，至少对下面几个中国问题的研究可以极大地丰富我们对于经济赶超和现代化的认识。

其一，过去20多年里，计量史学方兴未艾，其中一个题目是历史事件或历史进程如何影响当代的制度和经济发展。由于清史留下的资料较多，因而出现了许多对清代的研究。然而，多数研究的重点是历史是如何延续的，特别是清代的落后制度如何对后来的中国产生负面影响，少有关注自1840年以来的变革是如何正面地影响当代的。对于中国这样的大国而言，历史延续是自然的，而变革却是需要勇气和牺牲的。在很大程度上，研究历史的延续性来自西方学术界对议题的设定，因为西方已经完成现代化，进入了后现代社会，所以西方学者看到的，更多是后发国家落后的一面。身为中国学者，应该更多地关注中国社会的变化，发现那些加速中国现代化的因素。这就需要中国学者具有自己设定议题的勇气和能力，从中国的变化揭示后发国家现代化的普遍规律。

其二，自"亚洲四小龙"成功之后，关于经济赶超的争论就一直没有停息，争论的焦点是市场和国家在经济发展过程中孰轻孰重的问题。然而，这个问题虽然重要，但恐怕过于空泛了；更为实在的问题是：一个后发国家是否应该"超前性地"建立起自己的工业体系？在20世纪70年代以前，对这个问题的回答绝对是肯定的，因为绝大多数后发国家都是这样做的。20世纪70年代之后，以芝加哥学派为代表的新自由主义经济学兴起，否定的声音开始占据主导地位，并在实践中得到实施，其中受影响最大的是拉美国家。20世纪80年代，拉美发生了严重的主权债务危机，不得不接受西方国家的债务重组和结构调整方案，合盘采纳新自由主义经济政策，结果是导致过早的去工业化，现代化进程戛然而止。中国在1953—1978年实施了重工业优先发展战略，目标是建立自己的工业体系。如何评价这个战略所取得的成就？它对于改革开放之后的经济腾飞起到了什么作用？回答这两个问题，不仅可以让我们更加清楚地认识中国，而且可以为后发国家的经济赶超提供理论指导。

其三，关于中国现代化的研究，重点多在五四运动前后，对1949—1978年的历史却鲜有涉及，而这段时间正是中国现代化进程最为激烈的时期。在这个时期，党通过基层组织深入社会的每个角落,对社会实施了翻天覆地的改造。以往的学者更多地关注这些改造的负面作用,但是,从宏观历史的角度来看,这些改造也许加速了中国现代化的进程。作为学术研究对象,下面的问题具有世界性的普遍意义:这些改造给社会留下了什么进步性的东西?过去20多年的经济研究表明,社会和经济不平等是阻碍一个国家经济发展的重要原因。中国是少数经历了彻底的社会革命的国家,那么,中国在改革开放之后的经济腾飞,在多大程度上得益于社会革命所造就的平等社会结构?经济学和社会学研究还表明,世界范围内的妇女解放远未完成,社会和政治动员是提高妇女地位的有效手段。妇女解放是1949—1978年间中国社会改造的主要内容之一,它的结果如何?如果有正面作用,是否做到了长期持续?

总之,研究1978年之前中国的现代化进程,不仅有助于我们理性地思考中国的现代史,而且能够从理论上厘清赶超型国家现代化的一般性规律,对经济学和其他社会科学的进步做出贡献。

2. 对改革开放的再认识

改革开放之后的经济增长无疑是奇迹级别的;按照最保守的估计,我国的人均实际收入在1978—2018年间也增长了16倍,超越同期绝大多数国家。中国的经济赶超具有哪些世界意义上的普遍性?在过去的10年间,西方学术界对于中国经济增长的解读发生了较大的变化,即不再是发现中国实践中和国际经济发展相通的东西,而是倾向于用中国的特殊性来解释中国的经济增长,而"国家资本主义"是这些解释的集大成者。对于亲历改革开放的中国经济学者来说,国家资本主义显然不能解释中国经济的成功;事实上,西方学者以国家资本主义概括中国经济发展模式,带有很强的政治动机,与中美两国力量对比的变化有很大的关系。中国的改革仍然在路上,因此,研究中国的问题并提出解决方案,仍然是中国学者的责任。

然而，如果不希望自己的学术研究仅仅为西方主导的议题提供注脚的话，中国学者就必须开辟新的领域，设定自己的议题。就其现实意义和理论价值而言，这些议题应该关注中国是如何成功的，而不是中国还存在什么问题。在现实层面，对于多数外国人来说，中国是如何成功的，特别是中国政府是如何扮演一个成功的角色的，还是一个谜，许多中国人也未必清楚；在理论层面，研究成功经验比研究失败经验更可能产生新的和持久的理论——指出失败原因总是容易的，因为现有理论就可以提供足够的炮弹，而总结成功经验则需要一个完整的解释框架，构建理论就在所难免。研究需要解决的问题往往只能产生碎片化和零碎化的知识，研究成功的经验才可能产生自洽的和全面的理论。中国成功的经验很多，但是，其中最可能产生新理论的，是研究政府和经济发展之间的关系，即新政治经济学领域的问题，这是因为，一方面，中国政府在经济发展过程中扮演了重要角色；另一方面，新政治经济学方兴未艾，中国的实践可以为之提供丰富的研究素材。为此，下面的一些问题值得深入研究。

第一是农村工业化的路径和模式。我国的工业化起始于计划经济时代，但那时的工业化集中在重工业领域和城市地区，除长三角和珠三角地区以外，没有扩散到农村地区。农村改革完成之后，我国的农村地区开始工业化进程，直到今天工业化进程仍然在一些地区蔓延。发展经济学研究已经持续了半个世纪，却很少涉及工业化的微观机制，原因是战后大规模的农村工业化只发生在中国，在其他国家没有见到过。然而，许多发展中国家都存在城市的过度膨胀问题，究其原因，是因为农村地区无法提供足够的就业机会；如果这些国家也能够实现农村工业化，城市的过度膨胀问题就会大大缓解。在这个背景下，研究我国的农村工业化的发生机制和特征，就可以填补发展经济学的一个空白，为其他发展中国家的工业化提供帮助。

第二是重商主义经济政策的有效性和限度。经济起飞的原动力来自储蓄、资本积累和生产能力的培养，但是，如何动员储蓄、获得必要的生产能力，是多数发展中国家遇到的难题。发展中国家早期普遍处于贫穷阶段，能够从国内动员的储蓄很少，更没有多少工业化生产能力，此时致力于出口，不仅可以增加储蓄，而且可以获得和提升生产能力。我国在1953—1978年间主要是通过对农村的汲取获得储蓄，起初获得了较好的效果，但也导致了农业的停滞和城市消费的疲软，从而迟滞了经济增长。改革开放之后，我国开始采取出口导向的发展模式，采用了多项重商主义经济政策来刺激出口和技术能力的提升，如汇率双轨制、固定汇率、出口补贴、特定行业的高关税、"市场换技术"的外资政策，等等。这些政策的效果如何？如果成功，背后的支撑条件是什么？它们的应用是否存在时间和空间上的限度？回答这些问题既可以让我们理解中国经济增长的奥秘，也可以回答什么样的产业政策是有效的这个问题，为后发国家的经济赶超提供理论和经验支持。

第三是"中间制度"的有效性问题。自诺思和托马斯于1973年出版《西方世界的兴起》之后（诺思、托马斯，1989），制度对于经济发展具有决定性的作用，已经成为国际经济学界的共识。然而，什么样的制度才是重要的，经济学家却没有形成共识。一些人倾向于相信，存在一套"最优的"经济制度，阿西莫格鲁和罗宾逊更是明确区分"包容性制度"和"攫取性制度"，认为前者鼓励经济增长，后者扼杀经济增长（阿西莫格鲁、罗宾逊，2015）。这种区分具有理论上的自洽性，但当应用于现实的时候，就出现了很大的问题。回顾战后的历史就会发现，除南欧国家和少数产油国之外，能够实现赶超的经济体都在东亚地区，而这一地区在经济发展的早期都是非民主体制，因而不具备阿西莫格鲁和罗宾逊所定义的"包容性制度"的政治前提。诺思早就注意到制度的路径依赖问题，认为移植制度必须适应接收国原有的制度才能发生作用。我国在改革开放的过程中，移植了许多市场经济制度，但是，不像东欧和前苏联国家，我国没有采取"大爆炸"的方式，而是采取了渐进的方式来完成经济制度的转型。在这个过程中，我国采取了许多计划和市场之间的"中间制度"，以获得合意的转型效果。前面提到的价格双轨制、乡镇企业、地区分权等，都是中间制度的例子，它们不完美，但在一段时间里是成功的，让我国较为顺利地完成了从计划经济体制到市场经济体制的转型。在今天，研究这些中间制度的目的不再是理解我国的转型之路，而是把它提升到一般性的制度研究层面，回答什么样的制度有利于经济增长这个带有普遍意义的问题。

第四是经济分权和政治分权/集权之间的关系。在经济方面，我国是最分权的国家。20世纪80年代，地方获得了极大的经济和财政自主性，1993年的分税制改革把财政分权以法律手段固定下来。不同于其他国家只分散财政支出权，我国既分散支出权，也分散收入权，从而给予地方政府极大的激励。但是，分权也可能导致地方官员的腐败，因而，分权的总体效果可能是不确定的。我国的经济分权效果比较好，可能和一个强大的中央政府以及党对人事任免的主导权有很大的关系。在我国的政治集权体制下，地方官员不仅要关注地方经济发展，而且要对上级负责，因而上级的意图可以得到贯彻执行。基于党的强大地位，中央政府可以摆脱利益集团的束缚，在社会利益冲突面前保持中性的态度，从而可以拥有较为长远的眼光，制定有利于长期经济增长的政策。分权长期被认为是打开发展中国家经济发展之门的钥匙之一,但是,分权的表现并不理想。尽管多数国家没有中国的政治体制,但中国的实践仍然具有参考价值,特别是那些中央政府拥有地方官员任免权的单一制国家。

第五是官员在经济发展中的作用。人力资本是经济增长的要素之一,这已经成为经济学界的共识。然而,学者们关注的往往是全社会的人力资本水平,而不关注政府官员的人力资本如何影响经济增长。事实上,经济学家在研究官员的时候,仅仅关心如何用制度约束官员,似乎只要把制度搞对,官员就会自动地为社会服务了。这显然不符合日常生活的常识:一方面,同一个企业、同一个组织,不同的领导会有不同的业绩,为什么在政府层面领导人的特质就不起作用了呢?另一方面,除约束之外,政府官员是否需要从正面来激励?在民主体制下,唯一的正面激励是做得好的领导人可以获得连任,但是,这种激励往往导致领导人讨好选民的短期行为。我国的官员选拔制度为研究官员在经济发展中的作用提供了一个很好的案例。由于官员在地区之间进行调动,研究者可以识别官员发展经济的相对能力;由于地方政府在市场上发债(如城投债)并招商引资,研究者可以研究市场是否给官员能力定价;又由于能力是升迁的一个重要考核指标,研究者还可以研究高能力者是否获得了更多的升迁机会以及这种制度安排是否增强了官员推动经济增长的积极性。这些研究既可以帮助我们深入理解中国的政治体制,也可以为政治选拔文献提供新的经验事实和新的理论。

以上议题只是管中窥豹,揭示我国的发展经验可能对经济学做出的贡献,其他领域同样可以找到有意义的议题。构建本土话语体系,首先从设定议题开始,但这不意味着我国的经济学者关起门来自说自话,而是从显著的议题出发,做深入的研究,发现对经济学有意义的普遍性规律。

## 三、构建学术共同体

议题设定之后，需要在学术市场上检验，一些议题被淘汰，另一些议题被保留下来，并得到其他学者的响应，最终甚至可以发展成一个学派。这个过程需要学术共同体来支撑。学术共同体由学者、发表平台和会议等要素构成，既可以是正式的（如学会），也可以是非正式的（如仅仅是一些研究主题相似的研究者的集合）。典型的例子是20世纪30年代初期以凯恩斯为核心的学术圈子、20世纪60—80年代的芝加哥学派以及现在的美国国家经济研究局，更普遍的例子是专业学术学会以及由学会创办的学术杂志。在一个学术共同体中，学者拥有共同的研究主题，遵从相同的学术规范，使用相同的学术语言和相似的研究方法，每个人都积极参与共同体内的讨论，并为共同体提供公共服务（如为学术刊物审稿、参与筹划学会的学术会议等）。用托马斯·库恩的话来说就是：学术共同体里的学者共享同一研究范式；每个人既是这个范式的创造者，也是它的受益者。

就构建学术话语体系而言，学术共同体至少有下面几方面的作用。其一，学术共同体可以成为学术话语体系的载体。一个学术话语体系的核心是研究题目和研究范式，而两者也正是学术共同体的重要组成部分。话语体系是人为建构的产物，因而需要一群人去维护和传承，学术共同体可以肩负起这个责任。其二，学术共同体为新思想、新思路提供了一个发表和竞争的平台。今天的国际学术界，分工越来越细化，全才越来越少，关注一般问题的学者也不多。在这个背景下，新的思想和新的研究思路就只能先在特定的学术共同体里发表，得到充分肯定之后才有可能被更多的人接受。这样做的一个好处是：共同体内部的学者都是内行，会用挑剔的眼光审视每一项新成果,因而可以加强研究的科学性。其三,具有重大意义的研究议题可以通过学术共同体得到传播和加强。前面说过,学术研究是有潮流的;一个意义重大的议题如果不能形成潮流,最终也会被人忘记。一个议题一旦得到学术共同体的认可,许多人就会围绕着这个议题展开研究,从而比较容易在共同体内部形成潮流。

国际上(特别是英、美两国)的经济学研究已经形成了非常成熟的学术共同体,我国的经济学者比较难进入,原因主要是我国的经济学者所关心的议题不同,切入议题的角度也不尽相同。在这种情况下,要建立中国本土的学术话语体系,就必须首先建立中国本土的学术共同体,而我国在这方面还有很长的路要走。一方面,我国不缺专业学会,更不缺学术杂志,但是,学会和杂志设定议题的能力较差,而且也没有形成批评和尊重被批评者的风气,从而无法形成研究潮流。另一方面,主要经济学院和研究机构在对教师进行学术考评的时候,主要是看教师在国际知名刊物上的发表,迫使教师不得不想尽办法进入国际上(特别是美国)的学术共同体。如何平衡国际和国内发表,是横亘在本土话语体系建设道路上的巨大障碍。放弃国际发表、全部回归国内发表,显然是一种失败主义的做法。一个可能的出路是:首先在国内构建比较健康的学术共同体,锤炼一些具有重大意义的议题,然后冲击国际发表。这就要求各大经济学院系重新评估学术发表考核体系,增加国内发表的权重。与此同时,国内学者也应更多参与国际学术组织的学术活动,在这些组织中形成自己的力量,为国内学者的国际发表提供支持。

总结起来,一方面,构建中国经济学的本土话语体系是一件任重道远的事情,需要每位经济学者付出努力,最为重要的是,每位经济学者都必须同时具有本土问题意识和经济学的理论关怀,从中国的特殊性中发现普遍性。另一方面,各个经济学院系也需要反思教师的学术考核体系，给予本土问题更多的权重，而不是仅仅看国际发表。

## 参考文献

[1] 德隆·阿西莫格鲁，詹姆斯·A. 罗宾逊. 国家为什么失败?. 长沙：湖南科学技术出版社，2015.

[2] 黄仁宇. 黄河青山：黄仁宇回忆录. 台北：联经出版事业公司，2001.

[3] Mao, Rui, Yang Yao and Jingxian Zuo (2017). "Productivity Growth, Fixed Exchange Rates, and Export-Led Growth." CCER Working Paper E2017001.

[4] 道格拉斯·诺思，罗伯特·托马斯. 西方世界的兴起. 北京：华夏出版社，1989.

[5] Xu, Chenggang (2011). "The Fundamental Institutions of China's Reforms and Development." *Journal of Economic Literature*, 49, no. 4: 1076–1151.

[6] 姚洋. 美丽的烦恼：如何用好我国的巨额储蓄?. 新金融评论，2017（4）：75–88.

# 关于经济学科课程思政教学设计的思考[*]

董志勇

中国特色社会主义进入新时代，党和国家事业的发展要求培养造就一大批德才兼备的高层次人才。作为国内最早的马克思主义经济学传播基地和西方经济学教育阵地，我们一贯以立德树人作为立身之本，尤其是近些年，在党的指导和领导下，我们在不断深化专业课程的内涵、推进课程的思政建设的过程中，总结了六点思考和大家分享。

## 一、课程思政的内涵

所谓课程思政，是在育人的格局体系下，将思政的元素纳入各类课程，形成学科素养和思想政治素养有机结合，各类课程育人功能彼此协同，践行立德树人根本的教育理念。因此可以从三个层面理解课程思政的深刻内涵：

---

[*] 作者：董志勇，北京大学党委常委、副校长，兼任总务长、经济学院院长，《经济科学》主编，北京市人大财政经济委员会委员。

## （一）育人导向

管子说：一年之计，莫如树谷；十年之计，莫如树木；终身之计，莫如树人。所以，小至家庭，大至国家、民族，接续、繁衍、传承都应该是以人的培养为基础。当代中国正经历着历史上最深刻的社会变革和独特的实践创新，经济社会的高质量发展对人才培养提出了更高的要求，即我们不仅要关注高等教育的规模和增长过程，更要关注人才培养的成效和结果；不仅要关注学生在知识技能维度的成长，更要关注他们身心成长、价值塑造、科学思维、社会性能力等更多维度的成长。所以应该是以课程思政为载体，让学生懂自己、懂社会、懂中国、懂世界，帮助学生解决思想、观点、政治立场等问题，这是课程思政的题中应有之义。

## （二）体系协同

课程思政不是"本本"，也不是"框框"，更不是一两门课程、一两位老师就能承载的任务，而是要通过体系协同来实现的。这里面至少包括三个关注：

一是要关注课程教学体系里各门课程要素之间相互作用而产生的整体效应。课程思政工作要求各要素"守好一段渠""种好责任田"，所以各要素优化配置，能够把教书育人规律、学生成长规律、思想政治工作规律紧密结合起来，产生"1+1>2"的协同效应。反之，如果各要素相互掣肘、扯皮、冲突甚至是产生摩擦，则会造成整个教学系统的内耗。

二是要关注教学体系中各主体之间的相互协调和配合。课程思政不是简单的"传承"与"灌输"，更需要渗透并融合现代教育价值观，激发师生互动合作，提升教学效果。

三是要关注整个课程育人体系的开放性。课程思政工作应该适应国家的政治、经济、文化背景，只有不断适应社会需求，才能维持其生命力，所以课程育人体系应该是发展的，不能是封闭的，需要因势利导，弥补不足，方可提高自身的发展质量。

### （三）润物无声

思政教育的生命力在于"鲜活"，绝不能沿用应试教育或思想灌输的教育方式，更不能简单地"贴标签"，而是要让同学们经过深入的学习研究、比较思考，真正理解其理论的内容和价值，从心底里真正认同。所以各类课程教育都要结合其特点有机地融入社会主义核心价值观、专业伦理、创新思维、人文情怀等思政元素。

## 二、思政课程的定位

教师不仅要教书，还要育人，所以天然要求各门学科做好思政教育工作，专业课程作为培养专业人才、落实专业教育的主要渠道，在立德树人的教育体系中具有特殊地位。笔者对此有三点看法：

### （一）立德树人的主阵地

专业知识课程是分层次的、有结构的、连续的、成体系的，并不是抽象的、没有根基的、离散的、随机的知识系统，所以笔者认为，专业课程仍然是当前高等教育课程的主要内容，在重视通识教育的同时，基于专业学习、围绕专业发展、面向社会需求的专业教育同样需要高度重视。

### （二）润物无声的主渠道

课程思政的主要内涵之一是"润物无声"，相对于显性的思政课程，专业课程的思政最能体现渗透性，习近平总书记在全国高校思想政治工作会议上指出，"好的思想政治工作应该像盐，但不能光吃盐，最好的方式是将盐溶解到各种食物中自然而然地吸收。"在社会主义政治经济环境深刻变化和大学生主体意识增强的背景下，显性的思政教育短板越来越凸显，深入挖掘专业课程和教学方式里蕴含的思想政治教育资源，才能更好地发挥专业课程"润物无声"的作用，实现不同课程之间的协同和互促。

### （三）课程思政的主载体

这就意味着专业课程本质上是要"寓德于课"的，必须具有鲜明的专业特征。要以专业知识为基，有机融入价值性。这实际上要求专业课程不仅要能够传道授业解惑，更要传递每门专业课知识背后隐含的社会价值。因此，从这个角度来看，课程思政不是新鲜事物，解决的也不是新鲜问题，我们提出课程思政的目的，更多的是要求专业课程体系以新思维促成新思路、以新思路解决新问题，实现课程思政的创新发展。

## 三、经济学科课程思政的教学理念内涵

经济学在当代社会被认为是一种"显学"，为人才培养营造了一种相对浮躁的氛围，所以很多人会忽略经济学的科学性，把一些经验式的总结奉若神明，却不知道它的适用条件，进而导致错用、误用、泛用，这有可能对社会、国家造成很大的危害。

伴随经济社会的快速发展和经济结构的转型，需要我们具备洞察政治和经济、现实和历史、物质和文化、发展和民生、资源和生态、国内和国际等各个方面的能力，必须具备与社会经济发展相适

应的知识、技能、观念、心理素质，这是我们育人基本的要求。

经济学作为社会科学，既具有科学分析的解析性和工具性，也具有意识形态价值的阶级性和取向性，所以在培养经济学人才的过程中，一定要处理好马克思主义经济学原理、方法和西方经济学的关系，训练学生的纵向历史逻辑和横向国际视野的比较分析能力；要处理好西方市场经济理论的新成果和中国特色社会主义市场经济发展的关系，培养学生的学术审美能力和逻辑思维；要处理好经济思想和数学表达的关系，培养学生用国际化的语言讲述中国故事的能力；要处理好经济学理论与经济史论之间的关系，帮助学生建立长时间思维的方式，加深对中国道路理论和实践的认同和理解。要处理好这些关系，就必然要求课程专业体系从整体、综合的角度构建知识体系，注重学科间知识的相互渗透、有机结合，助力学生融会贯通、知行合一。

在这个过程中，我们坚持开放办学。教育是一项专注于长远、谋划于当前的事业，需要依据社会发展的进程做出前瞻性的预判和准备，特别是经济学领域。新中国成立70多年以来，我们党领导全国各族人民在社会主义现代化建设的道路上取得了举世瞩目的成就，创造了经济奇迹，走出了一条中国特色社会主义发展道路。经济学教学需要更好地结合深化改革和发展现实的战略需要，讲好奇迹背后的道理、学理、哲理，为继续把中国特色社会主义事业向前推进培养更多的高质量人才。如果闭门造车，就会事倍功半。

## 四、经济学科课程思政教学应该秉承的基本规律

经济学科课程思政教学应该秉承的基本规律有以下两点：

一是要尊重专业特色的育人规律。专业课程思政化并不是随便

"植入"思政教学的内容,下一步相关的科目设置、前后衔接、教学内容都应该适度超前反映学科领域成熟的理论方法和最新成果。

二是要顺应青年大学生的成长规律。从认知规律角度来看,青年大学生的心理活动和认知活动的目的性明显增强,他们基于所学内容,有能力提出学习的目的,并据此支配、调节自己的学习安排。但同时也要看到,青年大学生的认知尚不完全成熟,知识、经验相对匮乏,对事物的观察尚不全面,因此,思考问题也容易片面或者偏激。所以,经济学课程思政不仅要关注教学内容的广度、深度、丰度,还要关注教学方式的生动性和互动性,更需要顺应青年的成长规律,关注课程体系的结构性和内在逻辑,由浅入深、由简到繁、循序渐进,发挥教师的主导作用和学生的主体作用。未来的思政教学方式是"双中心"的,片面强调某一方的作用无疑是错误的:否定、削弱教师的主导作用,势必会导致教学质量的下降;学生是学习的主人,充分发挥学生的主观能动性,才能保证学习的效果,这是一个问题的两个方面。

## 五、经济学科课程思政的教学策略

### (一)以课程教学为基础

课程教学思政的首要任务是结合办学特色,将我们的课程思政建设落到实处,关于这一点,有以下五个方面可以讨论:一是进一步夯实马克思主义在课程建设中的指导地位;二是继续巩固经济史学课程的基础性地位,继承传扬、孕育经典;三是打造精品经济学基础课程,用中国事实讲中国故事,把中国数据融入教学内容;四是以专业课为支撑,凝练教学思政的要素,用学术讲政治,形成具有专业特色的全民课程体系；五是持续推动教学方法的改革，激发学生的兴趣。

### （二）以科学研究为引领

以高水平科研支持高水平的课程，探索中国特色经济学体系，为课程思政奠定更加坚实的理论基础。

### （三）以学生实践为抓手

经济学教育的核心任务之一就是鼓励学生独立思考，激发其求知求新求异的欲望，培养问题意识，所以，经济学课程思政工作不仅要关注第一课堂，更要不断完善第二课堂，塑造具有浓重历史底蕴、反映时代特征、符合一流人才培养的文化氛围，建立健全一体化的培养体系。

### （四）以队伍建设为保障

强化教师的发展知识体系，尤其要整合校内外的资源，构建开放式的课堂。前段时间北京大学五大学院基于经济学人才培养基地和经济学创新试验区做了非常好的互动，我们也希望把开放的合作持续下去。

### （五）以教材建设为依托

鼓励教学经验丰富的老师编写教材，并为其提供必要的奖励。好的教材要满足三个标准，即知识性、兼容性、启发性。我们逐步可以形成共识，同时允许不分课程，特别是进阶式的课程。笔者觉得不要指定教材，而是要用更丰富、更多元，甚至个性化的教学参考资料来支撑。

## 六、课程思政教学的评价原则和标准

好的激励非常重要,评价课程思政的结果效果如何,还是要靠一套完整的课程思政教学评价指标体系。课程思政教学评价要坚持四个原则:坚持科学性和思想性相统一;坚持形成性和终结性相结合;坚持多元性评价和重点评价相协调;坚持发展性和激励性相促进。北京大学在课程思政评价指标体系方面做了一些探索,建立了4个一级指标、15个二级指标,未来还要根据实际情况做一些修正和改善。

# 中国式现代化与中国经济学知识体系创新

盛 斌

## 一、以"中国式现代化"为主题推动中国经济学知识体系创新

习近平总书记在党的二十大报告中指出,"以中国式现代化全面推进中华民族伟大复兴"是新时代新征程中国共产党的使命任务。他总结了中国式现代化的五大特征,即:人口规模巨大的现代化、全体人民共同富裕的现代化、物质文明和精神文明相协调的现代化、人与自然和谐共生的现代化、走和平发展道路的现代化。中国式现代化展现了不同于西方现代化模式的新图景,拓展了发展中国家走向现代化的路径选择,为人类对更好社会制度的探索提供了中国方案。

根据著名经济史专家安格斯·麦迪森教授估算的自公元1年以

---

\* 作者:盛斌,南开大学党委常委,南开大学副校长、经济学院教授。

来的两千余年经济史数据，中国占全球经济总量的份额在 1820 年达到历史最高峰（33%），但在随后的近 150 年时间里迅速下降到 4% 左右。1978 年改革开放之后，中国经济开始起势增长，特别是在 1992 年确立社会主义市场经济体制改革目标后，中国进入了与全球经济紧密相连的高速增长阶段，名义 GDP 规模先后超过法国、英国、德国、日本等发达国家，成为全球第二大经济体，到 2021 年经济总量占全球的 18.5%。中华民族的伟大复兴、中国经济实力的显著增强、中国国际地位的跃然提升是构建中国经济学知识体系的坚实基础、强大底气与重要动力。

中华人民共和国自成立以来的社会主义建设史和 1978 年来的改革开放进程就是中国式现代化的进程，同时也是梳理、总结、凝练与探索中国式现代化理论创新的过程。中国从一开始就基于自己的国情、社情走了一条不同于其他国家、有中国特色的现代化之路。20 世纪 80 年代中国经济学界根据双轨制、所有制改革研究提出了"过渡经济学""转轨经济学"；随后中国从 20 世纪 90 年代建立社会主义市场经济体制，到 2001 年中国加入 WTO，到成为"世界工厂"，再到 2010 年成为世界第二大经济体，中国经济的迅速发展创造了"中国奇迹"，进一步激发了国内外学界对中国经济专题、中国经济模式、中国发展道路的研究，有的从制度变迁、结构主义的视角解释"中国奇迹"，国外学者还总结了中国发展模式的特点并提出了"北京共识"，这些都极大地促进了"中国经济学"的理论探索。进入新时代后，中国在脱贫攻坚、环境治理与民生保障方面取得了突破性成果，中国的发展增强了民族自信，也引发了世界对中国的巨大关注，当前构建中国经济学自主知识体系是从发展自信到理论自信的体现，也是前期中国经济问题研究、中国经济学理论探索热潮进程的延续与升级。

总之，中国式现代化最大的特点就是将世界其他国家发展成功的一般普遍规律与中国作为发展中大国的阶段性特征以及中国共产党领导和社会主义制度的鲜明政治属性和优势有机结合起来，探索出了一条既迥异于西方资本主义国家又有别于其他发展中国家的独特发展模式。它深植于中国特殊的历史与现实背景及体制环境，具有很强的"路径依赖"；它符合中国的基本国情与文化传统，具有很强的"自我实现"；它在经济发展获得的自信中不断丰富与拓展，具有很强的"自我强化"。中国式现代化对世界的重要启示在于打破了经济发展只有依靠单一模式才能获得成功的神话，从而为发展模式的多元化做出了突出贡献，为跨越"发展鸿沟"提供了宝贵的经验借鉴，走出了一条不平凡的创新实践之路。

## 二、构建中国经济学知识体系的两大目标

2022年4月25日，习近平总书记在考察中国人民大学时指出："加快构建中国特色哲学社会科学，归根结底是建构中国自主的知识体系"。他强调，要努力构建一个全方位、全领域、全要素的哲学社会科学体系，要以中国为观照、以时代为观照，立足中国实际，解决中国问题，不断推动中华优秀传统文化创造性转化、创新性发展，不断推进知识创新、理论创新、方法创新，使中国特色哲学社会科学真正屹立于世界学术之林。

党的二十大报告指出，"中国式现代化的本质要求是：坚持中国共产党领导，坚持中国特色社会主义，实现高质量发展，发展全过程人民民主，丰富人民精神世界，实现全体人民共同富裕，促进人与自然和谐共生，推动构建人类命运共同体，创造人类文明新形态。"中国式现代化进程的两大核心为：一是在中国共产党的领导下

建设中国特色社会主义经济，特别是确立与发展中国特色社会主义市场经济体制，并在当前使市场在资源配置中继续起决定性作用，即"构建高水平社会主义市场经济体制"；二是在全球化背景下确立与发展中国与多边贸易体制以及与其他国家的经贸关系，并在当前决心进一步构建"开放型经济新体制"和实施"高水平对外开放"。

因此，相对应地，中国经济学自主知识体系的建立也应有两大目的：一是在马克思主义指导下深化对经济规律、经济发展与经济行为的认识，构建中国经济学的学术体系、理论体系与知识体系，为有针对性地解决中国自身发展中的问题做出贡献；二是能够在现代经济学的基本框架与范式下，与国际学术界开展交流与对话，并不断提高中国经济学的世界影响力、贡献度与话语权，为人类实现现代化提供新的选择。

## 三、构建中国经济学知识体系的内容

一是做好中国经济叙事。经济叙事指引发公众和社会兴趣与情绪的热门新闻、消息、传闻、故事、议论等，"叙事经济学"由美国经济学家罗伯特·席勒提出，就是要研究这些叙事对微观经济行为与宏观经济波动造成的影响。因此，中国经济叙事的真实性、完整性与科学性本身就十分重要，需要我们用数据、指标、案例等进行严谨的刻画与分析。例如在与中国有关的国际经济学领域，关于贸易利得、贸易收支不平衡、汇率估值、对外投资收益以及对外直接投资（outward foreign direct investment，OFDI）对发展中国家的影响等问题都需要进行准确的度量与深入的研究。

二是深刻挖掘、认识与总结中国经济发展的历史与现实典型事实特征。中国共产党的领导、社会主义制度、发展中国家身份、政府主导是中国经济与社会的大特征。双轨制渐进式转型、混合所有制、国有企业、产业政策、央地财政分权、区域协同发展、试点改革、共同富裕、参与融入全球价值链、建设国内统一大市场等是中国经济发展进程与现状的具体特征。这些为研究中国问题、挖掘中国素材、讲述中国发展故事、贡献中国理论元素提供了重要的源泉。

三是提出标志性概念或术语。依据中国与世界经济的发展经验提取、凝练和演化关键性概念，形成术语的创新与革命，是自主知识体系构建的关键一步，也为未来形成理论逻辑体系奠定了初步的基础。这些概念或术语必须是学术化的、理论化的、国际社会可理解的，而非文件政策性语言或口号式的表述用语。近年来，中国提出了一些重要的原创性的经济发展理念与政策，例如供给侧结构性改革、"双循环"新发展格局、经济包容性、精准扶贫等，在国内取得了良好实施业绩，在国外也产生了一定重要影响，但仍然需要从学理角度概念化、细腻化、丰富化。

四是构建理论逻辑体系。这是当前推进中国自主的经济学知识体系的学术化表达、学理化阐释和系统化构建最为迫切的任务与重要的挑战。如何使自主知识体系在概念化的基础上形成自洽性的逻辑结构与机制机理，甚至模型化，并且能够接受经验与数据的检验，是能否被理论学术界接受的标准，是能否真正成为"知识"的标准，也是能否在国际上做出知识创造贡献和产生影响力的标准。从国际意义上说，中国式现代化拓展了发展中国家走向现代化的路径选择，为人类对更好社会制度的探索提供了中国方案。中国经济学知识体系能够为发展中国家实现后发赶超型现代化提供中国式现代化理论依据与道路指南。

五是体现差别化元素与特色。中国社会科学院前院长谢伏瞻在《中国经济学手册》的导言文章《中国经济学的形成发展与经济学人的使命》中指出，西方经济学的大量理论成果主要来自欧美等工业化国家数百年经济社会发展的实践，具有"原型"价值。这也是经济学所揭示的一般普遍性规律与原理。但其应用严重依赖于不同国家和地区的条件、制度、环境、文化等因素，其经济关键变量不尽相同，传导机制可能不同，作用效果大小不一，约束条件也迥异。因此，中国经济学知识体系自主创新需要抓住中国元素与特点，丰富拓展"原型"的内涵，在同质性的基础上强调异质性，客观分析与深入挖掘不同"变体"（variety）的价值。比如，国家在经济发展中的作用、政府与市场的关系、宏观经济结构性调控、产业政策的作用等。在这方面，政治经济学、发展经济学、制度经济学、区域经济学等可能是构建中国经济学自主创新知识体系的突破口。

## 四、构建中国经济学知识体系应注意的几点问题

一是必须坚持马克思主义政治经济学的指导地位，以习近平新时代中国特色社会主义经济思想指导中国经济学知识体系的建构。当前，在教育部《哲学社会科学自主知识体系建构和高校咨政服务能力提升工程实施方案》中，实施习近平新时代中国特色社会主义思想研究重大专项是首要任务，实施包括经济学在内的中国特色哲学社会科学研究重大专项是重点任务，这为构建中国经济学知识体系指明了方向。

二是深化对中国经济学的学理化研究、学术化阐释，将经济学的中国化时代化与中国经济学的国际化相结合。这是学科与专业领域的核心任务。要坚持马克思主义政治经济学的指导地位，要坚持马克思主义政治经济学的方法论，对其他流派的经济学也要批判性吸收与合理借鉴。中国经济学的创新发展应成为全球经济学知识体

系的一部分,从经济学思想、理论、方法,代表性经济学家、期刊、学会协会、智库以及在国际组织中的作用等方面全方位发挥影响力。

三是问题导向与技术导向相结合。重视与强调研究命题的自主性,围绕全球性问题、发展问题、中国问题展开经济学知识体系的构建,回答世界之问、历史之问、人民之问。技术与方法是中性的,要服务服从于重大与关键研究问题。量化方法是经济学科学化与现代化的发展趋势与潮流,特别是在数字化时代应很好地利用大数据、人工智能等前沿方法。

四是回应时代急需的重大需求。面向日益增长的国内外现实问题需求,为中国经济学提供更符合国家发展目标的分析对象、立场、观点和分析框架。例如,如何从以人为本的视角实现收入与财富的合理分配,如何从需求管理与供给侧结构性改革相互协调的角度实现经济的短期稳定与长期增长,如何充分利用超大规模国内市场优势实现国内产业链与价值链的安全与发展,如何公正地审视全球化与构建全球治理新秩序,等等。

五是保持自主知识体系创新的多样性与渐进性。知识创造不是单一的、封闭的,而是多元的、竞争性的、开放的,要创造宽松与包容的学术创新环境与氛围,在百花齐放与共享碰撞中逐步构建知识体系。知识创造也不是一蹴而就的,需要长期持续的"拼图式"积累、自下而上的理论元素构建、技术方法的像素细化。

六是把经济学基本原理同中华优秀传统文化相结合,体现中华文明与中国经济学的历史底色。中国式现代化深深植根于中华优秀传统文化,蕴含独特的世界观、价值观、历史观、文明观、民主观、生态观。习近平总书记在党的二十大报告中系统总结了中华优秀传统文化的诸多思想智慧结晶,包括天下为公、民为邦本、为政以德、革故鼎新、任人唯贤、天人合一、自强不息、厚德载物、讲信修睦、亲仁善邻等，相信博大精深的中国传统哲学、价值观、社会观将会为构建中国经济学知识体系提供独特的思想智慧源泉。中国式现代化为广大发展中国家独立自主迈向现代化树立了典范，为其提供了全新选择。

# 坚持问题导向的中国经济理论创新[*]

## 刘守英　熊学锋

马克思指出，世界史本身，除了用新问题来解答和解决老问题之外，没有别的方法。问题却是公开的、无所顾忌的、支配一切个人的时代声音。问题是时代的格言，是表现时代自己内心状态的最实际的呼声。从历史唯物主义角度看，问题是事物矛盾的表现形式，任何时代都客观存在着问题，问题也会随着时间和空间的改变而发生变化。想要找出事物之间内在的、本质的、必然的联系，就必须坚持问题导向，从实际问题出发，对具体问题做具体分析。我们强调增强问题意识、坚持问题导向，就是承认矛盾的普遍性、客观性，就是要善于把认识和化解矛盾作为打开工作局面的突破口。

自1921年成立以来，中国共产党坚持将马克思主义基本原理同中国具体实际相结合、同中华优秀传统文化相结合，探索出了一条适合本国国情的发展道路，创造了一个在超大人口规模国家全面建成小康社会的发展奇迹，中华民族伟大复兴进入了不可逆转的历史

---

[*] 本文发表于《中国社会科学》，2022（10）。作者：刘守英，中国人民大学经济学院院长、教授；熊学锋，中国人民大学农业与农村发展学院助理教授。

进程。但是，与中国人民鲜活而丰富的社会变革实践相比，中国经济学研究的理论水平还不够深入和扎实，经济理论创新滞后于经济发展实践，其根源在于当前的学术理论构建未能坚持真正的问题导向，未能实现对伟大中国实践的持续观照、阐释乃至引领。

从中国经济理论创新与经济社会转型实践的互动来看，经济学研究往往在回应重大问题时则盛，在缺乏问题意识甚至背离问题导向时则滞。百余年来，立足中国大地的经济实践为本土经济理论创新提供了丰厚土壤，经济学界有条件也应当努力构建与中国的体制特征和经济成就相匹配、经得起实践和历史检验的原创理论体系。不仅如此，中国已开启全面建设社会主义现代化国家新征程，必然面临一系列重大理论与实践问题，经济学界理应责无旁贷地为准确认识、研究并解决这些经济问题，进而构建中国自主的知识体系，提供坚实的学理支撑和智力支持。

中国经济理论创新的基石在于坚持问题导向的政治经济学方法。笔者首先对中国经济学研究滞后于实践发展的问题根源进行反思，然后在总结 20 世纪 30—40 年代及 80—90 年代经济理论繁荣发展的经验基础上，提出问题导向政治经济学方法的基本内涵，最后就中国经济学界以问题导向进行经济理论创新、打造标志性成果予以探讨和展望。

## 一、问题导向与经济学研究范式

中国的经济学研究主要受两种范式的影响：一种是基于马克思主义政治经济学基本原理与方法论的研究范式，另一种是基于新古典自由主义经济学理论的当代西方主流经济学范式。前者在中国先后经历了马克思主义政治经济学的引入、苏联政治经济学的主导以及中国特色社会主义政治经济学的创新发展；后者则伴随着中国改革开放进程和经济发展需要，于 20 世纪 80 年代中期被系统性译介，随后进入高校的经济学教学体系，并于 90 年代末期开始成为经济学研究的主要范式之一。

## （一）马克思主义政治经济学在中国的发展

问题导向是马克思主义政治经济学的重要方法论原则。马克思为了研究和分析资本主义社会的"经济运动规律"，通过对资本家雇佣工人生产商品这一资本主义生产过程的观察，着重考察资本主义生产方式以及和它相适应的生产关系与交换关系，寻找其中的规律性和一般性特征，由此形成科学的概念、范畴和理论体系。特别是对生产力与生产关系、经济基础与上层建筑两对矛盾运动规律的总结，深刻揭示了资本主义制度的本质及其发展趋势。马克思这种以问题为导向的分析方法，为我们研究和解决所处时代的经济问题提供了基本遵循。20 世纪上半叶，在民族救亡图存的迫切要求下，一批学者将马克思主义引入中国，多个翻译版本的《资本论》《剩余价值学说史》相继问世，旨在寻求运用马克思主义政治经济学方法分析和解决中国当时面临的生死存亡问题，由此产出了一批分析中国经济问题、揭示中国社会性质、探索中国发展道路的具有影响力的学术研究成果。如以陈翰笙为代表的"中国农村派"对中国半殖民地半封建社会性质的论证，王亚南对旧中国经济结构、经济运行、主要矛盾和发展方向的分析，郭大力对中国工业化道路的阐述，这些拓荒者为推进马克思主义本土化进行了卓有见地的探索和尝试。

遗憾的是，到了 20 世纪 50 年代，中国在模仿和引入苏联高度集中的计划经济体制的同时，也承袭了苏联政治经济学分析方法。这一方法以苏联《政治经济学教科书》为蓝本，虽然其中的许多概念、范畴和方法源于马克思主义经典著作，却背离了马克思主义政治经济学的基本命题和核心要义。特别是马克思注重其理论的现实批判性和辩证发展，而苏联政治经济学以一种僵化且封闭的态度排斥现代经济理论的最新发展成果，教条地套用马克思主义政治经济学的研究结论对照现实经济问题。因此，这一方法在分析和解决中国当时面临的重大经济问题时陷入了理论误区和发展困境。第一，关于生产力与生产关系相互作用的分析出现了偏差。否认社会主义社会存在生产力与生产关系之间的矛盾，特别是生产关系中存在不适应生产力的方面。在所有制问题上，承认"所有制是基础"，但仅限于书本和法律条文层面的讨论，且否认社会主义公有制经济中存在的各种问题与所有制的关联，等等。第二，将文本中的经典论述直接套用于现实问题。例如，只是基于主观价值判断探讨所有制"应当如何"，而不去解决现实社会生产关系存在的众多问题，对基于经济现实的分析和主张加以批判，给学术理论的研究和争论赋予强烈的政治色彩。新中国成立初期，中国经济学研究深受苏联政治经济学的影响，而后者自身存在的理论缺陷，极大制约了马克思主义政治经济学在中国情境下的理论张力。为此，以毛泽东为代表的中国共产党人和一些经济学者坚持运用马克思主义基本原理，深刻认识到这一理论缺陷及其可能导致的重大影响，并结合新中国 10 年社会主义革命和建设的历史经验，对社会主义经济理论进行了积极探索，由此实现了在批判中继承、在继承中发展。

党的十八大以来，习近平总书记多次强调马克思主义政治经济学对于分析和研究中国经济问题的重要性。他明确指出，"我们政治经济学的根本只能是马克思主义政治经济学"，"学习马克思主义政治经济学，是为了更好指导我国经济发展实践，既要坚持其基本原理和方法论，更要同我国经济发展实际相结合，不断形成新的理论成果。"① 近年来，以中国特色社会主义政治经济学为代表的马克思主义政治经济学在新时代取得了一定进展，但仍不同程度地存在问题意识不足、与现实结合不紧、学理化阐释不强，以及拘泥于对经典表述的推理演绎而生硬"剪裁"实践发展等短板，与中国经济实践对理论创新的需求还存在较大差距。我国经济学界唯有将马克思主义政治经济学基本原理同中国具体实际进行更好结合，加强田野调查研究，直奔伟大实践创新主战场，才能真正实现21世纪马克思主义政治经济学、当代中国马克思主义政治经济学的理论飞跃。

## （二）西方主流经济学在中国的传播与面临的困境

改革开放后，长期处于相对封闭状态和被教条桎梏的中国经济学界选择开眼寻路，西方经济学的流派、理论和方法被系统介绍到国内，从20世纪90年代开始在我国高校形成系统化的学科设置和培养体系，特别是90年代末以后基于中国改革与发展需要，学习和研究西方经济学逐渐成为一时之风尚。西方经济学在中国的传播，促使中国经济研究转向注重实证分析和对现实经济运行的关注，对于准确理解和建立完善社会主义市场经济体制发挥了重要作用。但是，随着对西方经济学概念、理论及方法的滥用、误用和简单套用现象日益严重，学界进一步关注到这一范式自身的局限性及其在解释和解决中国问题时的致命缺陷。

首先，实证传统本身仅是对真实世界的有限反映。凯恩斯曾强调，"创立一门准确无误的政治经济学的实证科学"具有重要性。科斯也指出，理论"应使我们有能力预测真实世界将会发生的事情"，"旨在帮助理解体系为什么会以当前的形式运行"。然而，实证方法

---

① 习近平. 不断开拓当代马克思主义政治经济学新境界. 求是，2020（16）：4-9.

为了"对环境变化所产生的后果做出正确的预测",在从大量复杂而具体的情况中抽象出共同的关键因素时,允许其"假设条件"对现实进行不准确的粗略表述。"当经济学家们发现他们不能分析真实世界里发生的事情的时候,他们就用一个自己把握得了的想象世界来替代",由此导致他们"常常忽略对其赖以成立的基础的考察"。

其次,未能注重自身国情特征。西方主流经济学是对发达资本主义国家典型事实和发展经验的系统性总结,以该类国家的产业、技术、制度等作为理论前提,其基本假设往往是基于西方世界典型事实的一般化,与中国国情、基本制度、发展阶段存在本质差异。

最后,基于既有分析框架的局部延伸难以回应重大经济问题。"在越来越多的模型中,无论我们处理多少个变量,都不能处理这个体系的方向和含义、目标和目的这些根本问题",由此导致经济学研究对现实经济运行的弱化和分析具体问题时的无能为力。大量基于新古典经济学方法对中国经济实践的研究缺乏本土问题意识,缺乏对中国特征事实的归纳和提炼,并没有形成基于中国独特性的理论假设,而是机械地把工具当作方法,忽视根本问题而拘泥于技术细节,导致看似科学的经济研究越来越脱离现实,由此产出的批量论文和著述根本无法准确解释中国问题及其根源。

综上,苏联政治经济学因僵化思想和脱离问题导向,影响了其对经济事实的解释力和对现实问题的解决力;西方主流经济学则因忽视基本制度和前提条件的差异性,难以准确解释中国70余年的崛起和经济发展奇迹,也无法精准回应新时代新征程中出现的大量现实问题。当前的经济学研究亟待改变对西方经济学理论与方法的一味简单移植以致理论研究与实践发展脱节的局面。因此,问题导向的政治经济学方法是研究中国经济问题、实现中国经济理论创新、构建自主知识体系的根本所在。只有从中国共产党领导人民创造的伟大经济实践出发，正确运用马克思主义政治经济学基本原理和方法论，开展具有中国特色、中国风格、中国气派的经济学研究，才能使中国的经济理论在总结并进一步指导经济实践中实现创新。

## 二、问题导向的分析：两个重要时期的经验

颇有意味的是，中国经济学分别在 20 世纪 30—40 年代和 80—90 年代出现了空前的繁荣发展。这两个时期的大部分经济学者坚持将现实问题作为认识的逻辑起点，在大量调查和考察的基础上准确把握问题、客观分析问题，形成科学认识，经过实践与认识的辩证运动上升为理论，不仅为党和国家的经济决策提供理论支撑，也形成了独具中国特色的原创经济理论，为推进当代中国经济理论创新提供了重要启示。

### （一）20 世纪 30—40 年代"中国农村派"关于中国社会性质的论证

近代中国面临的根本问题是救亡图存和"中国往何处去"，这就必须正确认识当时中国的社会性质。1922 年，中共二大初步明确了近代中国半殖民地半封建社会的性质，据此提出了反帝反封建的民主革命纲领。但由于对近代中国社会性质缺乏深刻的一致性认识，一定程度上导致了 1927 年 4 月国共合作的破裂。1928 年夏，中共六大重申了中国的社会性质仍是半殖民地半封建社会，明确中国革命是"反帝国主义的资产阶级民权革命"。国民革命运动失败的惨痛教训将论证近代中国社会性质这一重大问题推上历史舞台。鉴于农村在中国经济、政治和社会生活中占有举足轻重的地位，"农村经济底研究，对于整个社会底认识自然占有重要地位"，20 世纪 30—40 年

代中国学界面临的根本问题是通过判定中国农村社会性质进而明确中国社会性质。由于受到共产国际专家的极大影响,"中国经济派"过于偏重"生产力"的决定作用,仅依据中国农村存在资本主义企业以及外国商品和资本侵入乡村带来商品经济,就认为中国农村资本主义已占据优势,由此得出中国农村的资本主义性质。

与"中国经济派"直面论战的是以陈翰笙、孙冶方、薛暮桥为代表的"中国农村派"。在方法论上,他们"以研究中国农村经济底结构为宗旨",认为社会性质应依据封建势力、资本主义势力和帝国主义势力强弱及封建生产关系、资本主义生产关系的地位进行判定。"决定社会性质或是阶级关系的直接因素不是生产技术而是生产关系","自然因素或是技术因素,必须通过一定的社会关系,才能发挥着'征服自然'的巨大力量";"研究中国农业经济者的研究对象,是中国农村的生产关系,或是在农业生产、交换和分配过程之中人与人间的社会关系,而不是别的。"

"中国农村派"为了研究当时中国农村的生产关系,一是开展广泛调查。他们从事的调查包括无锡、保定的逐户逐村调查,中山、番禺等地的通信调查,以及山东、河南和安徽地区外国资本渗透中国农村情况的调查。调查的内容"首先要研究帝国主义怎样侵略中国农村,妨碍农业生产的发展。其次要研究土地和其他生产资料的分配,地主豪绅的各种榨取方式,以及他们同帝国主义和都市资本之间的联系。再次要研究各类农民的经济地位,他们的生产方式和农村劳动大众所受到的各种榨取。最后更要研究各种复兴政策的意义和效果,暴露各种改良主义的本质,并替农村劳动大众指示一条正确的出路。"二是从制度细节研究特殊性。他们认识到,社会性质的判断不能忽视一国之内各种经济成分、制度、阶级之间的异质性,否则,或导致依据某一小部分经济成分错误判断社会性质,或导致打击其他经济成分而损害经济体制的多样性。为此,"中国农村派"根据土地关系和雇佣关系进行分类,通过经济异质性、农户分类、田亩差异等剖析多种生产关系,从各种并存生产关系中将主要的生产关系作为决定社会性质的基本指标。三是通过比较相异性研究独特性。例如,陈翰笙提出,即使同一概念,中西意旨也不尽相同。例如,"吾人所谓都市,其性质不似 City;吾人所谓乡村,其性质不似 County。即与欧洲前资本主义社会相较,都市之来历非 Polis 及 Compagna Communis 可比;乡村之组织亦非 Mir 及 Manor 可比"。此外,土地租佃在中西方经济中存在根本差异。西方经济中"乡村无产阶级的形成,完成了农业企业家存在的前提","较富的农民有扩张经营范围的余裕,便大批租进土地,雇用工资劳动者来耕种,这样便产生资本主义的经营。"而中国农村经济与之相反,是处于贫雇农和中农失去土地、富农和地主集中土地,但贫雇农和中农变为佃农谋得生计、富农和地主出租土地获取租金的前资本主义状态,因此"在中国决不能像英国那样产生租佃了的企业家",且"在中国无论租佃的农户以至现时的自耕农,都不能采取资本主义的生产方式"。

正是运用问题导向的政治经济学方法,"中国农村派"对近代中国社会的"半殖民地半封建性质"进行了详细而充分的论证。第一,以"土地所有形态"这一核心生产关系说明资本主义生产方式不占优。研究土地问题的根本任务是阐明土地所有形态之下隐藏的人与人之间的关系。他们在调查基础上得出,"资本主义的生产方式在中国农村里面虽然相当存在,可是资本主义的矛盾还没有变成中国农村中一切矛盾的支配形态,而榨取剩余生产物的基础,主要地还在土地所有。"绝大部分土地仍控制在少数地主、富农手里,广大农民只有很少或没有土地,不得不受地主、富农的封建或半封建的剥削。

因此，封建半封建生产方式而非资本主义生产方式占优。第二，以"雇佣关系"说明中国农村的封建半封建生产方式占主导。尽管近代中国的土地所有权相当集中，但多数地主把土地分开出租，贫农大多向地主租地经营，集中的地权和分散的细小经营是中国的农业生产形式，这种细小的经营并不建立在雇佣劳动基础上，因而不具有资本主义性质。中国的小农经营就性质而言，绝不是资本主义企业，而是简单商品生产和自给自足的小生产。因此，"农村中的基本关系，还不是资本家同工资劳动者的对立，而是地主同贫苦农民的对立；地主所征收的租佃，不是属于资本主义性质，而是属于封建生产的范畴。所以这种农业经济虽然已经转向商品生产，而且受着帝国主义资本的控制，但是它的生产关系还是封建性的，它还阻碍着资本主义生产力的自由发展。"这种半殖民地农业社会，我们也称之为半封建社会。第三，以帝国主义及商品经济证明中国社会的半殖民地性质。一方面，商品经济的发展固然破坏了中国封建社会的经济秩序，但帝国主义为了维持有利的交换条件，通过地主、商人和高利贷者"三位一体"的剥削使封建势力保留下来。另一方面，中国经济虽已被卷入世界经济旋涡，帝国主义对中国农村经济起"支配作用"，但中国农村的"封建和半封建的生产方式（因此也是剥削方式）乃由帝国主义维持着，半封建的势力与国内资本乃在外资的支配之下，结合地存在着"。帝国主义通过中国买办性资本和封建势力的结合实现其统治，这就"使中国农村直接间接地更隶属于列强资本的支配，它使中国农村中半封建的剥削以更加尖锐的形式，起着更加酷烈的作用……这种变化并没有使农村结构起了质的变化"，它只是使中国的半殖民地半封建性格外加强、格外尖锐罢了。

由此，"中国农村派"成功论证了近代中国社会的基本性质是苦于资本主义不能顺畅发展的、"前资本主义"过渡性阶段的半殖民地半封建社会。这是关于当时中国国情最基本、最重要的理论论证，为中国共产党对中国社会性质的判断和革命道路的选择提供了学理支撑。

## (二) 20世纪80—90年代中国特色社会主义经济理论的创新

改革开放前，在苏联政治经济学的影响下，已有理论教条地将社会主义公有制简单化为单一的所有制、以计划经济排斥市场经济，致使我国在社会主义发展阶段的认识上走了弯路、交了学费。1978年5月11日，《光明日报》发表的特约评论员文章《实践是检验真理的唯一标准》，掀起了一场关于真理标准问题的大讨论，推动了全国范围内的思想大解放。

随着改革开放进程的加快，日益丰富的社会实践和不断出现的新的经济现象，向我国经济学界提出了一系列亟待研究的重大理论和实践问题，包括如何走中国自己的社会主义道路，以及社会主义的阶段性和我们处于何种阶段的问题；公有制的条件和实现形式，以及按劳分配的问题；对计划经济的理解和实现，以及计划调节和市场调节的相互关系问题；等等。这一时期的经济学者逐渐认识到，传统社会主义理论排斥市场，排斥商品生产，排斥竞争和价格调节，并不是一个科学的选择。在方法论上，他们提出一方面要破除生产关系决定论，重新审视生产力和生产关系的互动，注重生产力的发展；另一方面要将生产、分配、交换、消费等社会主义生产关系的全部内容纳入经济范畴。针对忽视社会主义公有制制度安排多样性、阻碍经济体制改革的观点和"一大二公"思想，薛暮桥认为，任何现实社会都是各种经济成分并存的，商品经济不等同于资本主义，多种所有制并存条件下的社会性质取决于主导性的经济成分。为此，他进一步提出了"多种经济成分并存的社会主义"。

为了研究经济体制运行中的重大问题,他们坚持开展调查研究。一批经济学者先后参加了国务院财经委员会成立的经济管理体制改革组、经济结构组、技术引进和企业现代化组以及理论和方法组四个调查研究小组,围绕当时面临的重大经济问题进行调查研究。其中,经济结构组围绕我国经济结构的历史、现状、问题,包括国家经济结构发展的规律性以及经济结构调整解决办法等问题,于1979年至1980年春组织400多人分赴我国10余个省市进行了为期10个月的经济结构调查。由中青年经济学者组成的中国农村发展问题研究组以农村问题为切入点,坚决反对"以为照搬西方商品经济模式即能解决中国发展问题的简单认识",又反对毫无意义的纯粹理论上的争论,开展了一系列调查研究,在前后约3年时间里,走访了我国20余个省(市、区)进行实地调查。他们在安徽滁县调研形成的《"双包到户"地区农村发展的问题和趋势》等系列报告,论证了"包产到户"的经济性质;依据调查出版的《农村经济变革的系统考察》,成为以问题为导向、"在求实精神的火焰中完成理论经济学的变革"的重要尝试。

这一时期的经济学界还大力弘扬"走出去"和"请进来"之风气,注重在中国与发达国家经济发展水平、经济管理体制等方面的差异比较中寻找改革思路。一些研究机构邀请外国专家学者来华讲学、研讨和考察,探讨当时中国面临的社会主义经济体制转型、改革路径、模式选择等问题。通过与发达资本主义国家的全方位比较,学界深刻认识到应当在坚持公有制、计划经济的前提下允许和保护正当竞争;社会主义体制可以而且必须有各种基于本国国情和历史背景的不同模式。他们同时也注意到,由于与苏联和东欧各国社会结构的差异,中国在启动改革时存在更低的发展阶段、更多的地方分权、更多数量的中小企业、更粗糙的计划体制等结构性因素,这些因素有利于市场化转型和经济短期快速增长,进而决定了中国能够且必须选择与之相异的渐进式改革道路。

纵观整个20世纪80—90年代,改革开放的时代洪流下新老问题层出不穷,倒逼我国经济学界秉持问题导向的政治经济学方法,合理吸收西方经济学中的有益成分,探索回答"什么是社会主义"、"中国处于什么样的社会主义阶段"、"如何走中国自己的社会主义道路"、社会主义市场经济的特征与运行机制等重大问题,为形成中国特色社会主义理论体系提供了学理支撑。

第一,社会主义初级阶段理论。社会主义初级阶段理论是马克思主义中国化影响最为深远的伟大创造。其含义在于,我国社会已经是社会主义社会,因此必须坚持社会主义;但我国的社会主义社会还处于初级阶段,必须从这个实际出发,而不能超越这个阶段。经济学界对这一理论的形成做出了独特贡献。改革开放之初,以于光远为代表的经济学者认为,中国社会与马克思、恩格斯设想的社会主义存在明显差异,正处于社会主义初级阶段。1981年,党的十一届六中全会通过的《关于建国以来党的若干历史问题的决议》首次明确我国的社会主义制度还处于初级阶段这一提法。1987年,党的十三大进一步阐述了社会主义初级阶段理论的基本要义。此后,于光远又专门就社会主义初级阶段理论和社会主义初级阶段经济进行了系统论述。

第二,社会主义市场经济理论。这一理论的重大创新在于将计划和市场仅仅视为经济手段,而非社会制度的根本差异。经济学界经过不懈的理论探索,促进了社会主义市场经济理论的形成与发展。一是肯定社会主义经济是商品经济、肯定社会主义经济中市场调节的作用,在社会主义经济中价值规律依据竞争的内在机制起调节作用，提出企业本位论，以及改革不合理的价格体系和管理体制、逐步缩小工农业产品价格"剪刀差"，倡导在社会主义经济中引入市场机制。二是主张社会主义经济也是一种商品经济、价值规律在社会经济活动中起调节作用的社会主义商品经济论。三是进一步提出市场化的改革取向。刘国光提出，社会主义经济中计划与市场存在由社会主义经济本质决定的统一性，需要正确处理计划与市场的关系；"随着经济调整工作的进展，随着'买方市场'的逐步形成，随着价格的合理化，要逐步缩小指令性计划的范围，扩大指导性计划的范围。"这些观点在党的十二届三中全会关于计划和市场关系的论述中得以体现。随后吴敬琏等学者明确提出建立社会主义市场经济体制，并对这一体制的目标和框架进行了论证。这些基于问题导向的理论创新，为提出和确立社会主义市场经济体制的改革目标提供了扎实的学理支撑。

第三，社会主义所有制理论。这一理论的重大创新是明确公有制为主体、多种所有制经济共同发展、平等竞争，将股份制作为公有制的重要实现形式。首先，社会主义初级阶段应当允许非公有制经济存在。学者们围绕"包产到户""包干到户""家庭联产承包责任制""'三资'企业""民营企业""雇工"等方面的社会调查，将这些"非社会主义性质"的因素认定为有存在的必然性和客观性，并视为有利于促进这一阶段的生产力发展。薛暮桥明确提出，"在目前，留一点个体经济和资本主义的尾巴，可能利多害少"；"我们现在还不可能使资本主义绝种，有一点也没有什么可怕。"其次，公有制实现形式可以多样化，股份制是有效形式。有学者提出，公有制不应限于全民所有制和集体制，"社会主义公有制目前出现许多形式"，"我们应该根据实际经济生活中的变化来重新研究社会主义生产资料所有制的理论，而不能用现成的理论去套实际生活中的复杂情况。"刘诗白认为,在社会主义初级阶段,应当从社会主义商品性再生产的运动中来考察各种占有关系的组合、交错和互相渗透,进而分析社会主义公有制的具体形态。为此,学者们提议对当时的国有大中型企业进行股份制改造,或建立现代企业制度以取代20世纪80年代开始的企业"承包制"。这些研究为党的十五大明确公有制为主体、多种所有制经济共同发展的基本经济制度和党的十六届三中全会进一步提出"使股份制成为公有制的主要实现形式"奠定了学理基础。

第四,社会主义分配理论。1977年4月—1983年7月,我国经济学界先后召开了五次全国按劳分配问题理论讨论会,重点对按劳分配的性质、对象、形式等问题展开学术讨论。分配理论方面的最大突破在于,提出了按劳分配与按生产要素分配结合的观点,以及按生产要素分配体现为在生产过程中创造的价值如何分配,因而并不违背劳动价值论,这些观点都逐步体现在党和国家的系列政策中。公平和效率的关系也是分配问题的热点,学界率先提出"效率优先,兼顾公平"主张,党的十四届三中全会至十六届三中全会都采用了这一表述。

## 三、何为问题导向的政治经济学方法

长期以来,问题导向被认为只是单纯地寻找问题,没有理论、只有问题就不是好的研究。甚至认为,问题导向无法形成理论,理论只能是以假设求证。但是,理论研究的问题从何而来?面对日新月异的丰富实践,仅靠假设和抽象就能把握得住真实世界吗?抓不到真问题又何来理论创新?当然,问题导向不是没有方法的盲人摸象,进入真实世界、发现其中的问题需要方法,找到问题后进行分析与解决也需要方法。因此，对待问题的态度和寻找并解决问题的方法，体现了研究范式之间的差异。对于处于深刻变革中的中国来说，任何重大问题都离不开政治经济学范畴，马克思主义政治经济学始终是我们寻找问题、分析问题和解决问题的重要分析范式。问题导向的政治经济学方法的基本内涵可归纳为基本特征、构成要件、分析特色三个方面，三者有机统一、缺一不可。

## （一）问题导向的政治经济学方法的基本特征

基于马克思主义唯物史观，运用马克思主义政治经济学基本原理和方法论，准确认识、阐释并解决经济社会发展过程中出现的重大理论和实践问题，构成问题导向政治经济学方法的基本特征。马克思对资本主义生产方式的形成过程进行了历史唯物主义的考察，由此形成了马克思主义政治经济学范式，即以生产力与生产关系的矛盾运动解释社会经济制度变迁、在社会经济结构整体制约中分析个体经济行为、以生产资料所有制为基础确定社会性质、依经济关系来剖析政治法律制度和伦理规范、在一般规律的指导下通过社会实践实现社会经济发展。生产力与生产关系、经济基础与上层建筑的相互作用及其矛盾运动，是马克思主义政治经济学的核心命题和理论"硬核"。

问题导向是马克思主义的鲜明特点，是坚持和发展马克思主义政治经济学的基本遵循。人类社会发展由社会基本矛盾及其制约的社会其他矛盾共同构成。问题就是这些内在矛盾的集中表现，它来源于人类社会的各类矛盾运动，不断丰富的实践活动又持续提出新的问题。作为研究导向和对象的问题是"该时代的迫切问题"，这些"谜语""属于时代"而非"属于个人"，是一个时代客观存在的重大问题，亦体现为一个时代的主要矛盾和矛盾的主要方面。理论创新往往就是在坚持问题导向，准确认识、阐释和解决时代重大问题的过程中实现的，同时须经得起实践和历史的检验。马克思指出，"真正的批判要分析的不是答案，而是问题。正如一道代数方程式只要题目出得非常精确周密就能解出来一样，每个问题只要已成为现实的问题，就能得到答案。"① 只有遵循问题导向，才能从人类社会实践中发现根本问题，分析其性质、成因并寻求解决办法，从而推动人类社会的进步与发展。实现马克思主义政治经济学的本土化必须在马克思主义政治经济学范式的基础上，准确反映所处时代的经济社会发展现实，客观分析和解决当下面临的重大理论和实践问题。

## （二）问题导向的政治经济学方法的构成要件

我国经济学研究在上述两个时期的发展经验，为问题导向的政治经济学方法的构建提供了重要启示。

第一，回应时代重大问题。当国家和民族面临历史性变革时，脱离问题导向的经济学研究不仅不能解释所处时代面临的重大问题，更不利于这些问题的有效解决，一味追求僵化刻板的既有理论模版，只会导致教条主义。提升学术研究对实践的响应能力，必须果断打破思维定式的束缚，敢于直面现实问题。20世纪上半叶中国人民肩负着救亡图存、争取民族独立和人民解放的历史使命，新民主主义革命的社会起点是半殖民地半封建性质和落后的农业大国。"中国农村派"基于大量实地调查研究分析中国农村社会性质，进而为明确近代中国社会性质提供有力论证。20世纪80—90年代也是如此。面对在一个经济文化相对落后的东方大国如何建设和巩固社会主义的重大问题，中国经济学界不断打破僵化观念，"对30年来占统治地

---

① 马克思，恩格斯. 马克思恩格斯全集：第1卷.2版. 北京：人民出版社，1995：203.

位的教条主义"提出挑战。

第二，注重生产力与生产关系的相互作用。面对处于深刻变革的社会，在研究解决一系列重大问题时，从生产力与生产关系、经济基础与上层建筑两对矛盾运动的规律入手，是最为有效的分析方法。一方面，不适应生产力发展要求的生产关系将阻碍生产力的发展，导致经济发展失衡，与经济基础不相适应的上层建筑也将带来政治和社会的不稳定；另一方面，不改变不适应生产力发展的生产关系和上层建筑，将贻误经济社会发展的机遇期。针对那些只强调生产力因素导致的对中国社会性质的误判，"中国农村派"转而基于对农村生产关系的全面考察，论证近代中国社会的半殖民地半封建性质。改革开放时期的经济学者针对超越生产力发展水平建构生产关系和生产关系单方面变革引发的问题，强调社会主义初级阶段生产力发展的重要性，以及社会主义市场经济体制对于促进生产力发展的重要作用。

第三，进入真实世界。方法或范式的有效性不是简单地用一种理论替代已有理论，而是要进入真实世界，了解现实问题及其成因，进而找到解决问题的关键所在。进入真实世界是为了解决问题。进入真实世界的场景后，不能直接用既有概念和定式去判定正误，而是应根据真实世界发现的问题去寻找研判逻辑和理路。"中国农村派"的研究，就是从中国农村社会经济调查入手，通过入户入村了解不同地区农村的阶级状况及其矛盾。20世纪80—90年代的调查更是直面现实问题，不仅有农村问题，还有城市问题；不仅有具体的案例调查，也有大样本抽样调查；不仅涉及体制机制的改革创新，还触及经济运行的方方面面。这既不同于那些教条主义者用既有概念生硬解释现实，将现实与书本的不一致视为问题，也不同于新古典经济学方法基于理想世界假设的实证和检验，而是坚持从调查中来，了解问题表征后，再回到现实作答。

第四，发现自身的独特性。问题导向注重体制与经济运行的特殊性，因为所谓的一般性往往无法准确把握现实存在的问题成因与根源；问题导向还注重在比较中寻找相异性，因为通过简单的移植和类比很难发现问题的独特性。因此，从现实世界寻找特殊性和在比较中找出相异性，也是问题导向的政治经济学方法的重要内容。找不出特殊性，就找不到解决问题的具体方法；找不到相异性，就容易变成简单的"复制—粘贴"式移植。因此，我们要在遵循人类社会积累的认识世界和改造世界的基本原则与方法的同时，积极寻找现实问题的独特性。"中国农村派"坚持从现实中寻找中国问题的特殊性，从比较中寻找相异性，从而找到近代中国社会性质的独特性。改革开放以来，我国不搞"全盘西化"，从苏联解体和东欧剧变中吸取历史教训，是因为认识到了中国国情的独特性和改革开放进程面临的特殊性，在比较中发现了中国问题的相异性，并进一步明确了必须基于自身特殊性开展细致研究，推动了中国特色社会主义经济理论的创新发展。

## （三）问题导向的政治经济学方法的分析特色

第一，准确认识国情和体制特征。理论成功与否取决于其是否基于国情，理论的作用取决于其是否基于国情对社会的正确认识和改造。理论出错往往源于无视国情的生搬硬套和拿来主义。后发经济体在经济赶超中更容易陷入理论误区，要么忽视自身的典型特征，直接照搬源于其他经济体实践的理论框架，把所研究的经济问题视作检验主流理论的某一案例；要么简单罗列所研究经济体的特殊性来强调其制度和经济优势，导致对经济发展普遍规律的忽视和扭曲。这些误区对于解释和解决所要研究的经济问题作用甚微，基于现实国情的客观分析才是理论创新的前提。认识国情，就是找准并科学分析某一经济体区别于其他经济体的体制特征及由此带来的经济效果。问题导向就是在准确把握一国国情的基础上，找寻其典型事实和体制特征，对经济运行中的具体问题进行客观分析，提出合理的解决思路和政策措施。

第二，从实践中提炼理论。时代课题是理论创新的驱动力。问题之所以成为问题，或是因为已有理论不足以做出解释，或是因为新出现的现象无从溯源。问题导向的政治经济学方法的独特之处，在于以一个经济体所面临的重大问题为出发点，以问题为线索开展调查、进行研究、寻找答案和形成理论。问题的发现来自实践而非文献，这就有可能避免脱离真实世界的纯理论推导或因文献出错导致的问题偏离。这种问题导向注重从实践中发现问题，再由对问题的分析上升到理论，有利于摆脱既有研究方法的不合理束缚，提供理论创新的无限可能性。既有范式或方法往往是基于特殊实践条件的理论提炼，随着经济社会变迁，部分前提假设和约束条件会逐渐脱离变化了的实际，形成理论与现实的严重脱节。理论创新的源泉只能来自实践。无论是近代中国社会的半殖民地半封建性质，还是社会主义初级阶段、社会主义市场经济体制等重大理论创新，无一不是以现实问题为导向，根植于真实世界的调查与研究，发现新"元素"并使之与已有"通说"或"定论"建立有力"对话"，从而形成源于实践又进一步指导实践的重大理论创新。

第三，分析和解释经济社会变迁。我们所面对和分析的对象的基本特征是社会经济的快速变迁，不仅表现为农业国向工业国的结构跃迁，还表现为体制和社会秩序的重大变革，即从计划经济体制转向社会主义市场经济体制，从传统社会秩序转向现代社会秩序。面对如此历史性、革命性的变迁，西方主流经济学的实证方法很难完全胜任。一方面，这些实证方法主要是对已发生事实和证据的分析，用以对已有经济理论的证实或证伪，对于当下或剧烈发生的经济社会变动，难以给出规范的分析和经济解释。另一方面，西方主流经济学的假设前提和约束条件主要依据成型经济和定型体制，在解释发生着巨大变迁的经济体时往往出现前提假设和约束条件的不一致，由此得出的结论很容易产生误导。比较而言，问题导向的政治经济学方法能够直面现实，找准社会经济变迁中面临的重大问题—通过调查研究找到问题根源—再从实践中找寻经验、前提和约束条件—基于文献、比较或事实分析，得出针对性的解决方案，并进行理论提炼和一般化。

第四，以解决现实问题为目的。"时代作为出卷人"，问题始终摆在前方，经济学者必须时刻准备好在理论上做出回应和解答。经济理论的作用已经超越了一般意义的学科发展和纯粹的科学价值，而是在用理论武装思想，推动社会的进步与变革。霍奇逊认为："主流大学的经济学系主要的注意力并没有集中在当今世界的紧要问题上，它们通常并不培养对现实经济过程、体系和制度的研究。智力资源虽然没有完全被浪费，却严重配置不当。"一些经济学研究以数理工具和八股格式的模仿取代了对现实世界的关注，越来越失去判断和理解复杂情况的思维能力，意识不到或有意忽视正在发生的社会经济问题，而专注于解决脱离真实世界、从文献中衍生出来的"小问题"，甚至"伪问题"。问题导向的政治经济学方法聚焦时代变革中的重大问题，而非纯技术型或细枝末节类问题，由此推动经济研究更多专注于"真问题"，更好地契合真实世界，赋予经济理论更强的生命力。此外，这一方法还有利于发现和反映广大人民群众的真实呼声，推动经济决策的科学化。历史和实践都已证明，坚持问题导向是开展哲学社会科学研究的重要前提，问题导向的政治经济学方法是研究中国经济问题、实现中国经济理论创新的根本所在。

## 四、以问题导向加快中国经济理论创新

中国特色社会主义进入新时代，以习近平同志为核心的党中央直面我国正在以及可能面临的重大问题，明确了中国特色社会主义的阶段性特征以及如何将中国特色社会主义推向一个更加完善、更高质量的发展阶段，攻克了许多长期没有解决的难题，办成了许多事关长远的大事要事，带领全国人民迈向全面建设社会主义现代化国家新征程。这场立足中国大地的史诗级实践为形成中国原创经济理论提供了丰厚土壤。

### （一）推动基于中国经济实践的理论创新

中国谋求现代化的进程，具有独特的国情、体制和结构特征。新中国成立70多年尤其是改革开放40多年来，中国创造了世所罕见的经济快速发展奇迹和社会长期稳定奇迹，成为二战以来少数从贫困进入中等收入国家行列的发展中大国。但"中国奇迹"的创造并非理论先行和模式既定，而是基于问题导向，准确认识、阐释并解决现实问题，进而推动经济制度转型和社会变革。而基于此的当前的中国经济学研究处于一种略显尴尬的境地：一方面，基于实践提炼的理论成果被认为因缺乏西方主流经济学所要求的复杂模型和定量研究而不那么"高大上"，以中国事实发表的英文论文在西方主流经济学杂志上只能被作为案例研究（case）对待；另一方面，中国的经济社会变革无论其前提假设还是典型特征都非常独特，要么被视为不可持续的"中国困惑"，要么被视作对所谓经典的某种背离。

因此，唯有秉持问题导向的政治经济学方法，形成以中国典型事实和经验为基础的一般化理论，才能更好推动中国经济理论创新。

第一，提炼和归纳典型事实。当前中国经济理论创新的最大障碍在于，大量专注于技术处理的论文仅是对西方主流经济学方法的简单移植，从文献中衍生出问题，未能将中国典型事实作为研究前提。因此，中国经济理论创新首先要在识别、归纳和提炼典型事实上下功夫，通过比较甄别出那些体现中国特色的典型事实。

第二，分析体制的特征及其运行逻辑。当前体制分析中非此即彼的制度优劣预设和有效制度假设，造成现有研究缺乏对制度结构与安排及其变迁逻辑的客观分析。开展经济学研究、实现经济理论创新，必须客观分析中国的体制特征，以及中国社会的制度选择及其变迁的原因，以中国体制及其现实运行特征为基础，精准分析不同主体的经济行为和经济绩效。

第三，运用规范方法进行经济分析。现有研究的缺陷要么是以制度既定为前提进行比较，要么忽视体制差异性进行简单回归，导致这些研究很难成为高质量的学术成果，无法与国际社会进行平等的学术对话。要改变这种状况，就必须实现两者的平衡，前者强化体制的实证分析，后者加强体制特征与实证的关联，适时修正经济理论的假设前提和约束条件，拓展经济学研究的边界和厚度。在方法上，新古典经济学的实证主义侧重于对成熟经济和定型体制的特征分析，以及对积累了大量数据和证据的事实开展规范研究。对于极具中国特色的经济实践应超越方法的分界与隔阂，只要是有利于探讨中国独特问题的规范分析都可以灵活运用。

第四，基于重大问题提炼形成原创理论。中国经济发展的独特性，不仅反映在经济体制改革上，也体现在经济结构转型上，由此形成的典型事实显然不符合西方主流经济学的假设前提和约束条件。

当理论与实践不一致时，不能简单地推导为现实有误，而应以事实为基础进行理论修正与创新。正是基于自身国情和时代特征，中国制定并实施了以解决现实问题为出发点的发展战略和经济政策，由此取得了西方主流经济学难以解释的"经济奇迹"，这些恰恰是实现中国经济理论创新的突破口。我们应秉持问题导向的政治经济学方法，深刻理解中国经济发展的内在逻辑，积极构建基于中国实践、反映中国特色且经得起实践和历史检验的原创理论。

## （二）新时代面临的重大经济理论和实践问题

立足中华民族伟大复兴战略全局和世界百年未有之大变局，中国在实现经济高质量发展的过程中仍面临一系列重大问题，要求我国经济学界必须以习近平新时代中国特色社会主义经济思想为引领，从我国经济发展的实践中挖掘新材料、发现新问题、提供新思路、构建新理论，科学回答中国之问、世界之问、人民之问、时代之问。"坚持问题导向是马克思主义的鲜明特点。问题是创新的起点，也是创新的动力源。只有聆听时代的声音，回应时代的呼唤，认真研究解决重大而紧迫的问题，才能真正把握住历史脉络、找到发展规律，推动理论创新。坚持以马克思主义为指导，必须落到研究我国发展和我们党执政面临的重大理论和实践问题上来，落到提出解决问题的正确思路和有效办法上来。"[①]

第一，习近平新时代中国特色社会主义经济思想的体系化。党的十八大以来，以习近平同志为核心的党中央坚持问题导向和目标导向相统一，"对关系新时代党和国家事业发展的一系列重大理论和实践问题进行了深邃思考和科学判断"，先后提出了中国经济发展进

---

① （授权发布）习近平：在哲学社会科学工作座谈会上的讲话（全文）.新华网，2016-05-18.

入新常态,坚定不移地转变发展方式与实现高质量发展,坚持和完善社会主义基本经济制度,使市场在资源配置中起决定性作用,更好发挥政府作用,坚持供给侧结构性改革,构建现代化经济体系和高标准市场体系,把握新发展阶段,贯彻创新、协调、绿色、开放、共享的新发展理念,加快构建以国内大循环为主体、国内国际双循环相互促进的新发展格局,统筹发展和安全等重大论断与方案举措。习近平新时代中国特色社会主义经济思想为坚持和丰富马克思主义政治经济学做出了重大原创性贡献,是马克思主义中国化的最新成果,其思想内涵仍需要我国经济学界进一步加强学理化阐释和学术化表达,加快构建21世纪中国特色经济学,并使之成为具有世界影响的理论体系和话语体系。

第二,"两个大局"的政治经济学分析。中华民族伟大复兴已经进入不可逆转的历史进程,又恰逢百年未有之大变局加速演进,全球进入新的动荡变革期。以习近平同志为核心的党中央对国际政治经济格局做出重要战略判断,即"世界多极化、经济全球化、社会信息化、文化多样化深入发展"的同时,"不稳定不确定因素正在增加","非传统安全威胁持续蔓延","国际秩序和全球治理体系受到冲击"。因此,我们"要统筹中华民族伟大复兴战略全局和世界百年未有之大变局……既保持战略定力又善于积极应变,既集中精力办好自己的事,又积极参与全球治理、为国内发展创造良好环境"。中华民族伟大复兴是人类发展史上的大事件,而世界正处于百年未有之大变局,"既非一时一事之变,也非一域一国之变"。大变局与战略全局交互影响,不仅关乎中国第二个百年奋斗目标的如期实现,还将对未来世界经济乃至政治格局产生重要影响。从马克思主义政治经济学基本原理和方法论出发,科学认识和解读中国共产党带领中国人民历史性地解决绝对贫困问题,如期实现全面建成小康社会的奋斗目标；在"两个大局"下，中国坚持人民至上、生命至上，统筹经济发展和新冠疫情防控，彰显着"中国方案"，人民对美好生活的向往不断成为现实……这些问题、命题、议题都将是我国经济学研究乃至哲学社会科学研究的重大课题。

第三，中国式现代化的理论阐释和实践路径。自辛亥革命以降，中国的仁人志士一直在寻求中国现代化转型，只有中国共产党肩负着中华民族伟大复兴的历史使命，团结带领中国人民真正开启中国式现代化道路，创造人类文明新形态。中国式现代化是"人口规模巨大的现代化，是全体人民共同富裕的现代化，是物质文明和精神文明相协调的现代化，是人与自然和谐共生的现代化，是走和平发展道路的现代化"。回顾党的百余年征程，如何体现中国式现代化与西方现代化的迥异，如何说明中国式现代化是对马克思主义经典作家设想和其他社会主义国家实践的突破，从而构建中国式现代化的话语体系、理论框架和解释逻辑，成为当代哲学社会科学研究者的时代重任。特别是中国共产党创造性地走出了符合中国国情的社会主义工业化道路，并为推动中国特色社会主义经济现代化不懈探索，这一独特经济实践为新时代中国经济理论创新提供了不竭的动力源泉。

第四，社会主义现代化国家的独特性和普遍性。习近平总书记强调，各国道路成败的关键在于是否符合本国国情、顺应时代潮流、得到人民拥护和为人类进步事业做出贡献，构建人类命运共同体是"不同社会制度、不同意识形态、不同历史文化、不同发展水平的国家"，"形成共建美好世界的最大公约数"。在全面建设并最终建成社会主义现代化国家的伟大征程中，我们既要遵循世界现代化的普遍规律，又要充分考虑中国国情、社会主义制度等独特性，但如何将这些独特性与普遍性有机结合，目前并没有标准答案，也没有可以直接使用的理论框架。特别是在一个14亿多人口的国家全面建成社会主义现代化强国、实现中华民族伟大复兴，不仅是人类历史上前所未有的壮丽事业，还是人类历史上最为宏大而独特的实践创新。眼下，新的赶考路上还将出现大量亟待回答的理论和实践课题，迫切需要我国学界多角度、多层次地研究阐发，坚持用马克思主义之"矢"去射新时代中国之"的"。

"当前，世界百年未有之大变局加速演进，世界之变、时代之变、历史之变的特征更加明显。我国发展面临新的战略机遇、新的战略任务、新的战略阶段、新的战略要求、新的战略环境，需要应对的风险和挑战、需要解决的矛盾和问题比以往更加错综复杂。"[1]中国经济学研究唯有坚持问题导向的政治经济学方法，以回应并解决新时代重大经济理论和实践问题为出发点，积极推动彰显中国之路、中国之治、中国之理的经济理论创新与自主知识体系构建，形成一批有思想穿透力和世界影响力、经得起实践和历史检验的标志性成果，为全面建设社会主义现代化国家不断贡献理论智慧。

---

[1] 高举中国特色社会主义伟大旗帜 奋力谱写全面建设社会主义现代化国家新篇章. 人民日报，2022-07-28.

下 篇

# 中国经济学源流

# 中国经济学的源流与发展[*]

杨瑞龙

新中国成立 70 多年来，我国从传统的计划经济体制逐步过渡到了社会主义市场经济体制，经济学研究范式也随之发生了深刻的变化。"中国道路"创造了"中国奇迹"，"中国道路"的本质就是在坚持社会主义基本经济制度条件下，发挥市场在资源配置中的决定性作用。无论是传统政治经济学，还是西方主流经济学都难以回答我们在这场前无古人的伟大社会实践中遇到的难点与重点问题，因此，创立与发展具有中国特色的社会主义经济理论，即中国经济学就成为历史的必然。

## 一、经济学研究范式的演变与创新

范式是库恩在《科学革命的结构》一书中提出的，指在某一学科内被一批理论家和应用者所共同接受、使用并作为交流思想工具

---

[*] 作者：杨瑞龙，中国人民大学一级教授。

的一套概念体系和分析方法。所谓理论就是，人们基于一定的研究范式由实践概括出来的关于自然界和人类社会的知识的有系统的结论，它对人们未来的实践活动具有重要的借鉴与参考价值。经济学作为一种经世济民的学说，其研究范式显然与实践有很大的关联性，随着实践的变化，研究范式也会相应做出调整。新中国成立70多年来，我国从传统的计划经济体制逐步过渡到了社会主义市场经济体制，经济学研究范式也随之发生了深刻的变化。

## （一）与高度集权计划体制相适应的传统政治经济学研究范式

有一种似是而非的观点，那就是在政治经济学与马克思主义经济学之间画等号，尤其是把源自苏联的传统政治经济学看成是马克思主义经济学的天然继承者。其实不尽然，两者之间存在差异性：第一，研究对象存在差异。传统政治经济学的研究对象聚焦于生产关系，在生产关系中聚焦于所有制。马克思主义经济学的研究对象是一定生产方式下的社会生产关系，也就是由特定生产力水平与状况决定的社会生产关系。第二，未来社会的最根本特征有差异。消灭阶级和阶级对立，实现个人自由全面的发展，是马克思主义经典作家设想的未来社会的基本目标与根本特征；而消灭私有制和旧分工的消亡是实现人的全面自由发展的基本前提。传统政治经济学则把国家对生产、分配、交换、消费过程的控制置于非常重要的地位。第三，公有制的地位不同。马克思主义经济学始终把公有制作为实现个人自由全面发展的手段。只有建立在生产资料社会占有基础上对生产进行有意识的社会调节，个人自由全面发展才有可能。传统政治经济学则把公有制本身作为目的，追求越大越公越好的所有制结构。第四，公有制的内涵不同。马克思主义经济学所界定的社会所有制包含三层含义：一是社会全体成员平等占有生产资料，二是劳动者与生产资料直接结合，三是劳动主权替代资本主权，劳动者成为生产的主人。传统政治经济学则把国家所有制等同于社会所有制，政府而不是劳动者在生产过程中扮演组织者的角色。第五，对商品货币关系看法存在差异。马克思主义经济学认为，随着社会所有制替代私有制，私人劳动与社会劳动的矛盾就消失了，商品货币关系就自然消亡了。传统政治经济学则把商品货币关系看作资本主义的专有属性而人为地加以消灭。第六，分配关系不同。马克思主义经济学认为在共产主义的低级阶段，实行各尽所能、按劳分配的分配制度。传统政治经济学则主张排斥物质利益刺激原则，实行平均主义分配。

与这种传统政治经济学分析范式相对应，苏联及包括我国在内的所有模仿苏联模式的社会主义国家都建立起高度集权的计划经济模式。该模式的特点是：在所有制结构上，由国有制替代全民所有制；在决策结构上，实行中央集权控制，从宏观到微观的绝大部分决策权都掌握在中央政府手中；在信息结构上，以指令性计划配置资源，微观主体的行为基本不受市场信号的制约；在动力结构上，忽视物质利益刺激，实行平均主义的分配原则；在调节结构上，人为地压低利率、汇率、工资率，通过扩大工农业产品价格的"剪刀差"，使农业部门为工业部门的发展提供积累资金。

## （二）与放权让利改革相对应的东欧经济学研究范式

统得过多、管得过死的传统计划体制所导致的低效率使大家越来越认识到改革的必要性。党的十一届三中全会开启了改革开放的大门，在坚持计划经济为主的条件下，适当给企业下放经营权，鼓励竞争，引入市场机制。与这种放权让利改革相对应，东欧经济学开始在我国流行起来。

东欧经济学发端于20世纪20年代那场关于计划经济体制能否实行经济核算的争论。当时维也纳大学的米塞斯教授认为，私有制是进行经济核算的前提条件，而在计划经济条件下，缺乏生产资料市场和生产要素市场，市场机制无法发挥作用，从而不存在进行经济核算的可能性。哈耶克也认为，只有竞争的市场经济才能实现资源的最优配置，而计划经济是做不到的。波兰经济学家兰格在《社会主义经济理论》一书中认为，在公有制为基础的社会主义国家中，中央计划局可以模拟市场的机能，用试错法求解经济均衡方程，并确定物价，以解决资源配置、经济核算和计划预测等问题。

20世纪50年代，追随苏联的若干东欧国家针对计划体制的弊端，先后开始了以下放企业经营权为主要内容的改革，在一定范围内发挥市场机制的调节作用，东欧经济学也随着改革的不断深入而逐渐形成。波兰的布鲁斯、捷克斯洛伐克的锡克等人成为东欧经济学的旗手。东欧经济学分析范式主要有以下特点：在理论渊源上，继承了马克思主义经济学的基本原理与基本逻辑，坚持计划经济、公有制等社会主义的基本经济制度；在经济哲学方面，强调社会主义社会的矛盾性与经济模式的多样性；在经济体制方面，认为社会主义经济存在多种公有制形式，存在物质利益的差异性，强调向企业下放决策权及重视物质利益刺激的必要性，国家计划应反映价值规律的要求；在调节机制方面，提出计划与市场相结合、集权与分权相结合、经济体制改革与政治体制改革相协调等思想；在方法论上，把控制论、信息论和系统论引入经济分析框架。

东欧经济学对我国早期的经济体制改革产生了较大的影响。我国当时的改革沿着把市场机制引入计划经济的逻辑展开，实施放权让利的改革。在所有制结构上，坚持在公有制为主的条件下鼓励个体经济的发展；在运行机制上，坚持计划经济为主、市场调节为辅，把计划建立在价值规律的基础上，减少指令性计划，扩大指导性计划；在市场调节上，减少国家定价权，实行价格双轨制，扩大自由定价比例，同时逐步开放要素市场；在企业改革上，扩大国有企业的自主权；在分配体制上，鼓励物质利益刺激，打破平均主义的"大锅饭"，贯彻按劳分配的原则。

## （三）西方主流经济学研究范式随着市场化改革深化而逐步流行

党的十三大突破了东欧经济学对计划与市场的认识，提出了商品经济是社会主义不可逾越的发展阶段的论断，社会主义商品经济就要建立"国家调节市场，市场引导企业"的经济运行模式。1992年邓小平南方谈话强调，计划多一点还是市场多一点，不是社会主义与资本主义的本质区别；市场经济不等于资本主义，社会主义也有市场；计划和市场都是经济手段。党的十四大进一步确认，我国经济体制改革的目标是建立社会主义市场经济体制，市场机制对资源配置起基础性调节作用。

撇开制度属性，解释市场经济下资源最优配置最成熟的理论体系无疑是西方主流经济学。因此，无论是高校的课程结构、经济学教材，还是经济学研究范式都出现了西方主流经济学大流行的格局。西方主流经济学即新古典主义经济学鼻祖亚当·斯密在《国富论》（斯密，2012）中创立了流传至今的研究范式，该范式在经济人和稀缺性的假设下，研究稀缺资源在什么条件下能够实现最优配置。微观主体在面对生产什么、生产多少、如何生产的决策时，都将涉及如何做出决策、如何相互交易和整体经济如何运行等问题，微观主体根据收益与成本的比较做出最优决策，从而形成了个体主义成本收益分析方法。该方法论假定每个参与交易的行为人都是在给定条件下追求自身利益最大化的理性人，如果经济人是完全理性的、信息是完全的、未来具有确定性和不存在外部性，那么尽管在市场经济中每个参与者从事经济活动的出发点都是自利的，但在竞争中就会形成一种自然秩序，它就好像一只"看不见的手"，使得从自身效用最大化出发的个人选择最终将导致社会利益最大化。充分的市场竞争之所以能自动地实现资源的最优配置，是因为市场机制具有收入分配、传递信息、刺激效率等功能。

西方主流经济学让我们对市场机制在资源配置中发挥决定性作用有了更深刻的认识，并对如何深化市场化改革有了若干有益的启示。第一，认识到市场机制发挥作用的前提是必须有具备硬的预算约束的微观主体，这就必须推进国有企业改革与积极发展非公有制经济。第二，认识到市场竞争对于发挥市场机制调节作用的重要性，为此就必须开放市场，限制垄断，鼓励平等与自由竞争。第三，认识到形成一个自由价格体系对于健全市场机制的重要性，为此就必须深化价格体系包括要素价格体系的改革。第四，认识到在制定游戏规则或机制时要做到激励相容，为此就必须深化分配体制改革，优化激励约束机制。第五，认识到市场可能会失灵，因此适度的政府干预是必要的。

尽管理解西方主流经济学对于我们如何更好地发挥市场机制在资源配置中的调节作用具有启示性，但由于我国国情的特殊性，照搬照抄西方主流经济学是有害的。首先，制度背景的特殊性。我国是在坚持社会主义基本经济制度下发展市场经济的，其制度基础是公有制为主体的所有制结构，我们必须探索公有制与市场经济相融合的机制。其次，研究对象的特殊性。西方主流经济学以成熟型且具有稳定性的资本主义经济为研究对象，而我国正处于经济转型之中，市场化、工业化、国际化、城镇化处于相互交织、不断深化之中，特别是市场经济正处于逐步发育完善之中，研究对象具有不稳定性。再次，经济性质的特殊性。西方主流经济学所对应的经济是完成工业化后的同质性经济，而我国的经济是二元经济并存的非同质性经济。最后，国家规模及文化背景的特殊性。我国是发展中大国，不仅幅员广阔、人口众多，更重要的是发展具有不平衡性。我国是具有悠久历史文化传统的大国，几千年积淀下的文化，特别是儒家文化倡导的"仁""义""礼""智""信"、崇尚和谐的文化内核深深影响了中国人的行为选择及价值判断，儒家文化的精髓与西方主流经济学所内含的价值观不完全相符。因此，中国坚定地走改革开放道路决定了我们应该借鉴西方主流经济学中的有用成分，而中国国情的特殊性决定了我们不能把西方主流经济学教条化。

### （四）中国道路与中国经济学的创建

中国所开启的市场化道路并没有按照以西方主流经济学为理论基础的"华盛顿共识"推进，而是走了一条具有中国特色的改革开放道路，那就是在坚持党的领导、社会主义基本经济制度与中央政府主导改革开放的前提下，处理好解放思想与实事求是的关系，摸着石头过河与顶层设计的关系，增量推进与整体改革的关系，改革、发展与稳定的关系，建立统一、开放、竞争、有序的市场体系，发挥市场机制在资源配置中的决定性作用，建立起一个有效的激励机制来实现结构优化。经过40多年的改革开放，我国的GDP增速长期居于高位，经济总量跃居世界第二，人均GDP从几百美元跃升到一万多美元，外汇储备高居世界第一，在市场化、工业化、国际化与城市化方面取得了举世瞩目的成就，被称为"中国奇迹"。

"中国道路"创造了"中国奇迹"，但如何把中国特色的改革开放及成功经验理论化、一般化，把"中国故事"讲明白、让国外学者听明白，却并非易事。原因是目前流行的两大经济理论体系都难以成为构建中国特色社会主义经济理论的逻辑一致的理论分析框架。尽管现代西方主流经济学与传统政治经济学在假设条件、分析方法、逻辑体系上大相径庭，但在社会主义与市场经济之间能否融合上结论是相似的，那就是两者之间存在根本的冲突。依据西方主流经济学的理论体系，从经济人出发，运用个体主义的成本收益分析方法，难以推导出我国在市场经济的构建中应坚持社会主义基本经济制度；依据传统政治经济学的理论体系，难以推导出为什么社会主义条件下必须让市场机制在资源配置中发挥决定性作用。我国改革开放与经济发展中遇到的难点与重点问题都难以从马克思主义的经典著作或者西方主流经济学的教科书中找到现成的答案，唯有进行理论创新，创立具有中国特色的社会主义经济理论即中国经济学，才是解决难题的金钥匙。

## 二、中国经济学的形成源自中国伟大的实践

中国经济学既不是国别经济学，更不是西方主流经济学加中国案例，而是有独特的研究范式的一套经济学理论体系。中国经济学正是以中国正在进行的这场伟大的社会实践为研究对象，这一中国实践是在社会主义基本经济制度下推进的市场化改革，从而形成的社会主义市场经济体制的基本框架。针对把社会主义基本经济制度与市场经济结合起来的伟大实践，我们无法从以往的经济学研究范式中找到完整一致的逻辑，所以需要在马克思主义的指导下，吸收人类文明的一切有用成分，来发现、提炼、总结中国经济的发展规律，并探索"中国模式""中国道路"背后的经济学逻辑。也就是

说，中国经济学不仅仅要满足于讲好中国故事，更要为讲好中国故事背后那一套完整的、前后一致的逻辑进行必要的理论提炼。由此，"中国道路""中国模式"是中国经济学赖以存在的源泉。

中国经济学的核心内涵就是以中国为观照、以时代为观照，立足中国实际，在马克思主义政治经济学的指导下，在继承与光大中华传统优秀文化及吸收现有经济学分析体系中有用成分的基础上，直面我国改革和发展中面临的难点与重点问题，在解决实际问题中形成规律性认识，进而形成系统性的中国自主的经济学知识体系。中国自主的经济学知识体系包括基于对中国实际的科学认识的规律体系，基于规律性认识提炼出来的范畴体系，基于范畴的累积及范畴之间逻辑关系的梳理而形成的理论分析体系，基于理论分析体系的一套学科体系、学术体系与话语体系，以及理论联系实际的方法论体系。

中国经济学的研究范式具有三个重要的特征：

第一，马克思主义政治经济学的指导地位。有人说社会主义初级阶段要发展市场经济，因此马克思主义政治经济学过时了。我认为这是一个误解，马克思主义政治经济学所秉持的立场、观点和方法在当代仍然具有重要的指导意义。马克思主义政治经济学的立场就是为绝大多数人谋利益。马克思发现他所处的资本主义大工业时代，占这个社会人口大部分的劳动者一无所有，而占少数的资本家凭借对生产资料的拥有占有无产者在剩余劳动时间创造的剩余价值。因此，马克思、恩格斯在《共产党宣言》中号召全世界无产者联合起来，剥夺剥夺者，创造一个无产者当家做主的新社会。当前我们所提出的以人民为中心的发展观显然和马克思主义的立场一脉相承。马克思主义的基本观点就是揭示人类社会的发展规律，坚信资本主义必然灭亡，共产主义必然胜利。而当代中国共产党人的信仰就是要建立个人自由全面发展的理想社会,这也是马克思主义基本观点在新时代的体现。马克思主义政治经济学的基本方法是唯物史观,唯物史观倡导两个非常重要的观点:一个是生产力观点,另一个是实践的观点,强调实践是检验真理的唯一标准。因此,唯物史观对于我们构建中国经济学仍具有重要的指导意义。

习近平总书记发表在《求是》杂志2020年第16期上的文章《不断开拓当代中国马克思主义政治经济学新境界》(以下简称《新境界》)指出,"学习马克思主义政治经济学的基本原理和方法论,有利于我国掌握科学的经济分析方法,认识经济运动过程,把握社会经济发展规律,提高驾驭社会主义市场经济能力,更好回答我国经济发展的理论和实践问题"。我们强调马克思主义政治经济学的当代意义,并非说我们在实践中遇到难题都可以在马克思主义的经典著作里找到答案,更不是要回到本本主义、教条主义,而是要把马克思主义政治经济学的基本原理与中国正在进行的改革和发展实践结合起来,创造性地发展马克思主义政治经济学。

第二,中国意识。中国经济学是以我国正在进行的改革与发展实践为研究对象,这一伟大实践就是把社会主义基本经济制度和市场经济结合起来,通过发展生产力,满足人民日益增长的物质与文化需要,最终实现现代化。我们通过对实践进行归纳分析,得到一些重要的理论发现,据此提炼出特有的研究范畴,随着研究范畴逐渐积累便可梳理其逻辑关系,形成相关的理论分析框架,并逐步发展成熟,形成理论体系。

中国的改革模式没有遵循华盛顿共识,而是根据自己的国情走了一条具有中国特色的市场化改革道路。这样一条渐进式的改革道路具有以下特点:一是利用已有组织资源推进改革。中国改革不是推翻原有的政治框架搞市场化,而是在既有的政治框架里推进渐进式的市场化变迁,也就是我国的市场取向改革始终是在中国共产党领导下推进的。二是增量改革。我们不是像前苏联那样推倒重来的,而是在现有制度规则的边际上逐步引入市场元素,逐渐增大市场机制在资源配置中的作用,如实行价格双轨制,进行产权制度的边际改革,等等。三是先试点后推广。在一个等级框架中纵向下放改革优先权,取得改革试点的成功经验,然后再逐步推广,把中央顶层的改革设计和发挥地方政府及微观主体的自主改革积极性结合在一起。我们据此形成了中国特有的一条改革道路,形成了系统性的改革经验,总结提炼这样一种特有的改革经验背后的规律和逻辑,就有可能形成相关的具有中国特色的经济学理论。

第三,问题导向。问题导向或者问题意识是一种很重要的研究方法,它摒弃从书本到书本、从概念到概念的研究方法,而是直面现实,坚持从改革与发展的实践中发现真问题,探索解决问题的逻辑与方法,提炼出具有规律性的认识,推动经济学理论创新。我们的改革实践是把社会主义和市场经济相结合,这种尝试前无古人,所遇到的很多难题显然很难从现成理论,无论是马克思主义的经典著作中,还是西方主流经济学的流行教材中,找到现成的答案。所以我们必须坚持直面现实的分析方法,当实践中出现的问题和现有的理论发生冲突时,我们不要一味以现有的理论否定在实践中被证明行之有效的做法或经验,而是要用在实践中发现的规律性认识来修正或改造已有的理论,进而凝练出新的研究范畴与新的理论结论,形成一套能够有效解释中国实践的理论架构,笔者把这样的研究方法叫做直面现实的研究方法。中国经济学的构建需要坚持直面现实与问题导向的研究态度和方法,当已有的理论与实践发生冲突的时候,我们必须坚持理论联系实际的学风,而不是让现实适应理论。真正有生命力的理论并不是指从书本到书本、从概念到概念的纯粹思辨推导，而是源于实践，又应用于实践，最后被实践证明是正确的一种理论。

## 三、中国人民大学经济学院是中国经济学最早的探索者之一

如前所述，中国经济学的探索和创新不是源于现在，而是伴随中国的伟大社会实践而开始，随着实践的发展，理论界一直在进行有益的探索。中国人民大学始终奋斗在时代前列，中国人民大学作为中国经济学界的一个重要阵地也很早就开始进行有益的探索。从2006年左右，我们开始进行"211工程"建设。当时经济学院进行了几次论证，提出了一个实施"中国经济学"学科体系建设的"五个一"计划，其核心就是构建具有中国风格、中国气派、人大特色的经济学学科体系和教学体系。"211"项目的三期、四期都是围绕中国经济学的核心内涵开展学科建设和科研规划的。

中国人民大学从2011年开始进行"985工程"建设。在"211工程"建设取得一些成效的基础上，中国人民大学经济学院"985工程"围绕中国经济学提出了更具体的建设目标，那就是"形成中国经济学理论体系，建成世界一流的、有中国特色的经济学学科群"，重点研究中国经济学理论体系构建与创新、社会主义市场经济改革与发展、中国模式研究、中国模式的实现与当前重大现实问题研究等重大问题。围绕这样的建设目标，我们产生了一批与中国经济学相关的研究成果。

2011年，教育部推出构建协同创新中心的规划，中国人民大学也参与其中。中国人民大学围绕"中国经济学"，设计协同创新中心，笔者当时作为其中的一个执行人，在学校的领导下撰写协同创

新建议书。我们的协同创新建议书就是围绕中国经济学来撰写的。其核心研究内容就是中国经济学的理论体系构造、马克思主义经济学中国化的研究、中国模式与中国道路研究、中国经济学的教学与科研中的国际化与本土化相结合的路径、中国宏观经济分析与预测，等等。

从"211工程""985工程"到协同创新中心构建，我们主要的建设内容就是中国经济学重大理论问题的研究，其中包括中国经济学的本科与研究生系列教材、中国经济学学术专著系列丛书、中国经济学系列精品课程建设计划，以《政治经济学评论》《西方经济学评论》等为主体的"中国经济学"学术期刊建设计划，中国宏观经济分析与预测报告的定期发布，以及面向全球招收"中国经济"全英文硕士项目等等。可以说，在21世纪初开始以来的最近20年中，中国人民大学始终围绕中国经济学的中心命题展开研究，也取得了一些初步的研究成果。作为"985工程"中国经济研究哲学社会科学创新基地的成果之一，经济学院出版了系列教材，笔者作为时任院长于2011年为这套教材撰写了总序，题目就是"迎接中国经济学时代的到来"。在总序当中笔者提出了以下基本观点：

第一，理论是灰色的，生命之树常青。所谓理论是指人们由实践概括出来的关于自然界和人类社会的知识的系统结论，它对人们未来的实践活动具有重要的借鉴与参考价值，但由于实践本身是不断变化的，如果把已有的理论教条化，不敢越雷池一步，那就难免要犯错误。毛泽东曾说过，真正的理论在世界上只有一种，就是从客观实际抽出来又在客观实际中得到证明的理论，没有任何别的东西可以称得上我们所讲的理论。也就是说，真正有生命力的理论并不是指那种从书本到书本、从概念到概念的纯粹思辨逻辑，而是指那种源于实践又回到实践最后被实践证明是正确的理论结晶。因此，概括自改革开放以来经济学发展的最大特点,那就是从过去的教条主义束缚中解脱出来,开始走向社会、走向实践,以问题为导向,采用实证分析方法,回答改革开放中出现的重点与疑难问题,从而推动了经济学的创新。

第二,无论是照搬照抄马克思主义经典作家的个别"结论"还是西方经济学的定理,都是危险的。把马克思主义经济学的若干原理教条化是过去长期形成的学风,研究者遵循的是从书本到书本、从概念到概念的分析方法,只关注研究的结论与马克思主义经典作家所说过的话是否一致,从而导致理论的僵化。但近来另一值得注意的倾向是把西方主流经济学教条化,言必斯密、凯恩斯、科斯等,当实践与所谓"标准"的经济学不一致时,就断言实践错了,应按照主流经济学的逻辑来设计改革路径。其实,把马克思主义经济学或者西方经济学教条化,都会导致中国经济学的发展走入死胡同。我们常常看到在有关中国问题的研究中出现了一些伪命题,其原因在于理论忽视了所探讨问题的复杂性。因此,为了准确揭示我国经济运行的特点,就需要坚持马克思主义经济学的基本立场、观点与方法,推进马克思主义经济学的中国化进程,在吸收西方经济学的过程中注意中国的国情。概言之,就是要坚持实事求是、理论联系实际的学风。

第三,推进了中国经济学研究范式和教学模式的创新。理论的生命力在于创新,但创新并非贴标签,也不是故意标新立异,更不是胡思乱想,而是跳出原有的思维定式,突破原有的理论框框和教条,立足现实,面向实际,解放思想,通过对现象的深入剖析来检验和发展现有的理论。如果现有的理论不足以回答现象所隐含的问题,就需要我们反思理论本身。中国改革开放的伟大实践为经济学理论的发展提出了前所未有的机遇和挑战。在这种情况下,总结中国经济改革和经济发展的经验，从理论上科学地回答新的历史阶段提出的一系列新问题，推动经济学理论的创新和发展，努力建设和发展具有中国特色、中国风格、中国气派的经济学的理论体系与教材体系，对于我国经济学学科的建设工作具有重大意义。

第四，迎接中国经济学时代的到来。改革开放的实践所提出的很多疑难问题显然无法从现成的理论著作中找到一劳永逸的解决方案。同时，我们也无法利用现有的理论分析框架清晰地从具有鲜明中国特色的改革道路、开放道路与发展模式中概括与提炼出一般的经济学理论体系。因此，无论是为了解决实际问题还是为了实现理论创新，都必须首先直面中国的现实。改革开放以来，中国的经济改革与经济发展取得了举世瞩目的伟大成就，"中国模式""中国经验""中国道路"正在受到全世界日益广泛的关注。中国改革开放的伟大实践为经济学理论的发展提出了前所未有的机遇和挑战。总结中国经济改革和经济发展的经验，从理论上科学地回答新的历史阶段提出的一系列新问题，推动经济学理论的创新和发展是我们这一代经济学者应担负的历史使命。

在总序中，笔者初步给出了"中国经济学"的内涵：所谓中国经济学，实际上就是在马克思主义政治经济学的指导下，充分吸收现有经济学分析体系中有价值的思想与分析方法，根据我国改革和发展中面临的实际问题，拓宽现有理论的某些假设条件，或者通过案例分析、计量检验等来检验现有经济学的某些结论和基本原理，进而使这种经过修正和发展的经济学流派打上鲜明的中国烙印，甚至创立具有中国风格和气派的经济学分析体系。经过多年的努力，我们在创建中国经济学的理论体系方面取得了明显的进步：

第一，在推进马克思主义政治经济学中国化与当代化方面取得了进展。坚持马克思主义政治经济学的指导地位及习近平新时代中国特色社会主义经济思想的引领作用。也就是说，中国经济学的理论体系应遵循以下基本的理论逻辑：一是建立在生产力与生产关系、经济基础与上层建筑的矛盾运动分析基础上的整体主义阶级利益分析方法；二是建立在劳动价值论基础上的剩余价值理论；三是基于对资本主义基本矛盾的认识，掌握资本主义必然灭亡、社会主义必然胜利的历史规律；四是马克思主义经济学的基本范畴；五是马克思主义经济学的中国化与当代化，特别是坚持习近平新时代中国特色社会主义经济思想在中国经济学创建中的引领地位。

第二，在构建中国气派、中国风格、中国特色经济学理论体系方面取得了进展。改革开放的实践所提出的很多疑难问题显然无法从现成的理论著作中找到一劳永逸的解决方案。同时，我们也无法利用现有的理论分析框架清晰地从具有鲜明中国特色的改革道路、开放道路与发展模式中概括与提炼出一般的经济学理论体系。因此，无论是为了解决实际问题还是为了实现理论创新，都必须首先直面中国的现实。改革开放以来，中国的经济改革与经济发展取得了举世瞩目的伟大成就，"中国模式""中国经验""中国道路"正在受到全世界日益广泛的关注。中国改革开放的伟大实践为经济学理论的发展提出了前所未有的机遇和挑战。总结中国经济改革和经济发展的经验，从理论上科学地回答新的历史阶段提出的一系列新问题，推动经济学理论的创新和发展是我们这一代经济学者应担负的历史使命。

第三，在提升中国特色社会主义经济理论分析方法的现代化方面取得了进展。坚持直面现实的研究态度和方法所强调的是，当理论与实践相冲突时，应让理论服从现实，而不是让现实适应理论。直面现实的经济学分析方法要求实现经济学的现代化。中国经济学的现代化实际上包含着国际化与本土化的双重含义，即在吸收西方经济学的过程中注意中国的国情，在解答我国实践中面临的各种问题时注意吸收西方经济学中反映市场经济一般运行规律的理论与先进的分析方法。这种从中国国情出发来吸收与消化西方经济学的有用成分，创立一个在马克思主义经济学的指导下，既符合国际的学术规范、又能解决中国问题的经济学，我们称之为经济学的国际化与本土化相结合的道路，它也构成经济学现代化的重要内容。

党的十八大以来，中国人民大学深入学习领会习近平新时代中国特色社会主义经济思想，在构建中国自主的经济学知识体系方面做出了持续的努力，出版了一批科研成果。伴随着中国的伟大实践，中国人民大学在中国经济学的创新与发展上始终处在前列，是最早的或最重要的探索者之一。

## 四、中国经济学的创新之路

2022年4月25日，习近平总书记在中国人民大学考察时指出，"加快构建中国特色哲学社会科学，归根结底是建构中国自主的知识体系。要以中国为观照、以时代为观照，立足中国实际，解决中国问题，不断推动中华优秀传统文化创造性转化、创新性发展，不断推进知识创新、理论创新、方法创新，使中国特色哲学社会科学真正屹立于世界学术之林。"习近平总书记的重要讲话指出了理论创新的方向与路径。我国建立社会主义市场经济体制这一前无古人的伟大实践创造了"中国奇迹"，但在理论上如何回答社会主义基本经济制度与市场经济的有机结合遇到了一系列难题。当前我国的改革实践已经走到了理论的前面，为此，我们必须进行经济学理论创新，构建具有中国风格、中国气派、中国特色的经济学理论体系与知识体系。

第一，推进马克思主义政治经济学的中国化与时代化。创建具有中国自主知识体系的经济学必须坚持马克思主义政治经济学的指导地位。正如习近平总书记在《新境界》一文中所指出的，"现在，各种经济学理论五花八门，但我们政治经济学的根本只能是马克思主义政治经济学，而不能是别的什么经济理论。"马克思主义政治经济学所秉持的立场、观点和方法在当代仍然具有重要的指导意义。因此，我们要足够重视马克思主义经典原著的研读，系统掌握马克思主义政治经济学原理是构建中国经济学的必要理论准备。同时，我们也应该意识到，时代在发生变化，我们在改革开放与经济发展的实践中遇到的难点与重点问题并不能在马克思主义经典作家的著作中找到现成的答案，因此，我们要避免用教条主义、本本主义的态度对待马克思主义政治经济学的原理，而是要真正把马克思主义的基本原理与中国正在进行的实践有机结合起来，赋予马克思主义政治经济学新的生命力。翻开我党的百年历史，无论是在新民主主义革命时期，还是在社会主义建设与发展时期，我们党都根据自身的国情及实践进行伟大的理论创造。习近平总书记在《新境界》一文中指出，"这些理论成果，马克思主义经典专家没有讲过，改革开放前我们也没有这方面的实践和认识，是适应当代中国国情和时代特点的政治经济学，不仅有力指导了我国经济发展实践，而且开拓了马克思主义政治经济学新境界。"习近平新时代中国特色社会主义经济思想是当代中国马克思主义政治经济学的新成果，我们要坚持以习近平新时代中国特色社会主义经济思想为指导，创建具有中国自主知识体系的经济学知识体系。

第二，倡导直面现实的问题导向研究方法。直面现实不是不要理论，而是要用从现实中发现的新问题去验证与发展理论。因为任何理论都是对过去实践的一种抽象思维的结晶，而实践是在不断发展的，随着时间、条件等元素的改变，已有的理论就可能对现实的解释能力下降，而理论的生命力就在于我们能不能根据变化了的现实去发展与创新理论。我们的改革实践是把社会主义和市场经济相结合，这种尝试前无古人，所遇到的很多难题显然很难从现成理论，无论是马克思主义的经典著作中，还是西方主流经济学的流行教材中，找到现成的答案。所以我们必须坚持直面现实的分析方法，当实践中出现的问题和现有的理论发生冲突时，我们不要一味以现有的理论否定在实践中被证明行之有效的做法或经验，而是要用在实践中发现的规律性认识来修正或改造已有的理论，进而凝练出新的研究范畴与新的理论结论，形成一套能够有效解释中国实践的理论架构。直面现实的问题导向分析方法的本质就是坚持实事求是，努力把马克思主义的基本原理与中国的实践相结合，推动经济学理论的创新。

第三，要以全方位开放的学术态度推进中国经济学理论体系的构建。中国经济学一定是开放的体系，所以要避免把从事马克思主义经济学研究和西方经济学研究的学者变成两个阵营，互不来往。我们知道，如果离开马克思主义政治经济学的指导，就不能称之为中国经济学，如果离开西方经济学，也很难理解市场机制的运行规律，所以必须以马克思主义政治经济学为指导，合理利用西方经济学的有用成分，进行理论创新。为了完成这样一个历史任务，一方面，要把马克思主义的普遍原理和中国实践相结合；另一方面，要保持开放态度，吸收各种经济学理论中有用的成分。我们从事中国经济学研究的人员，不仅要系统掌握马克思主义经济学，也要系统掌握西方经济学。当然，最好还要能了解中国的传统文化。有些人似乎认为中国经济学就只是政治经济学领域的事，与西方经济学没有什么关系，笔者并不认同这样的观点。笔者认为，从事政治经济学研究的学者应该系统了解西方经济学，从事西方经济学研究的学者应该多读点马克思主义政治经济学的经典著作，来自各个专业的学者应相互协作，共同推动这一理论创新。

第四，要勇于进行理论创新，推进中国自主的经济学知识体系的构建。具体要做到以下几点：一是需要扎实的理论准备。没有扎实的理论准备，就是通俗地讲中国故事，这与中国经济学的距离是很遥远的。所以，如前所述，必须既全面掌握马克思主义经济学，也全面了解西方经济学，更重要的是，要深入学习和领会当今的习近平新时代中国特色社会主义经济思想。二是需要在对中国实际有深入了解的基础上，通过理论抽象提出科学问题。波普尔认为，科学问题就是背景知识中固有的预期与其所提出的观察或某种假说等新发现之间的冲突。如果观察到的现象是真实的，如果这一真实现象在现有理论中找不到答案，基于这样的现实就有可能发现科学问题。三是发现科学问题后，要基于实践对科学问题进行深入研究，提炼和总结出规律性认识。四是要基于规律性认识，凝练出中国经济学的特有概念与范畴。在这一方面，过去理论界已经取得了很大成就，比如社会主义初级阶段、经济新常态、经济高质量发展、新发展理念等。五是要梳理不同范畴之间的逻辑关系，把实践经验上升为系统化的经济学说。要完成这样一个历史使命，刻苦钻研是非常重要的。

第五，要推进研究方法的现代化。要发扬政治经济学在定性研究、演绎分析、规范分析等方面的优势，但创建中国经济学一定还要重视定量分析、归纳分析、实证分析等。特别是基于科学问题的认识和研究，对实证分析的要求是很高的。绝不能认为实证分析、计量分析都是西方经济学专有的，这一观点是错误的。在创建中国经济学的时候，同样需要应用实证分析方法、计量分析方法，确保已得到的科学结论是可重复的、可证伪的、可推广的。这对于中国经济学走向世界、被其他学派的经济学所理解，是非常重要的。

第六，每当谈及中国经济学构建的时候，有些人希望在短期内就能够构建出一个可与西方主流经济学相媲美的成熟理论体系，这个观点值得商榷。因为中国经济学的研究对象是当下还在进行中的社会主义基本经济制度和市场经济相结合的全新探索，尽管我们已经取得了很大的成就，但是离完善的社会主义市场经济体制还有不小的距离。既然研究对象具有不稳定性，对尚在进行中的改革实践及发展进程的认识还在不断加深，那么在这样的条件下就希望构建一个成熟的理论体系显然背离了实事求是原则，中国经济学的理论体系必将随着我们研究对象的不断稳定及研究的不断深入才能逐渐成熟。这其实不足为怪。实际上西方主流经济学的形成也历经了漫长的过程，随着资本主义生产方式逐步成熟，西方主流经济学才逐渐成型。如果没有早期重农主义、重商主义学派的理论贡献，没有我们在经济学说史中称之为庸俗资产阶级经济学的理论探索，就不可能产生亚当·斯密的鸿篇巨制《国富论》，之后马歇尔综合梳理前人的研究成果，出版了影响深远的《经济学原理》，西方主流经济学才基本成型。中国经济学的形成也将会经历一个从不成熟到成熟的过程，在这个过程中，必须脚踏实地深入实际，去努力挖掘与发现中国道路、中国模式背后的逻辑，凝练出新的范畴，随着直面现实研究的成果不断积累，逐渐把这些范畴结构化、理论化，进而形成具有中国特色、中国风格、中国气派的经济学理论体系。

## 参考文献

[1] 习近平. 不断开拓当代中国马克思主义政治经济学新境界. 求是，2020（16）：4-9.

［2］顾海良．新时代中国特色社会主义政治经济学发展研究．求索，2017（12）：4-13．

［3］洪银兴．进入新时代的中国特色社会主义政治经济学．管理世界，2020，36（9）：1-11．

［4］刘伟．习近平新时代中国特色社会主义经济思想的内在逻辑．经济研究，2018，53（5）：4-13．

［5］杨瑞龙．构建中国经济学的微观分析基础．经济学动态，2021（3）：3-12．

［6］杨瑞龙．构建中国自主的经济学知识体系．人民日报，2022-08-15．

# 中国经济学的学科特点和理论创新*

## 洪银兴

2022年4月，习近平总书记在考察中国人民大学时强调："加快构建中国特色哲学社会科学，归根结底是建构中国自主的知识体系。"① 中国经济学是基于中国国情和在改革开放实践中形成的中国自主知识体系的重要组成部分，是在创新中形成的21世纪的马克思主义经济学学科。中国经济学植根于中国大地，讲中国故事，研究中国经济规律。国家近期确定的中国经济学教材，包括中国特色社会主义政治经济学、中国微观经济学、中国宏观经济学、中国发展经济学、中国金融学、中国财政学、中国开放型经济学、中国区域经济学和中华人民共和国经济史等，这些就成为中国经济学的学科分支。本文基于中国特色社会主义政治经济学和中国发展经济学的研究，来说明中国经济学的学科特点和理论创新。前者涉及中国经济学的方向，后者则涉及中国经济发展的内容。

---

\* 本文发表于《南京大学学报：哲学·人文科学·社会科学》，2023（2）。作者：洪银兴，南京大学党委原书记、人文社科资深教授，教育部社会科学委员会副主任委员。
① 坚持党的领导传承红色基因扎根中国大地走出一条建设中国特色世界一流大学新路．人民日报，2022-04-25．

# 一、中国特色社会主义政治经济学在中国经济学中的指导地位

中国在较短时间内一跃成为世界第二大经济体，全面建成了小康社会，历史性地消灭了绝对贫困现象。中国经济发展的成功堪称世界奇迹，指导产生这个经济奇迹的经济学理论不是西方经济学，而是植根于中国大地、讲中国故事、研究中国经济规律的中国经济学。改革开放和社会主义现代化建设的丰富实践是中国经济学研究和发展的"富矿"，其成果写在中国的大地上。进入新时代以后，以习近平新时代中国特色社会主义经济思想为代表，中国经济学在发展阶段、经济制度、经济运行和经济发展等方面都取得了突破性的理论进展。可以自信地说，中国有自己的经济学，即中国经济学。中国经济学不仅提供基本的经济学理论，还为中国特色社会主义经济实践提供理论指导，已成为中国的主流经济学。

中国经济学的范围有多宽？长期以来，经济学科似乎有一种分工：政治经济学的研究限定在生产关系上，经济运行问题研究交给西方经济学，经济发展的研究交给发展经济学（也主要是西方的），这样，政治经济学就只剩下几个干巴巴的关于生产关系的原则性规定和教条。实践证明，这种学科分工是不准确的。马克思当时创立政治经济学时有六册计划，包括：资本、土地所有制、雇佣劳动、国家、国际贸易和世界市场。马克思政治经济学涉及的内容非常广泛，《资本论》只是马克思六册计划中的第一册。这意味着，不能把《资本论》看作其政治经济学的全部。中国特色社会主义政治经济学作为以经济建设为中心的经济学，不能只是提供经济制度分析的理论，还要提供经济运行和发展的理论。经济运行分析即在社会主义

市场经济条件下经济运行的理论，经济运行的微观分析关注效率，经济运行的宏观分析则关注经济增长和宏观经济的稳定。经济发展分析，即以建设社会主义现代化国家为目标的经济发展理论，根据创新、协调、绿色、开放、共享的新发展理念，关注高质量发展的研究。对外经济分析，即依据人类命运共同体理论，关注开放发展研究。

中国经济学以中国特色社会主义政治经济学为指导思想。中国特色社会主义政治经济学包括以社会主义基本经济制度理论为代表的经济制度理论，以社会主义市场经济理论为代表的经济运行理论和以新发展理念为代表的经济发展理论的理论体系。中国特色社会主义政治经济学是21世纪的马克思主义政治经济学，是习近平新时代中国特色社会主义经济思想的学理化成果，为中国经济学的各个学科提供思想和理论基础。

中国特色社会主义政治经济学要能承担起中国经济学各个学科的基础作用，需要在坚持马克思主义的基础上守正创新。其路径就是习近平指出的："马克思主义政治经济学要有生命力，就必须与时俱进。我们要立足我国国情和我们的发展实践，深入研究世界经济和我国经济面临的新情况新问题，揭示新特点新规律，提炼和总结我国经济发展实践的规律性成果，把实践经验上升为系统化的经济学说，不断开拓当代中国马克思主义政治经济学新境界。"[①] 当代中国马克思主义政治经济学新境界主要涉及以下四个方面。

第一，关于为什么人的问题。经济学是有阶级性的，马克思创立的政治经济学，公开主张和维护无产阶级的利益，为无产阶级和全人类的解放事业服务。《共产党宣言》明确指出："过去的一切运

---

① 习近平. 不断开拓当代中国马克思主义政治经济学新境界. 求是，2020 (16)：4-9.

动都是少数人的，或者为少数人谋利益的运动。无产阶级的运动是绝大多数人的，为绝大多数人谋利益的独立的运动。"① 我国哲学社会科学为谁著书、为谁立说，是为少数人服务还是为绝大多数人服务，是必须搞清楚的问题。中国特色社会主义政治经济学明确以人民为中心，与所谓"普世价值"的最大不同在于，服从于全体人民的福祉和共同富裕，不被某个利益集团绑架，不是代表某个社会阶层的利益，而是代表全体人民的根本利益，谋求包括各个利益群体在内的全体人民的福祉，因此，中国特色社会主义政治经济学是以发展生产力、增进人民福祉为目标的政治经济学；是以共同富裕为目标的政治经济学；是以人的全面发展为目标的政治经济学。

第二，关于研究对象的问题，马克思主义政治经济学的研究对象是生产力和生产关系，是偏重生产关系还是生产力，这取决于所处阶段的研究任务，马克思主义政治经济学对资本主义的分析任务是揭示资本主义被社会主义替代的客观规律，研究对象偏重生产关系，也就是研究资本主义生产关系对生产力发展的阻碍作用。我国进入社会主义社会时，生产力水平没有达到发达资本主义国家的水平。中国特色社会主义政治经济学的一个重大突破就是明确我国还处于社会主义初级阶段，这个阶段的社会主义本质就是解放和发展生产力，消灭剥削，消除两极分化，逐步达到共同富裕。中国特色社会主义的实践不只是改革和调整生产关系的实践，还是发展生产力的实践。处于社会主义初级阶段的中国特色社会主义政治经济学必须把对生产力的研究放在重要位置，是研究在一定生产关系下发展生产力的经济学。

第三，关于研究任务的问题。马克思主义政治经济学的基本任

---

① 马克思，恩格斯. 马克思恩格斯文集：第2卷. 北京：人民出版社，2009：42.

务是阐述社会主义代替资本主义的必然性。中国特色社会主义政治经济学的任务则是为创造此物质和文化条件提供理论。进入社会主义初级阶段后，政治经济学的基本任务由批判旧社会转向建设新社会，是研究社会主义初级阶段的经济规律及相应的中国特色社会主义的经济制度、发展道路，从而提供建设新社会的理论指导。在社会主义初级阶段的社会主义不是完全消灭私有制，相反，要在以公有制为主体的前提下利用多种所有制经济发展生产力。尤其是进入新发展阶段后，社会主要矛盾转向人民美好生活需要与不充分不平衡发展的矛盾，经济发展由高速增长转向高质量发展。中国特色社会主义政治经济学研究任务的着力点就要转向针对社会主要矛盾转化的发展问题，尤其要针对不平衡不充分的发展研究高质量发展的实现路径。特别是中国在全面建成小康社会以后，开启了现代化建设的新征程，时代赋予中国特色社会主义政治经济学的研究任务是加强发展中大国的现代化研究，加强对改革开放和社会主义现代化建设实践经验的系统总结，加强对贯彻新发展理念的中国式现代化新道路的研究阐释，提炼出有学理性的新理论，概括出有规律性的新实践，着力提出能够体现中国立场、中国智慧、中国价值的改革和发展的理论。

第四，关于学科主线的问题。对所要构建的中国特色社会主义政治经济学的主线，目前是有争议的。毫无疑问，政治经济学研究的主线涉及生产力和生产关系两大方面。根据21世纪马克思主义经济学对社会主义经济特征的规定，中国特色社会主义政治经济学的对象和主线也从生产力和生产关系两个方面概括：一是对生产力的研究。研究什么？邓小平说，不能只讲发展生产力，"应该把解放生产力和发展生产力两个讲全了"。[1] 很显然，前者是改革问题，后者

---

[1] 邓小平. 邓小平文选：第3卷. 北京：人民出版社，1993：370.

是发展问题。习近平指出:"牢固树立保护生态环境就是保护生产力、改善生态环境就是发展生产力的理念"。① 这样,中国特色社会主义政治经济学理论体系的构建,就是要建立解放、发展和保护生产力的系统化的经济学说。解放生产力属于生产关系层次的改革和完善,涉及基本经济制度的改革和完善、资源配置方式的改革、国有企业的改革、基本分配制度的改革和完善、宏观调控体系的改革和完善等。发展和保护生产力,涉及经济发展的两个方面:一方面是增进物质财富,另一方面是增进生态财富。二是对生产关系的研究。中国特色社会主义政治经济学研究对象突出生产力并不意味着不需要研究生产关系。政治经济学既研究生产关系又研究生产力,两者结合在一起分析产生的理论才能准确指导中国的经济发展,尤其是需要利用社会主义经济的制度优势推动中国式现代化。社会主义生产关系的特征是共同富裕。社会主义的目标是在生产力得到充分发展的基础上实现共同富裕,尤其是在全面建成小康社会克服绝对贫困现象以后,推动共同富裕问题就成为中国式现代化的重要方面。共同富裕不仅需要发展,也需要改革。把上述两个方面结合起来,解放、发展和保护生产力,实现共同富裕就成为中国特色社会主义政治经济学的主线。

政治经济学作为意识形态的指导地位功能是不可否认的。中国特色社会主义政治经济学要提供思想教育教材,要解决坚定社会主义的制度自信、道路自信、理论自信和文化自信的问题。尤其要指出的是,只有政治经济学能够分清社会主义和资本主义。中国特色社会主义政治经济学明确社会主义基本经济制度下的所有制结构,区分公有制经济和非公有制经济,这是政治经济学学科功能使然。

---

① 习近平. 习近平谈治国理政. 北京:外文出版社,2014:209.

但区分公有和非公有的目的不是解决谁战胜谁的问题，而是服从于发展生产力和实现共同富裕的要求，公有制经济和非公有制经济在各自领域各展所长、平等竞争、共同发展，体现公有制经济的主体地位和非公有制经济大力发展两个"毫不动摇"。

需要指出的是，中国特色社会主义政治经济学的指导功能不仅仅在于此。在中国经济学中，中国特色社会主义政治经济学作为主流经济学还有以下两个重要的指导功能，不但不能忽视，而且要进一步加强。第一，提供基本的经济学理论。中国特色社会主义政治经济学不仅研究社会主义初级阶段的经济关系，还提供经济运行和经济发展的基本经济学原理。它所提供的经济学理论不但不会被西方经济学所替代，更是面对现实，对改革发展中的各种经济现象做出理论的解释和概括，尤其是对社会主义市场经济的微观和宏观的运行提供基本的经济范畴和经济学原理。第二，运用中国特色社会主义政治经济学原理，对国家和企业的经济决策、经济发展、经济改革提供理论指导，用政治经济学理论讲好中国故事，对中国的改革开放提出建设性意见。如果中国特色社会主义政治经济学不能为经济运行和发展提供理论指导，就会丧失主流经济学地位。这样，中国特色社会主义政治经济学成为一个致用的学科，就会居主流经济学地位。

## 二、中国经济学分析中国经济的维度

经济学旨在对一定的社会经济进行经济分析，既要解释世界，又要指导、改造世界。与一般的经济学不同，中国经济学注重的是经济规律分析。经济学要能准确解释世界，就必须透过现象看本质，不仅要知其然，而且要知其所以然。知其所以然就是从经济规律上对各种经济现象做出科学解释。不同的社会经济条件产生不同的经济规律，中国经济学的任务就是揭示处于社会主义初级阶段的经济规律。认识经济规律的目的就是尊重经济规律，提供按经济规律改造世界的理论，具体地说，提供按经济规律推动中国式现代化的理论。

中国经济学分析面对的是三个层面的经济：第一个是社会经济关系本质层面，涉及对社会经济制度的分析，是对生产力和生产关系矛盾运动的规律性说明。第二个是经济运行层面，涉及对资源配置方式和相应经济体制机制的分析。经济运行又分为微观经济运行和宏观经济运行。经济分析的目的是提高资源配置的效率与实现宏观经济的均衡和安全。第三个是经济发展层面，这是发展中国家特有的研究层面。这样，中国特色社会主义政治经济学作为研究社会主义经济关系的本质及运行和发展规律的学科，不仅阐述社会主义经济制度的质的规定性，指出社会主义代替资本主义、向共产主义发展的必然趋势，而且还要提供社会主义市场经济条件下的经济运行理论，以及以建成社会主义现代化强国为目标的经济发展理论。包含了这些内容的中国特色社会主义政治经济学作为中国经济学的核心学科并成为中国经济学各个学科的基础和指导思想决不为过。

在全面建设小康社会阶段，加快经济增长和摆脱贫困是经济学分析的着力点。开启现代化建设新征程后，经济学分析的着力点就转向实现更高质量、更有效率、更加公平、更可持续、更为安全的经济发展。按此要求，中国经济学对当代中国经济的分析有五个维度。

一是经济制度。任何一种经济现象都有其制度背景。根据马克思的分析，经济发展在每个历史时期都有它自己的规律。生产力的发展水平不同，生产关系和支配生产关系的规律也就不同。这一层面分析的目标是解决社会经济制度能否适应和促进生产力发展，即解放生产力。在中国式现代化进程中，中国经济制度建设的基本要求就是习近平所说的，既要创造比资本主义更高的效率，又要更有效地维护社会公平，实现效率与公平相兼顾、相促进、相统一。① 经济制度有两种类型：一类是社会的基本经济制度，中国经济学研究处于社会主义初级阶段的基本经济制度，涉及所有制结构、分配制度和社会主义市场经济；另一类是基于一定社会基本经济制度的经济体制，它既要反映前一种制度的基本要求，又可能有不同的具体形式，即不同的制度安排。比如市场经济作为资源配置方式在不同的国家就有不同的模式，在此基础上就有具体的制度安排，如企业制度、市场制度、财政体制、金融体制等。虽然这些体制有时也称为经济制度，但同前一种类型的制度是不同的。基本经济制度是相对稳定的，经济体制是可以随着发展的需要调整和改变的。因此，经济制度分析不仅涉及对基本经济制度的坚持和完善，而且要在坚持一定社会基本经济制度的前提下寻求适合生产力发展的经济体制，这就涉及经济体制改革。

二是经济效率和效益。经济运行的经济学分析必然要进行经济效率和效益分析，不仅涉及资源配置效率，还涉及投入和产出效益的比较。马克思使用要素生产率概念，如土地生产率、资本生产率、劳动生产率等。诺贝尔经济学奖得主索洛提出全要素生产率的概念。这些都是中国经济学所要涉及的重要方面。此外，交易成本成为制度效益的分析工具。用这些分析工具衡量经济效率和效益得出的结果，能成为完善经济制度、改革经济体制和确定经济发展战略的依据。我国在推进供给侧结构性改革时就把降低制度性交易成本和提

---

① 正确理解和大力推进中国式现代化.人民日报，2023-02-08.

高全要素生产率作为改革目标。

三是经济发展。中国作为发展中大国，发展是党执政兴国的第一要务。中国式现代化拓展了发展中国家实现现代化的新道路。中国式现代化是分阶段推进的，在低收入阶段关注的是通过全面小康社会建设摆脱绝对贫困问题，而在全面建成小康社会以后，开启的现代化新征程是要转向高质量发展，逐步实现全体人民共同富裕。相应的经济发展就涉及在构建新发展格局、贯彻新发展理念基础上实现高质量发展和创新中国式现代化道路问题。

四是发展动力。政治经济学分析资本主义是要寻求推翻这个社会的动力，分析当代中国经济则是要寻求建设新社会并推动社会发展的动力。首先是制度的动力。社会主义基本经济制度涉及三大动力：一是激发多种所有制经济的动力；二是让一切劳动、知识、技术、管理和资本的活力竞相迸发，让一切创造社会财富的源泉充分涌流；三是市场经济的活力。其次是需求侧的动力。市场化改革使企业发展受市场的调节，使市场竞争压力转化为企业的内在动力。宏观调控体制改革形成消费、投资和出口三驾马车的协同拉动力。其中，消费拉动力越来越大。最后是供给侧动力，供给侧的结构、效率、创新和相应的制度方面存在很大的改革空间，供给侧的结构性改革就是要在这些方面寻求发展的动力。

五是经济安全，也就是规避经济风险。经济安全既有宏观的，也有微观的。宏观经济安全要求保持宏观经济均衡，防止高通货膨胀和高失业率以及经济风险的国际输入。2008年国际金融危机爆发后，人们对经济安全问题比以往任何时候都要重视，特别是为防止发生系统性金融风险，提出了货币政策和宏观审慎管理的双支柱调控。现实中的经济安全分析还涉及规避微观风险，如市场（包括价格和汇率）风险和并购风险等。经济学的研究也由此从资源配置延伸到风险配置，例如现代金融学的研究从金融资源的配置延伸到各种风险工具的配置。经济学的风险分析，除了规避风险外，还涉及风险管理问题。对有风险收益的风险，不是规避问题，而是需要敢于冒风险，例如创新有风险，但可能得到创新收益，企业家就是要敢于冒这种风险。再如面对市场风险进行对冲，不仅可以减轻风险损失，还可能得到风险管理的收益。这种风险管理也是经济安全分析的重要方面。

总而言之，经济制度、经济效益、经济发展、发展动力、经济安全是经济分析的五个维度。经济运行难免遇到一系列的矛盾，例如速度和效益的矛盾、安全和风险的矛盾、公平和效率的矛盾等，但无论如何权衡与取舍，经济分析的目标都是促进生产力发展，并在此基础上推动中国特色社会主义发展。

## 三、中国经济学回答时代之问

研究经济问题需要问题导向，即所处发展阶段的重大发展问题导向。处于什么发展阶段就有什么样的发展目标、发展方式、发展动力。改革开放以后，中国经济之所以能取得成功，就在于准确定位我国所处的社会主义初级阶段以及进入新发展阶段所面临的社会矛盾和发展任务，进而推进符合时代特征的经济改革和经济发展。

### （一）进入社会主义初级阶段新阶段的重大经济问题

社会主义初级阶段是由我国所处的生产力水平决定的，它指的是我国进入社会主义社会后，需要完成发达国家所经历的生产社会化、市场化和现代化任务的阶段。服从于这个任务，这个阶段的主题是改革和发展,改革不适应生产力发展水平的社会主义的生产关系及其具体形式,以发展生产力。

习近平说:"社会主义初级阶段不是一个静态、一成不变、停滞不前的阶段,也不是一个自发、被动、不用费多大气力自然而然就可以跨过的阶段,而是一个动态、积极有为、始终洋溢着蓬勃生机活力的过程,是一个阶梯式递进、不断发展进步、日益接近质的飞跃的量的积累和发展变化的过程。"[①] 随着中国特色社会主义进入新时代,经济发展也进入新发展阶段。这是社会主义初级阶段的新阶段,或者说是社会主义初级阶段的升级版。新发展阶段之所以是"新"的,主要原因是社会主要矛盾发生了重大变化。过去是人民日益增长的物质文化需要同落后的社会生产之间的矛盾,现在转向人民日益增长的美好生活需要和不平衡不充分的发展之间的矛盾。解决不平衡不充分发展的问题就成为发展的重点。我国社会主要矛盾的变化,没有改变对我国社会主义所处历史阶段的判断。我国仍然处于并将长期处于社会主义初级阶段,我国是发展中大国的地位没有改变。这意味着发展社会生产力的根本任务没有变,发展是硬道理没有变,市场化改革的方向没有变。需要改变的是发展方式,其内容涉及:发展是要在人民消费升级的背景下满足人民日益增长的美好生活的需要;发展的问题已经不是数量不足,而是不平衡不充分的发展,涉及的是发展的质量。因此,实现高质量发展的发展方式就成为经济学研究的着力点。

## (二) 进入数字经济时代的重大经济问题

对经济时代的划分,马克思有一个经典的判断:"各种经济

---

① 习近平. 把握新发展阶段,贯彻新发展理念,构建新发展格局. 求是,2021 (9): 4-18.

时代的区别,不在于生产什么,而在于怎样生产,用什么劳动资料生产。"① 在世界范围内,第一次产业革命提供了机械化的劳动手段;第二次产业革命提供了电气化的劳动手段;第三次产业革命则提供了信息化的劳动手段。现在虽然仍然属于信息化时代,但信息化已经发展到智能化和数字化的时代,表现为互联网、大数据、人工智能与实体经济的深度融合。这是崭新的、充满了基于数字技术的经济和社会体验的时代。这个阶段对经济社会发展具有挑战性,对传统的经济学理论具有颠覆性。主要涉及以下几个方面:首先,依托的技术是数字技术,人工智能使万物互联互通成为可能。随着信息技术和人类生产生活交汇融合,互联网快速普及,全球数据呈现爆发增长、海量集聚的特点,对经济发展、社会治理、国家管理、人民生活都产生了重大影响。其次,数据成为重要的经济资源。数字经济的资源基础是数据。通过互联网掌握大数据,通过云计算处理和提供大数据,企业通过互联网获得的大数据成为发展的重要资源。数据的经济要素作用主要体现在:数据是科技创新的重要要素。互联网、人工智能都以大数据为技术基础。数据不仅是宏观经济运行和调控的依据,也是企业管理和营销的依据。获取和处理数据的能力成为竞争力的重要标志。谁垄断数据,谁就垄断了市场。数据成为生产要素后,对数据的生产、报酬、交易和消费等独特的运行,就成为数字经济运行的核心。最后,互联网平台成为数字经济依托的载体。互联网平台依托数字技术实现产业的深度融合和跨界。互联网平台同时也是大数据的采集、开发和运用的平台。对在互联网平台上自然生成的各类各地消费者的消费偏好、交易频次、消费品种和数量等数据加以计算和开发,可以生成各种所需的生产要素,

---

① 马克思. 资本论:第1卷. 北京:人民出版社,2004:210.

不断催生新产业新业态新模式。

"综合判断,发展数字经济意义重大,是把握新一轮科技革命和产业变革新机遇的战略选择。"① 首先是数字产业化,提供数字化的知识和信息,也就是作为生产要素的大数据。大数据是比石油资源还重要的资源,大数据产业成为基础性产业,世界各国都把推进经济数字化作为实现创新发展的重要动能,在前沿技术研发、数据开放共享、隐私安全保护、人才培养等方面做了前瞻性布局。② 其次是产业数字化,利用互联网新技术新应用对传统产业进行全方位、全角度、全链条的改造,加快制造业、农业、服务业数字化、网络化、智能化。再次是政府治理数字化和社会管理数字化。政府治理和社会管理各个方面利用大数据,既精准又便捷。尤其是在疫情防控、治安管理等方面作用突出。最后是实物产品和服务数字化,如音乐、出版、新闻、广告、服务代理、金融服务等,消费者不用通过购买实物产品,而是通过手机等移动终端直接交易、消费数字产品和服务。

### (三)进一步完善社会主义市场经济阶段的重大经济问题

我国原来的经济运行方式是计划经济,改革开放后逐步转向社会主义市场经济,即市场决定资源配置。发达国家的市场经济发展了300多年,而中国从计划经济转向社会主义市场经济仅有40多年的历史,是发育不成熟、不完善的市场经济同社会主义的结合。我国对社会主义市场经济的定义,先前定义为市场在国家宏观调控下对资源配置起基础性作用,后来定义为市场对资源配置起决定性作

---

① 习近平. 不断做强做优做大我国数字经济. 求是,2022(2):4-8.
② 审时度势精心谋划超前布局力争主动实施国家大数据战略加快建设数字中国. 人民日报,2017-12-10.

用和更好发挥政府作用。由此开始了由不完善不成熟市场经济向完善成熟市场经济的转型。党的十九大明确加快完善社会主义市场经济体制的两个改革重点：一是完善产权制度，二是完善要素的市场化配置。在更高起点、更高层次、更高目标上推进经济体制改革，构建更加系统完备、更加成熟定型的高水平社会主义市场经济体制；相应的所要建立的经济运行机制，就是市场机制有效、微观主体有活力、宏观调控有度。完善要素的市场化配置，就是以要素市场化配置改革为重点，加快建设统一开放、竞争有序的市场体系，推进要素市场制度建设，实现要素价格市场决定、流动自主有序、配置高效公平。2019年党的十九届四中全会又进一步提出完善公平竞争制度、强化竞争政策基础地位的要求，这是实现要素市场化配置的重要制度安排。党的二十大进一步明确要求建立完善产权保护、市场准入、公平竞争、社会信用等市场经济基础制度。

　　建设高标准市场体系是筑牢社会主义市场经济有效运行的基础。主要涉及以下内容：首先，市场体系是要素市场配置的载体和平台。按高标准要求需要补的市场体系短板涉及完善并规范金融市场、建设和规范土地市场、发展技术市场、充分开放劳动力市场尤其是人才市场、数据的市场分享。其次，强化竞争政策的基础地位。公平而充分的竞争是市场经济的本质特征。竞争政策是政府为保护、促进和规范市场竞争而实施的经济政策。所要强化的竞争政策主要表现在：资源配置以竞争为导向；市场主体的培育以竞争为基础；产业组织政策以竞争为基础；市场秩序建设以规范竞争秩序为基础。其中，特别需要建立和完善针对新经济业态的竞争秩序。再次，激发市场主体的活力。市场选择和经济激励是政治经济学所要研究的增强微观经济主体活力的两个重要方面。原有的市场经济理论强调的是市场选择、优胜劣汰。后来信息不完全理论产生以后，现代市场经济理论就强调激励。我国的经济运行既要充分发挥市场对资源配置的决定性作用以提高效率,同时又要激发市场主体的活力。市场主体因为高税收、高杠杆率及相应的高利息率、高的社会负担而缺乏活力。为此,中国经济学研究需要寻求增强市场主体活力的路径,尤其是针对实体经济企业降低企业的税费,推动降低企业的利息和其他的社会负担。只有市场主体活了,整个经济才能活。

## (四)开启现代化新征程后的重大经济问题

我国是发展中大国,在发展阶段上告别了低收入阶段,进入上中等收入阶段。我国已经全面建成了小康社会,紧接着开启现代化建设新征程。进入上中等收入阶段后,需要防止陷入"中等收入陷阱"。"中等收入陷阱"涉及发展模式问题,若难以摆脱低收入阶段的发展模式,后果是既无法在劳动力成本方面与低收入国家竞争,又无法在尖端技术研制方面与发达国家竞争。我国所面临的"中等收入陷阱"威胁有三大表现:一是收入差距的扩大;二是物质资源供给趋紧;三是环境污染严重。特别是进入新发展阶段后,改革开放以来支持40多年高速增长的增长要素已经得到了充分释放,如果不能动员出新的发展要素,再加上国际上经济逆全球化盛行,潜在经济增长率就会出现下降趋势。

我们清醒地认识到"中等收入陷阱"威胁的存在,需要在正确理论的指导下通过发展和现代化来跨越它。跨越"中等收入陷阱"的路径,就是习近平说的"通过转变经济发展方式实现持续发展、更高水平发展,是中等收入国家跨越'中等收入陷阱'必经的阶段"。[①] 其路径就是立足新发展阶段、贯彻新发展理念、构建新发展

---

① 习近平. 习近平谈治国理政:第2卷. 北京:外文出版社,2017:240.

格局。新发展格局是以国内大循环为主体、国内国际双循环相互促进的格局。构建新发展格局需要中国经济学一系列的理论创新，关键在以下三个方面进行理论突破。

首先，培育完整的内需体系。新发展格局下的经济发展需要依托规模处于世界前列的国内市场，抓住扩大内需这个战略基点，使生产、分配、流通、消费更多依托国内市场，提升供给体系对国内需求的适配性，形成需求牵引供给、供给创造需求的更高水平的动态平衡。在低收入阶段的经济增长主要是靠投资拉动，以高积累（高储蓄）支持高投资。进入新发展阶段，投资需求对优化供给结构起关键作用，不仅要解决供给对需求的适配性，还要以自主可控、高质量的供给创造引领新的需求。相比于投资需求，消费需求增长的潜力更大，消费对经济增长的贡献率更大。消费对经济发展的基础性作用在于以需求牵引供给。中国式现代化所要扩大的消费需求，不仅是消费总量，更重要的是消费需求结构的升级，因为中高端消费对经济的拉动作用更大。建立扩大消费的长效机制，需要解决好能消费、愿消费和敢消费问题。具体地说，在分配环节解决能消费的收入支撑问题，在流通环节解决愿消费的市场环境问题，以完善的社会保障解决敢消费的预期。在国民收入分配中提高消费比例，改变高积累低消费状况。

其次，高水平科技自立自强。创新是现代化的第一动力。实践证明，最前沿的技术是引不进来的。尤其是当中国的科技水平显著提升，接近现代化水平时，就会遇到发达国家断供、"卡脖子"等阻碍。这就提出了科技自立自强的要求：以原创性创新成果，突破发达国家的围堵和遏制，占领科技和产业的世界制高点。实现高水平科技自立自强的道路主要涉及：第一，科技创新与发达国家并跑，就是与国际接轨。只有在并跑中的科技创新才能就新科技相关问题进行平等的国际交流和对话，提升自己的科技创新能力，突破发达国家对我国断供和"卡脖子"的技术封锁。第二，在重要科技领域领跑。就是与未来接轨，直接瞄准国际最新技术并取得突破性进展。在重要科技领域成为全球领跑者，在前沿交叉领域成为开拓者、成为世界主要科学中心和创新高地。第三，与自主可控的现代产业体系结合，建立创新引领的现代产业体系。围绕产业链部署创新链、围绕创新链布局产业链。不仅要依靠具有自主知识产权的创新成果突破产业链上的"卡脖子"技术，还要推动产业迈上全球价值链中高端。

最后，高水平对外开放。开启现代化新征程后，对外开放也进入新时代。更高质量的开放发展，不仅需要在开放中获取国际资源和市场，更要获取高端技术，在更大范围、更宽领域、更深层次上提高开放型经济水平。第一，培育国内科技和产业优势需要利用国际资源和国际市场，包括创新要素的引进，外商直接投资的升级。第二，依托我国超大规模市场优势，以国内大循环吸引全球资源要素，既要把优质存量外资留下来，还要把更多高质量外资吸引过来，提升贸易投资合作质量和水平。第三，参与全球化经济和国际竞争的战略、参与外循环的竞争优势，不是建立在原来的资源禀赋的比较优势基础上的，而是如党的二十大所说的，加快建设世界重要人才中心和创新高地，形成人才国际竞争的比较优势。按此要求形成具有全球竞争力的开放创新生态。第四，由政策性开放转向制度型开放，包括规则、规制、管理、标准等制度型开放，培育国际经济合作和竞争新优势。

## 四、中国经济学的方法论基础

马克思主义政治经济学采用的基本分析方法是辩证唯物主义和

历史唯物主义的方法。当然，它也常常用到数学方法。这是中国经济学的方法论基础。

## （一）抽象法

马克思说："分析经济形式，既不能用显微镜，也不能用化学试剂。二者都必须用抽象力来代替。"① 典型的是对供求关系的分析，正如马克思所说："供求实际上从来不会一致；如果它们达到一致，那也只是偶然现象，所以在科学上等于零"。② 但是，在政治经济学上必须假定供求是一致的，"这是为了对各种现象在它们的合乎规律的、符合它们的概念的形态上来进行考察，也就是说，撇开由供求变动引起的假象来进行考察。"③ 这种抽象分析方法，是要寻求供求一致时的内在必然性，并以此作为经济分析的标杆。

马克思当时之所以突出抽象法，原因是与自然科学相比，经济学无法通过实验室进行实验。这个结论在当时的科学实验条件下是准确的。特别是马克思的理论是要以社会主义替代资本主义，因而根本不可能在资本主义条件下进行实验。经济发展到现当代，电脑的产生和信息技术的发展使一部分（当然不是全部）经济学原理可以利用电脑和信息手段进行模拟和实验，例如，2002年获得诺贝尔经济学奖的就是在实验经济学方面做出贡献的经济学家。电脑的产生和信息技术的发展使一部分经济学原理可以利用电脑和信息手段进行模拟和实验。④ 我国改革开放以来不少社会主义经济理论的进展就是从改革开放的试点经验中得出的结论。这表明实验和试点同样

---

① 马克思.资本论：第1卷.北京：人民出版社，2014：8.
② 马克思，恩格斯.马克思恩格斯选集：第二卷.2版.北京：人民出版社，1995：479.
③ 马克思.资本论：第3卷，北京：人民出版社，2004：211.
④ 弗农·L.史密斯.经济学中的理性.北京：中国人民大学出版社，2013.

可以成为经济学的方法。

对抽象范畴，马克思有明确的规定："只有作为最现代的社会的范畴，才在这种抽象中表现为实际上真实的东西。"① 马克思在分析资本主义社会时面对多种生产关系存在，运用科学的抽象法，抽象出占支配地位的资本主义生产关系来进行研究和叙述。这就是马克思所说的："在一切社会形式中都有一种一定的生产决定其他一切生产的地位和影响，因而它的关系也决定其他一切关系的地位和影响。这是一种普照的光，它掩盖了一切其他色彩，改变着它们的特点。"② 而面对处于社会主义初级阶段的生产关系，不只是公有制为主体、多种所有制经济共同发展，而且多种所有制经济的混合也成为基本经济制度的重要实现形式。在此背景下，公有制经济不可能成为掩盖其他所有制色彩的"普照的光"，因此，中国特色社会主义政治经济学对生产关系的研究就不能限于对公有制的研究，其他非公有制经济和混合所有制经济也应成为政治经济学研究的对象。不仅如此，分配关系也是这样，不仅要研究按劳分配，还要研究要素报酬。

包括数学在内的科学研究方法实际上也是抽象法。许多人认为，一门学科只有在使用数学时，才称得上是科学。可以肯定，能够得到数学证明的理论是科学的理论，但不能反过来说，没有数学证明的理论就不是科学。数量分析是一种论证方式。新思想产生后需要得到论证，许多经济学大师最早提出的理论和思想都不是数学形式的，恰恰是后人力图用数学去证明其理论。尽管数量经济学是经济学的一个学科，但在中国经济学中数学分析有其缺陷：第一，现实中许多经济关系是无法量化的。某些在西方国家可以量化的经济关系在我国不一定能够量化，原因是我国的经济关系正处于转型中，

---

① 马克思，恩格斯. 马克思恩格斯文集：第8卷. 北京：人民出版社，2009：29.
② 马克思，恩格斯. 马克思恩格斯文集：第8卷. 北京：人民出版社，2009：31.

经济关系越复杂，越难以量化。第二，可用的数据都是过去的，依据过去数据的数学分析只是对过去经济活动的回顾和实证，很难准确说明中国经济的现在时和将来时，尤其是在日新月异的技术进步时代产生的新经济。甚至一些数学推断的结论可能会对创新性思维产生束缚。模型分析方法也是数量分析方法。模型是理论的一种规范化表达，它通常是对两个或多个变量之间假设关系的数学表述。实际上，模型分析也是一种抽象分析方法。所有的模型都是舍掉一些对分析不必要的部分而使所分析的现实经济问题简单化。当我们使用模型这一重要的经济分析工具时，必须注意到，由于模型做了抽象，经济模型产生的理论会丢掉大量社会、经济和政治的现实性。当用一种经济模型来帮助制定实际的制度安排时，通常需要重新引入在建立模型时被舍弃的社会、经济和政治的现实因素。有关经济的想法是最重要的，数学和计量方法只是体现和执行经济想法的工具。经济学的主要领域是靠经济学知识而不是靠数学取胜，最终是经济学想法决定了一篇文章的贡献，而不是数据推导。经济学家的工作毕竟不是为了开拓数学理论前沿，那是数学家的事情。因此，我们不能将经济学家与数学家混同，就像我们不能将物理学家和数学家混同一样。我们不能以数学水平的高低来衡量一名经济学家的水平，也不能以运用数学的多少和它的难易程度来作为评判经济学论文质量高低的标准。因为经济学研究所做出的贡献主要是创新思想的贡献。[1]

## （二）辩证法

经济分析的辩证法表现在习近平多次倡导的"两点论"和"重

---

[1] 钱颖一. 剖析现代经济学. 中国经济报告, 2019 (3): 132-143.

点论"上，他以市场和政府作用为例指出："在市场作用和政府作用的问题上，要讲辩证法、两点论，'看不见的手'和'看得见的手'都要用好，努力形成市场作用和政府作用有机统一、相互补充、相互协调、相互促进的格局"。[①] "两点论"就是一分为二，"重点论"就是抓主要矛盾和矛盾的主要方面，但即使明确了某一方面是重点，也不能偏废另一方面。40多年经济改革的逻辑和理论突破，每一个方面都体现了"两点论"和"重点论"的统一，例如，社会主义市场经济体制建设涉及的是政府和市场的关系，改革的重点是市场化。不仅是充分发挥市场作用，还要完善市场。所有制改革涉及公有制为主体和多种所有制经济共同发展，即两个"毫不动摇"，改革的重点是发展多种所有制经济，先是放开并发展多种非公有制经济，后是推进包括公有制经济和非公有制经济的混合所有制经济。分配制度改革涉及按劳分配为主和按要素分配，改革的重点是按要素分配。先是推进要素参与分配，后是完善按要素分配。经济运行体制改革涉及的是供给侧和需求侧两点，改革重点是供给侧。先是去产能、去库存、去杠杆、补短板、降成本，后是培育新动能，实现新旧动能转换。

　　根据唯物辩证法，"两点论"中的重点是根据需要确定的，明确重点的一方，不能偏废非重点的另一方。在另一个场合，根据需要，另一方也会成为重点。明确这一点对改革的协同性非常重要。改革到一定阶段，矛盾发展到一定阶段，原先非重点的可能会转化为重点。例如所有制的改革，起初的重点是发展非公有制经济，到一定阶段后国有经济如不做相应改革，不仅国有经济效益进一步下降，更为重要的是，国有经济的主导地位也可能丧失。这意味着国有企

---

[①] 中共中央文献研究室. 习近平关于社会主义经济建设论述摘编. 北京：中央文献出版社，2017：58.

业改革和国有资产管理的改革逐步成为改革的重点。再如分配制度的改革，改革初期针对"大锅饭"的分配制度所产生的共同贫困问题，需要以提高效率为改革的着力点。随着改革的深入，面对过大的收入差距，为推动共同富裕，就要更加重视公平与效率的协调。再如宏观调控经济，面对产能过剩等结构性问题，需要推进供给侧改革解决长期发展问题，但在短期内面临经济下行压力，为了稳经济，就需要把供给侧结构性改革与扩大内需有机结合起来。

### （三）问题导向

中国经济学研究的基本方法是问题导向。党的二十大提出"坚持和发展马克思主义"必须同中国具体实际相结合。需要运用马克思主义的科学世界观和方法论推进问题导向的理论创新，不断回答中国之问、世界之问、人民之问、时代之问，做出符合中国实际和时代要求的正确回答，形成与时俱进的理论成果，更好地指导中国实践。中国经济学需要的是重大的改革和发展问题导向的理论创新。问题导向同理论创新密切相关。问题是创新的起点，也是创新的动力源。对中国经济学来说，对理论创新起导向作用的问题是时代之问。聆听时代的声音是理论创新的出发点，回应时代的呼唤是理论创新的任务。只有聆听时代声音，回应时代呼唤，认真研究解决所处时代重大而紧迫的问题，才能推动理论创新。

指导解决问题是理论创新的根本任务。中国经济学研究肩负着推进马克思主义中国化时代化、建设中国特色社会主义的重任。复杂又艰巨的改革和发展问题提出了理论创新的要求。理论创新与问题导向之间相互呼应，问题导向是理论创新的需求，理论创新是理论供给。实践创新没有止境，理论创新也没有止境。针对问题的理论创新接连不断，从而推动社会的进步。

中国经济学的研究和创新突出问题导向有明确的针对性。第一，要破除先验论。从先验的理论出发求证先验的理论，只能形成脱离实际的教条，不能解释现实的经济问题。第二，不能照搬照抄反映西方价值观的西方理论，食洋不化不能解决中国的问题。第三，要克服模型导向。中国经济学不简单排斥模型分析方法，但否认模型导向。一些学者采用西方经济学的范式，采用通用的数学模型，用中国的数据，在国际刊物上发表论文，这种研究实际上还是西方经济学的框架，不能看作中国经济学，只是西方经济学的中国案例应用。

现实中的问题很多，作为导向的问题只能是"国之大者"，原因是：现阶段的社会科学研究不是"茶余饭后"的谈题，而是解决国计民生的重大问题：一是以人民为中心的问题，例如人民群众急难愁盼的问题、共同富裕的问题。二是发展的重大问题，例如高质量发展问题、构建新发展格局问题。三是改革的深层次问题，例如发展和完善平台经济问题、发挥资本作用并防止其无序扩张问题。四是国家安全问题，例如防止系统性金融风险问题、防止国际风险的传导问题。所有这些问题导向的研究不只是摆出问题，更要提出真正解决问题的新理念、新思路、新办法。这是理论创新之要。问题导向不仅要求从实际出发，还要实事求是，针对问题提出解决方案。这是理论创新的源和本。理论的指导力不仅在于准确反映问题、解释世界，还在于以正确的理论指导解决问题、改造世界。以问题导向研究现实的中国经济学，意味着不仅从实际出发，还要回到现实，解决实际问题。需要坚持问题导向和系统观念相结合。只有这样，中国经济学才是致用的科学。

中国经济学的理论指导力以对现实经济的解释力为基础。所谓解释现实，就是扎根中国大地，讲中国故事，直面现实经济问题，而不是追求空洞的抽象分析。具体地说，中国特色社会主义政治经济学要把基本经济制度学理化、系统化，但不能就此为止。如果不研究经济制度的实现形式，政治经济学所阐述的原理只能是空中楼阁、空洞说教，制度优势转化为治理优势的关键在于基本经济制度实现形式的完善。根据党的二十大关于完善社会主义基本经济制度的要求，所有制研究要深入产权层面，涉及以现代产权制度为核心建立现代企业制度；依靠产权流转做大做强做优国有资本和民营资本；国资管理转向管资本为主；农地制度实行所有权、承包权和经营权的三权分置。分配制度的实现形式是各种生产要素参与收入分配的机制：劳动、资本、技术、管理等要素按投入、按贡献、按市场供求参与收入分配。对社会主义市场经济的研究要深入到有效市场和有为政府的研究。

### （四）对西方经济学方法的借鉴与超越

中国经济学的方法论还涉及与西方经济学的区别和联系。当代世界的经济学有两大理论体系或范式：一是马克思主义经济学，二是西方经济学。总体上说，中国经济学是马克思主义经济学的中国化和时代化，它同西方经济学有明显的区别，尤其是在世界观上有根本区别，但在研究经济问题上，两者有相通之处。

马克思主义经济学研究的基本问题是生产关系和生产力以及两者之间的关系，偏重于经济关系本质层面的分析，注重研究物与物关系背后的人与人之间的社会关系，研究经济制度的本质规定，特别是注重对经济关系运动的规律性分析，它建立的各种经济范畴都反映一定的社会关系。关注生产关系对生产力的阻碍和促进作用，突出生产力发展对生产关系的决定性作用。相应地，就有解放和促进生产力发展的生产关系的调整和完善理论。马克思主义政治经济学研究的基本问题决定了它在中国经济学中的指导地位是不可否认的。

西方经济学研究的基本问题是资源配置问题,涉及生产什么、怎样生产和为谁生产。其理论范式包括古典经济学和新古典经济学的市场选择理论、新制度经济学的交易成本理论和激励理论、信息经济学的信息不完全理论。就突出效率的经济运行理论来说,西方经济学偏重于经济运行层面的分析,对经济现象表层进行描述和分析,更为关注经济变量之间的关系,根据萨缪尔森的定义,其首要任务是对生产、失业、价格和类似的现象加以描述、分析、解释,并把这些现象联系起来进行系统分析。由于中国经济学也会涉及经济运行层面,因此借鉴西方经济学理论也是必要的。这两个理论体系依照各自的研究方法进行分析,对于分析经济过程有不同的理论和现实意义。

马克思主义政治经济学与西方经济学的研究对象在总体上不在一个层面,也可能存在交叉。偏重经济运行分析的西方经济学,也会涉及经济制度的分析,但这种制度分析是以资本主义基本经济制度是永恒的制度为前提的,是在这一前提下对具体制度或体制的分析。偏重生产关系分析的马克思主义政治经济学也会分析经济运行,但它对经济运行分析的重点是各种生产关系在经济运行中的作用和调整。对同一经济现象和经济范畴,西方经济学和马克思主义政治经济学有不同的研究角度和层次。例如价格范畴,西方经济学根据供给、需求及各自的弹性,描述这些变量之间的关系,说明价格是由供求关系决定的,是一种均衡价格。而马克思主义政治经济学把价格界定为价值的货币表现。价格的运动体现价值规律的作用,价格围绕着价值上下波动。供求平衡的价格就是反映价值的价格。根据研究任务需要,讨论价格体制改革要以马克思主义经济学理论为指导，描述市场价格变动可能会用到西方经济学。再如对产业利润、商业利润、利息和地租等分配范畴的分析，西方经济学把它们看作要素报酬的形式，而马克思主义政治经济学则将之界定为剩余价值分割的形式，并由此确定了各自量的界限。再如制度分析，西方的制度经济学以资本主义经济制度为既定前提，重点研究企业制度、市场制度、产权制度。马克思主义政治经济学把对制度的研究重点放在人与人之间的关系、国家与企业之间的关系、政府和市场之间的关系等，当然也要在社会主义基本经济制度的框架内研究现代企业制度、市场制度和产权制度。由于马克思主义政治经济学涉及的是本质层次、制度层次的分析，因而它应该成为经济分析指导思想的理论基础。

中国经济学完全排斥西方经济学的概念也是不现实的。现实的中国特色社会主义经济本身就包含了同非公有制经济的混合，作为其理论概括的中国经济学就会有相应的理论的混合。在坚持社会主义核心价值观的前提下，中国经济学有选择地借鉴西方经济学的理论和范畴是建立在对自身的制度自信、道路自信、理论自信和文化自信基础上的。中国经济学可以使用一些西方经济学的范畴和原理，例如：微观经济学领域的帕累托最优、资源配置理论、市场经济理论、全要素生产率等；宏观经济学领域的总供给和总需求、拉动经济增长的三驾马车、总需求管理的财政货币政策等；制度经济学领域的交易成本、产权理论、信息不完全理论等；发展经济学领域的二元结构理论、中等收入陷阱理论、创新理论、可持续发展理论、知识经济理论、经济全球化理论等。这些范畴和理论进入中国经济学就使中国的发展理论可以同世界流行的经济学理论进行客观比较并为我所用。当然，这些西方经济学的范畴和原理进入中国经济学涉及批判地吸收并与中国实际相结合的问题。特别是要在其所反映的制度性质和中国的基本国情方面进行中国化改造。其中，最为重要的中国化要求就是适应人口大国、处于上中等收入发展阶段的实际，反映社会主义生产关系对共同富裕的要求。

总的来说，中国经济学是发展的、包容的、与时俱进的。进入新发展阶段的中国经济学在经济改革和发展的实践中必然会有不断的创新和突破性进展。

# 政治经济学在中国的源流与发展[*]

## 林 岗

中国经济学源流是一个很难的题目。政治经济学在中国的源流也是一个很难的题目,准备五年十年也不一定能够讲完善。本文权当抛砖引玉,供大家参考。

政治经济学的"源"不在中国。毛主席说过,十月革命一声炮响,给我们送来了马克思主义。马克思主义经济学的源头还在西方比较发达的资本主义社会。马克思的政治经济学巨著《资本论》,是在当时最发达的资本主义国家英国写成的。清末民初,在已经处于半殖民地半封建社会的中国,一些不甘亡国灭种的中国人,向西方发达国家探寻救国救民之道,引进了各式各样的社会政治经济理论,其中就有马克思的理论。中国人中是谁最早注意到马克思主义,注意到我们今天称之为政治经济学的马克思主义经济学的?(顺便说一句,经济学和政治经济学本来是一回事,以政治经济学专指马克思主义经济学,是20世纪80年代之后我国经济学界的发明。)孙中山

---

[*] 作者:林岗,中国人民大学原副校长、一级教授。

可能是最早注意到马克思的人之一。在宋庆龄的文集中有一篇讲到，孙中山在伦敦蒙难的时候，看到当时的英国生产力高度发达，纺织品和机械工业产品卖到了全世界，但是工人阶级和其他底层的劳动人民却非常贫困。他认为这是很荒谬的、悖理的。社会的财富迅猛增长，但占人口多数的底层劳动者反而变得更加贫穷。他叮嘱陪同他的中国留学生要注意《共产党宣言》、注意马克思的《资本论》。当时马克思的译名还不是马克思，被叫作马尔可或马尔克斯。孙中山后来将旧三民主义改为新三民主义，提出"联俄联共、扶助农工"，反映出他受到了马克思的较大影响。当然，他还不是一个马克思主义者。梁启超也在文章中谈到马克思，但他是持反对态度的。

对马克思主义流入中国发生巨大影响的人，是中国共产党的创建人李大钊。1919年五四运动时，他写了介绍俄国十月革命的文章，还写了《我的马克思主义观》，介绍了马克思的经济学理论，甚至介绍了价值转型问题。那时候甚至连一些后来成为坚定的反共分子的人，比如戴季陶、胡汉民都在研究马克思，他们还从日本翻译了考茨基的《〈资本论〉导读》。最早翻译《资本论》的，是北京大学的马克思主义研究小组，他们的工作地点在"亢慕义斋"，亢慕义实际上就是communism，这些人译了第1卷。后来陈启修、侯外庐等人也译过第1卷。第一个三卷全译本是王亚南、郭大力翻译的。

要想了解我国政治经济学的"源"，我想最好的办法就是去读谈敏教授的巨著《马克思在中国的传播》。这部书目前出了11卷，从清末写到1921年。每一卷平均下来都有四五十万字，特别详细，把所有的资料都整理出来了，并做了考证和评论。

至于中国政治经济学的"流"，从其主干来说，就是我们党在各个历史时期，在解决革命和建设的实际问题时，在马克思主义指导下发展出的具有中国特色的经济理论。首先是毛泽东思想中关于经济问题的理论。如毛泽东主席的《论十大关系》和没有正式发表的《读苏联〈政治经济学教科书〉的谈话》，等等。然后，就是邓小平理论，邓小平的文集都已经正式出版了。再然后，就是江泽民的"三个代表"理论、胡锦涛的科学发展观，进一步的发展就是习近平新时代中国特色社会主义思想。这就是到目前为止的主流。当然，对于这个主流的浩荡奔腾，马克思主义经济理论工作者也做出了不可忽略的贡献，这就比如长江大河吸纳万千溪水以成其浩瀚。新中国成立前关于半殖民地半封建经济的研究，有王亚南的《中国经济原论》这样的巨著。新中国成立后的著作更多，比如关于商品经济和按劳分配的讨论，关于按比例发展规律的讨论，关于社会主义生产目的的讨论，关于社会主义初级阶段的经济特征的讨论，关于计划与市场的有机结合的讨论，关于公有制实现形式的讨论，发表的文献可以说是汗牛充栋。

下面我想说一下中国人民大学对中国经济学发展的贡献。

中国人民大学在中国经济学的发展中，有它的特殊贡献。新中国成立以后、"文化大革命"之前，中国人民大学对马克思主义在中国的传播，对确立马克思主义在全国经济学研究和教学中的主导地位，起到了巨大的不可替代的作用，曾被称为"马克思主义经济学的工作母机"。同时，中国人民大学培养出了大量政治经济学的优秀学者。我的硕士学位和博士学位都是在中国人民大学攻读的，我直接接触过的老师中就有大量学术成就卓然的学者，他们都是一时之秀。想到他们我就想起李白的一句诗，"文质相炳焕，众星罗秋旻"。宋涛老师是中国人民大学这部"马克思主义经济学的工作母机"的驾驶员、总的组织者。政治经济学有苏星、徐禾、卫兴华、吴树青、何伟、孟氧，世界经济有吴大琨、方生，经济思想史有鲁友章、李宗正、高鸿业、吴易风，经济史有孙健、全慰天、王方中，等等。

除了本校学生的教学之外，中国人民大学经济系还组织全国高校经济学教师马克思主义经济学培训。当时经济学教师中很多人原来学的是西方流行的经济学，他们到中国人民大学读研究生，学习马克思主义。后来这些人中产生了很多杰出的学者，比如复旦大学的蒋学模、南开大学的谷书堂、厦门大学的吴宣恭、四川大学的周春，等等。

改革开放之后，中国人民大学的政治经济学教师其实对改革开放做出了不少理论和政策上的贡献。大概是在20世纪80年代初，卫兴华和何伟两位老师联合署名，发表了一篇论社会主义商品经济中仍然存在竞争的论文，在当时有很大影响，对社会主义商品经济理论的发展做出了贡献。80年代后期，卫兴华老师和他的两个博士生又出版了论社会主义经济中的市场机制的专著。当时，中国人民大学还做了一件很重要的事情，就是受国家经济体制改革委员会主任李铁映同志的委托，为改革做三年、五年、八年的规划，简称"三五八规划"。这是由吴树青老师组织的。后来这个规划得了孙冶方奖。规划中提出对国有资产的配置进行战略性调整，改变国有经济战线过长、在国民经济中占比过大的状态，鼓励民营经济发展，将国有资源用到对国家的长远发展、实现国家的长远战略更具有决定性意义的领域。这类事情经济学院的教师做了很多，改革开放以来没有断过。现在经济学院作为中国特色社会主义经济理论的研究基地，正在发挥比过去更大的作用。

中国特色社会主义道路越走越宽广，国家越来越强大了，这是我们感到骄傲和自豪的。然而马克思主义政治经济学虽然有很大的发展，但实事求是地说，它并没有和国家的强大成比例地强大。形成这种状况的原因很多，不能正确地对待西方经济学是一个重要的原因。西方经济学到底应摆在什么位置？它是不是可以替代马克思主义经济学的现代经济学？有人认为西方经济学是现代经济学，搞市场经济就要学西方经济学。在我看来，至少西方经济学中的微观经济学没有现代性。它的发展不过是用越来越复杂的数学技术将自己伪装成物理学一样的真理，但证明的不过是最古典的那个斯密的"看不见的手"的理论。微观经济学讲到最后，是所谓一般均衡。这是现代市场经济理论吗？它其实是一个实物交换模型。它里面有没有真正的货币？美联储的货币政策能从这个模型中引出来吗？它描述的是一个物物交换的经济，是瓦尔拉斯和帕累托这样的出身工程师的人搞出来的东西。阿罗和德布鲁早就用严格的数学形式证明了它的虚幻性。为什么要从初级、中级再到高级，把这类东西反复地灌输给学生？

这让我想起我读研究生时中国人民大学的教学方案。当时的教学方案规定，包括经济学在内的所有社会科学专业都要学马列主义的四本哲学著作，每一本是一门课，即《资本论》《费尔巴哈和德国古典哲学的终结》《唯物主义和经验批判主义》《哲学笔记》。此外，还要求经济系以外的同学必修《资本论》（第一卷）。这是成仿吾老校长定的，是为了让学生掌握马克思主义的哲学世界观即正确的方法论。它跟数学、统计不属于一个层次。这不是说数学、统计不重要，但这些只是经济学研究的技术性工具，它不是我们哲学世界观上的方法论，单靠它们是不能帮助你决定你的研究是不是对头、是不是符合实际的。学习了《费尔巴哈和德国古典经济学的终结》，你就会明白为什么分析问题不能从抽象的人开始，比如自利的人、有爱心的人，等等。说每个人都有自利性，这是人不变的本性，从原则上说，这没有错，但是你由此直接跳到资本主义是最合理的、私有制是最合理的，那就错了。因为你解释不了历史的变迁，在资本主义之前还有原始的共产主义制度，你怎么解释？自利的人怎么可能建立起一个共产主义的经济？同样是私有制经济，奴隶制、封建制与资本主义为什么那么不同？可见，适合于所有时代的所谓人性，是一个过度抽象的概念，你是无法跳过那些被抽象掉的中间要素而直接对具体的制度做出合理的说明的。你如果将抽象层次放低一点，把由特定发展程度的生产力决定的具体的社会关系引进来，你就不会有由抽象人性出发引起的理论上的苦恼了。拿自利的人为什么建立了原始公社这个问题来说，合理的解释是：那个时候生产力太低下了，个人离开群体就无法生存，只能抱团求生存。所以，西方学者也谈到他们研究中的这些方法论上的致命缺点。再举个例子，比如说，一个工厂里有甲、乙两个人，突然有一天国家决定提高最低工资标准，听到这个消息，甲和乙中有一个哭了、有一个笑了。他们都是自利的人，为什么对同一消息会有不同的反应？你如果知道他们之中一个是老板、一个是工人，不就马上知道正确答案了吗？他们两个之间是雇佣劳动关系，这种关系决定了这一消息对于一个人来说是收益，对于另外一个人来说是成本。分析人的社会经济行为，怎么能把这种东西抽象掉呢？费尔巴哈之前的启蒙学者，也就是那些17—18世纪的哲学家，是从这样一个过度抽象的人性角度来批判封建主义的，后来这个同样抽象的东西又被拿来为资本主义辩护。当然，对于西方经济学中有用的、合理的因素我们要借鉴，但是借鉴不等于照搬。要借鉴，首先要从方法论这个根子上搞清楚对错；其次要摆正马克思主义经济学与西方经济学的位置，借鉴归根结底是为了发展马克思主义经济学，而不是用假装的所谓"现代经济学"来排挤政治经济学。

# 西方经济学在中国的传播和影响——兼论新时代如何对待西方经济学*

方福前

在中国话语体系中,西方经济学是指 17 世纪以来随着资本主义市场经济的产生和发展而创立和发展起来的欧美经济学。中国学人所说的西方经济学有狭义和广义之分:狭义的西方经济学主要包括微观经济学、宏观经济学和经济学流派这些经济学基础理论,以及数理经济学和计量经济学这些经济学研究工具方法;广义的西方经济学除了包含微观经济学和宏观经济学,还包括建立在这些基础理论之上并且运用这些工具方法的经济学其他分支学科,如财政学(公共经济学)、货币金融学、产业经济学、企业经济学、国际经济学、贸易经济学、发展经济学、经济史学、经济思想史、实验经济学、行为经济学、信息经济学、新制度经济学、网络经济学等等。其中,凯恩斯革命以来的西方经济学又被称作现代(西方)经济学。现代经济学是在古典经济学和凯恩斯经济学的基础上发展起来的。

---

\* 作者:方福前,中国人民大学教授,"杰出学者"特聘教授 A 岗,国家级教学名师。

近现代以来，由于市场经济制度在世界各国逐渐成为主流的资源配置体制，西方经济学相应地成为除中国等少数国家以外的主流经济学。自1969年诺贝尔经济学奖颁发以来，西方经济学逐渐成为世界上有广泛影响的经济学。

中国自近代以来，由于经济实力和国力由盛而衰，中华民族一度成为被世界强国欺凌和压榨的民族。鸦片战争惊醒了国人，救亡图存、图存求变、振兴中华成为一代又一代中国人前赴后继的奋斗目标。在推进中华民族伟大复兴的过程中，自力更生、奋发图强、走中国自己的路，一直是我们中国人选择的变革和建设的基本模式；同时，我们也非常重视引进西方先进的技术、设备，积极学习西方先进的自然科学知识和借用西方有用的社会科学成果，以便加快缩短与发达国家的差距。今天，我们已经进入高质量发展的新阶段，跨入建设中国式现代化的新征程。在这个新时代，我们如何实事求是地回顾、总结西方经济学在中国的传播和发展？如何适应新时代中国改革开放和发展的要求，重新认识和正确地对待西方经济学？这是我们必须面对的一项重要课题。

本文主要讨论四个问题：西方经济学在中国的传播、西方经济学在中国的发展现状与境遇、西方经济学对中国的影响和新时代我们如何对待西方经济学。

# 一、西方经济学在中国的传播

西方经济学作为一门社会科学知识传入中国是1840年鸦片战争以后的事。从1869年在京师同文馆执教的美国传教士丁韪良开设"富国策"课程算起，西方经济学被引进中国已经超过了一个半世纪。150多年来，西方经济学在中国的传播大体上可以划分为四个时期。

## (一) 19世纪下半期：西方经济学输入中国

中国在明朝初期以前大多数时期还是一个对外开放的国家。汉唐时期发展起来的丝绸之路，隋唐时期的"八方来朝"，宋代开辟的海上丝绸之路，元朝四海为家、开疆拓土，直至明朝初期的郑和七下西洋（1405—1433年），都是中国对外开放的标志性史实。遗憾的是，郑和去世（1433年）以后，由于财政亏空、国力不支，明朝开始实施海禁、禁止海外贸易。不过，由于明朝后期国力和朝廷统治由盛转衰，国门实际上是半关半开的，民间对外贸易、对外交流在一定程度上还是存在的。清朝雍正年间中国闭关锁国开始升级，雍正帝禁止天主教在中国传播，并限制对外贸易。乾隆二十二年（1757年）乾隆帝颁布"一口通商"圣旨——全国除广州外，停止其他各地的海外贸易，中国正式走上闭关锁国道路。

不幸的是，中国实施"一口通商"圣旨的年代正是英国工业革命兴起的年代。借助机器大工业的物质技术基础，以英国为代表的资本主义国家在本国经济发展起来以后开始了大规模的殖民扩张。由于腐朽的封建统治加上与外部世界隔绝、对世界的新变化闭目塞听，清王朝迅速走向衰落。西强中弱，鸦片战争终于炸开了中国国门，中国被推向了半殖民地半封建社会。鸦片战争爆发后，西方国家的坚船利炮、先进的科学技术和文化思想惊醒了沉睡了近百年的中国人。觉醒了的中华民族终于有了"师夷长技以制夷"和变革图存的意识，在洋务运动中，中国恢复了对外开放，开始了解西方、学习西方，西方经济学于是随着西方先进的科学技术和社会科学成果一道开始传入中国。

早期在中国传播西方经济学的主要是西洋传教士，还有少量的中国出国留学人员。传播的方式主要是兴办新式学堂进行教学，办报纸杂志和出版图书翻译、介绍西方经济学说。在中国最早独立讲授西方经济学课程的是1869年任京师同文馆总教习的美国传教士丁韪良（W. A. P. Martin，1827—1916）[1]，他当时使用的教材是英国经济学者亨利·法思德（Henry Fawcett，1833—1884）编写的《政治经济学提要》（*A Manual of Political Economy*），该书内容涉及西方经济学的货币、生产、交换和消费理论，亚当·斯密的分工与市场理论，马尔萨斯的人口理论等当时的西方主流经济思想。后来丁韪良又和同文馆副教习汪凤藻合作，将该书翻译成中文，以《富国策》为书名于1882年由上海美华书馆出版。京师同文馆改为京师大学堂之后，《富国策》又成为京师大学堂的教材。第二本被译为中文的西方经济学著作是"边际革命"的三位领袖之一英国经济学家杰文斯（W. S. Jevons）的专著《政治经济学入门》（*Primer of Political Economy*），该书由英国传教士艾约瑟翻译，1886年以《富国养民策》的书名交由总税务署出版。这意味着，西方经济学在中国的传播始于19世纪60年代末70年代前期，此时西方经济学的发展正处于"边际革命"时期。

## （二）20世纪上半期：中国积极引进西方经济学

中国学术界一般认为，在中国学者中，严复（1854—1921）是比较完整翻译西方经济学原著的第一人。他翻译的亚当·斯密的《国民财富的性质和原因的研究》以《原富》为译著名于1902年由南洋公学译书院出版。有中国学者认为，可以将严复翻译出版《原

---

[1] 张登德.《富国策》与西方经济学在近代中国的传播. 山东师范大学学报（人文社会科学版），2008，53（4）：122-125. 杨春学. 西方经济学在中国的境遇：一种历史的考察. 经济学动态，2019（10）：11-23.

富》作为西方经济学传入中国的标志。①

辛亥革命前后，由于中日交流频繁，大批有志青年东渡日本留学，他们学成回国后成为传播西方经济学的主力军。这一时期，西方经济学著作大多是通过日文版翻译成为中文版的。这一时期翻译出版的西方经济学著作不限于西方经济学基础原理方面的著作或教材，还有财政学、金融学、会计学、统计学、农业经济学、贸易学等教材或著作。

据林毅夫和胡书东②的文章提供的数据，五四运动到中华人民共和国成立之前，中国出版的经济学书籍共计达1 924部，其中，译著562部，中国学者自编的1 362部。俄国十月革命一声炮响，给中国送来了马克思主义；实际上，在五四运动期间，在新文化运动中，马克思主义就已经在中国传播了，当时传播的主力军是从日本和法国留学归来的中国学人。所以林毅夫和胡书东的文章所说的1 924部书籍包括马克思主义哲学、政治经济学和科学社会主义方面的著作。

据书目文献出版社1993年出版的由北京图书馆（现国家图书馆）编写的《民国时期总书目：1911~1949（经济）》提供的数据，民国时期中国出版的经济类著作达16 000余种。其中，"经济总论"类736种，涉及西方经济学的有701种，其中译著339种，自著362种。在这些译著中，译自英国的有58种、译自美国的29种、苏俄的76种、日本的80种、德国的48种、法国的28种、奥地利的9种、匈牙利的4种、瑞典的2种、其他的5种。

## （三）改革开放前30年：西方经济学在中国遭冷落

1949年10月中华人民共和国成立以后，中国通过"一化三改

---

①② 林毅夫，胡书东. 中国经济学百年回顾. 经济学（季刊），2001，1（1）：3-18.

造"和过渡时期转轨,建立了单一的社会主义生产资料公有制和高度集中的计划经济体制。这种经济制度和经济体制的理论依据是来自当时苏联领导人和苏联权威学者对马克思主义经典著作的解读,并且在建立经济制度和经济体制的实践中直接学习和模仿苏联的样子。由于根本社会制度是从苏联"老大哥"那儿学来的,中国在其他领域也是向苏联学习、看齐的,在高等教育体制和哲学社会科学领域就是这样。1952年中国政府按照苏联模式对全国高校进行了院系调整,经济学专业的教材一律换成苏联使用的教科书。此后,中国的经济学基础课程只有马克思主义政治经济学,其他经济类课程的教材也是依据政治经济学范式编写的。

中华人民共和国成立后,随着苏联式的社会主义制度的确立,中国的主流意识形态和经济理论倾向发生了根本变革,对西方经济学的态度相应出现了一边倒的变化:首先把西方经济学定性为资产阶级(政治)经济学,然后把西方经济学的发展划分为两个基本阶段——1830年以前为古典(政治)经济学阶段,1830年以后为庸俗经济学阶段。这两个阶段的区别在于,"第一,资产阶级古典经济学虽然有其阶级局限性,但是仍然不失为资本主义实际情况的科学研究者;与此相反,资产阶级庸俗经济学家,为了资本家阶级的狭隘的阶级利益而替资本主义辩护,蓄意抹杀资本主义的矛盾,捏造出形形色色的无稽谰言来粉饰资本主义的剥削关系。第二,与古典政治经济学不同,庸俗政治经济学不去研究经济现象的内在联系,而只限于描述从经济现象表面所见到的似是而非的外在联系。"① 这种划分的依据是来自马克思《资本论》1872年第二版跋中的论述:"只要政治经济学是资产阶级的政治经济学,就是说,只要它把资本主

---

① 鲁友章,李宗正. 经济学说史. 3版. 北京:中国人民大学出版社,2013:192.

义制度不是看做历史上过渡的发展阶段，而是看做社会生产的绝对的最后的形式，那就只有在阶级斗争处于潜伏状态或只是在个别的现象上表现出来的时候，它还能够是科学。"① "1830年，最终决定一切的危机发生了。"② "资产阶级在法国和英国夺得了政权。从那时起，阶级斗争在实践方面和理论方面采取了日益鲜明的和带有威胁性的形式。它敲响了科学的资产阶级经济学的丧钟。现在问题不再是这个或那个原理是否正确，而是它对资本有利还是有害，方便还是不方便，违反警方规定还是不违反警方规定。无私的研究让位于豢养的文丐的争斗，不偏不倚的科学探讨让位于辩护士的坏心恶意。"③ 据此，中国学界对这两个阶段的西方经济学持有截然不同的态度，对1830年以前的英法古典经济学还能够用"一分为二"的观点去看待，还能够比较客观地评价它；而对1830年以后的西方经济学则一律贴上"庸俗经济学"的标签，认定它是辩护性的、庸俗的、反科学的，因而对1830年以后的西方经济学一概予以否定、排斥和批判。在这种情势下，中国翻译出版的西方经济学著作和教科书的数量急剧减少。少量被翻译出版和再版的主要是英法古典经济学家的著作，它们是作为学习和研究马克思主义政治经济学的参考文献或补充材料而被翻译出版的，因为英法古典经济学是马克思主义政治经济学的理论来源；虽然也翻译出版了一些庸俗经济学家的著作，但是它们是作为批判的材料被翻译出版的。据赵晓雷提供的数据，改革开放前30年，全国翻译出版的西方经济学论著共计68部，其中译自英美的有52部。④ 在这30年里，中国翻译出版西方经济学著作和教科书的主要是商务印书馆。翻译出版国外哲学社会科学学术

---

①②③ 马克思，恩格斯. 马克思恩格斯选集：第2卷. 3版. 北京：人民出版社，2012：87-89.

④ 赵晓雷. 新中国经济理论史. 上海：上海财经大学出版社，1999.

名著是商务印书馆的传统定位，也是商务印书馆在中国出版界的鲜明特色和亮点。不过，当时商务印书馆出版的西方经济学著作也只有10多部，主要有庞巴维克的《资本与利息》（1959年）和《资本实证论》（1964年），李斯特的《政治经济学的国民体系》（1961年），马尔萨斯的《政治经济学原理》（1962年），凯恩斯的《就业、利息和货币通论》（1963年），萨伊的《政治经济学概论》（1963年），凡勃伦的《有闲阶级论》（1964年），马歇尔的《经济学原理》（1964年和1965年分别出版上卷和下卷），亚当·斯密的《国民财富的性质和原因的研究》（1972年和1974年分别出版上卷和下卷），等等。其间，商务印书馆还出版过季陶达主编的《资产阶级庸俗政治经济学选辑》（1963年）、王亚南主编的《资产阶级古典政治经济学选辑》（1965年）。

在改革开放前的30年里，中国学者自己编写的西方经济学教科书和读物屈指可数：1962—1964年商务印书馆出版过由北京大学、中国人民大学和中国社会科学院樊弘、严仁赓、巫宝三、罗志如、胡代光、高鸿业、范家骧、孙世铮、黄范章等先生编写的《凯恩斯主义》、《垄断经济学》、《经济计量学》和《人民资本主义》4本专题小册子，人民出版社于1965年出版过鲁友章和李宗正主编的《经济学说史》（上册）等。这几本书都是当时国家教育部门组织编写的，组织者明确要求书的内容必须以批判为主。

由于1830年以后的西方经济学被定性为资产阶级庸俗经济学，编写西方经济学教材和讲授西方经济学就有政治风险和阶级立场嫌疑，容易被扣上"宣扬资产阶级学说""右倾"等帽子。因此，改革开放前30年，中国学界不仅不敢自主编写和出版西方经济学教材，老师们也不敢在大学开设西方经济学课程，只有中国人民大学开设过"资产阶级经济学介绍与批判""凯恩斯主义介绍与批判"等以批判为主的讲座。①

## （四）改革开放以来：西方经济学的积极成果逐渐融入中国教学体系②

1978年12月党的十一届三中全会做出了一个具有历史意义的重要决策：全党工作中心从1979年转移到社会主义现代化建设上来，实行改革开放。正是这个伟大决策启动了中国改革开放的历史进程，揭开了中华民族伟大复兴的新篇章。

改革主要是对生产关系和经济体制进行变革，对生产组织形式和各种经济关系进行调整；而对外开放，无论我们是引进外国资本、设备、技术和经营管理模式，还是我们向外国出口原材料、产品和劳动力，首先都必须了解外国、了解世界。由于世界上的发达国家主要是资本主义国家，所以我们必须熟悉与我们进行经济交往的发达国家的法律、规则、政策、习惯，即便这些国家的制度一直是我们不认同的。在贸易谈判和技术、项目引进谈判中，我们必须能够听懂和理解对方所使用的语言和专业词汇，这意味着，我们为了顺利实现对外开放、发展对外开放，既需要了解西方发达国家的先进技术设备，也需要了解西方国家包括法律、政策、经济学甚至哲学、历史在内的社会科学知识。例如，如果我们不了解交易对象的利润目标追求、产品定价规则、市场竞争规则和国际市场行情、交易对象国的宏观经济状况以及正在实施的经济政策，我们就很难把握交易谈判效果，甚至会上当、出错。特别是中国重新打开国门以后，

---

① 昊易风．新中国成立以来的西方经济学教学与研究．企业家日报，2017－07－28．
② 中国改革开放后引进西方经济学历程的系统论述请参见方福前．引进西方经济学40年．教学与研究，2018（12）：67－79．方福前，等．引进西方经济学40年（1978～2018）．北京：社会科学文献出版社，2018．杨春学．西方经济学在中国的境遇：一种历史的考察．经济学动态，2019（10）：11－23．

中国与西方国家之间的政府交往和学术交流是对外开放的重要内容，进行这些交往和交流必然需要系统地了解对方的自然科学和社会科学。显然，在中西方经济学界交流时，中国学者只会政治经济学话语体系和内容是无法与西方学界同行交流的。并且，第二次世界大战结束以后西方经济学进入发展繁荣时期，新的理论、新的方法层出不穷，新的经济学流派如同走马灯般出现，而我们却知之甚少。当时不但中西方科技和经济发展差距很大，而且中西方经济学发展差距也很大。所以，改革开放以后，更多更快地了解西方，学习西方先进的科学技术成果和有用的社会科学知识，加快中国的改革和发展，成为中国的主流意识，经济学界包括经济类各专业大学生，都有了解和研究西方经济学的迫切愿望。

在改革开放大潮兴起之初的1979年1月，商务印书馆出版了由中国人民大学高鸿业教授翻译的保罗·萨缪尔森的《经济学》。① 这是中华人民共和国成立以来中国内地翻译出版的第一本完整的现代经济学教科书。这本书的内容令中国经济学人耳目一新，在校的经济类大学生更是爱不释手。这本书一出版就洛阳纸贵，很快断货脱销。萨缪尔森《经济学》的翻译出版标志着中国在冷落了西方经济学30多年后又恢复引进西方经济学，中国由全面否定西方经济学到一定程度上认可西方经济学的有用性，这是一个历史性的转折。此后，西方经济学正式进入中国大学课堂，正式成为学术研究、学术交流和商务谈判的专业语言，继而推动了中国经济学课程体系、教学方法和经济研究范式的重大变革。

在不断翻译西方经济学家著作、介绍西方经济学理论和流派的基础上，中国学者开始着手编写西方经济学教材。1983年7月和

---

① 萨缪尔森《经济学》英文第10版的中文全译本分上、中、下三册，分别于1979年、1981年和1982年由商务印书馆出版发行。

11月武汉大学出版社和北京大学出版社分别出版了刘涤源、谭崇台主编的《当代西方经济学说》和厉以宁、秦宛顺编著的《现代西方经济学概论》，1984年7月北京大学出版社又出版了梁小民编著的《西方经济学导论》。由国家教育部组织编写的第一本西方经济学教科书是1996年2月出版的高鸿业教授主编的《西方经济学》。①

为了适应改革开放、中国经济建设和中国经济学发展的需要，1986—1987年，当时的国家教委在多年调查研究的基础上，参考美籍华裔经济学家邹至庄、世界银行经济学家和国内一些专家教授的建议，决定把"西方经济学"列为财经类专业的12门核心课程之一。② 此后国家教委组织国内知名学者编写、出版这12门核心课程的教学大纲和教材，并在20世纪90年代前期在中国人民大学和北京大学等高校为全国其他高校开设财经类核心课程师资培训班。这12门核心课程教材除了政治经济学，主要是以英美大学相应的教材为蓝本，结合中国实际，并考虑到中国教学要求和学生的学习习惯而编写的。可以说，其中的（广义）西方经济学教材是一定程度的"中国化"的教材。这12门核心课程的开设，极大地改变了我国财经类专业的课程内容和知识结构，使我国财经类各专业的教学内容和教学水平逐渐与国际接轨，同时显著提高了中国学者研究经济和经济学的能力与水平。

---

① 该书第一版1996年2月由中国经济出版社出版，从2001年第二版开始改由中国人民大学出版社出版。在这本教材出版之前，高鸿业和吴易风合作编著的《现代西方经济学》（上下册）于1990年由经济科学出版社出版。

② 这12门核心课程是：政治经济学、西方经济学、国际经济学、经济数学基础、计量经济学、国际贸易学、国际金融学、货币银行学、财政学、会计学、统计学、发展经济学。后来这12门核心课程调整为10门，取消了经济数学基础和发展经济学。因为财经类各专业把微积分数学、线性代数、概率论和数理统计等课程列为基础课，经济数学基础就没有必要列为核心课程了。发展经济学在许多高校财经类专业仍然作为必修课或选修课开设。

## 二、西方经济学在中国的发展现状与境遇

本部分将概述西方经济学在中国发展的现状和中国学界目前对西方经济学所持的态度,从中可以看出西方经济学在中国的境遇和发展趋势。

### (一)西方经济学在中国的发展现状

与改革开放 40 多年来的经济和社会发展同步,西方经济学在中国得到了普及、发展和应用。微观经济学、宏观经济学和经济学流派课程已经是普通高校经济类各专业学生必选的课程,也是中专、大专、职业学校相关专业学生学习的课程,甚至中学政治课教材中也有一部分西方经济学的基础知识。现代西方经济学是今天经济学人知识结构中不可或缺的部分,完全不了解西方经济学的中国经济学人现在可能是凤毛麟角了。

在中国经济学界,现阶段流行和运用的是政治经济学和西方经济学两种理论体系和方法,在发表的学术论文和出版的著作中,似乎西方经济学的理论和方法使用得更多、更广。"经济学帝国主义"不仅出现在西方社会科学界,也显现在中国社会科学界。中国的管理科学、政治学、社会学、历史学、人口学、环境资源学、区域经济学、能源经济学等学科也在不同程度上被西方经济学"入侵"。中国各类媒体、中央和国务院文件也频繁使用西方经济学的一些概念和提法。"资源配置效率"、"全要素生产率"、"利益(利润)最大化"、"边际成本"、"有效需求"、"需求管理(或扩大总需求)"、"积极的财政政策"、"市场失灵"、"均衡(或失衡、非均衡)"、"预期"、"交易费用"、"产权"、"二元经济结构"、"增长极"、GDP、CPI、

PPI……这些原本是西方经济学中的概念现在也成为中国人话语体系中的用语。

随着知识结构的改善和知识水平的提高，中国经济学人经济研究的能力和水平得到了极大提高，无论是中国的微观经济问题还是宏观经济问题，中国经济学人现在都可以熟练地使用现代经济学的方法来进行分析。这些分析成果，有些直接提交中央和国务院有关部门参考，有些则可以发表在经济类国际顶级期刊上。中国经济学一方面开启了中国化的进程，另一方面也开始了国际化的进程。

## （二）中国学界对西方经济学的态度变化

随着西方经济学在中国的传播和应用，中国学界对西方经济学的态度发生了很大变化，由"一元化"发展到"多元化"。在改革开放前30年和改革开放初期，中国经济学界对西方经济学的主流态度是否定、排斥西方经济学，坚持认为1830年以后的西方经济学是为资本主义辩护的、庸俗的经济学，是反马克思主义的、没有科学性可言的经济学。随着改革开放和对西方经济学研究的不断深入发展，随着在指导思想上强调并重视"实事求是""实践是检验真理的唯一标准""唯物辩证法""开放""包容"，中国学界对西方经济学的态度出现了分化；大体上从20世纪80年代中后期开始，中国学界对西方经济学的一边倒否定的态度开始分化成为多元化的态度。据笔者观察，中国学界现在对西方经济学持有以下四种态度。

第一种态度仍然是完全否定的态度。持这种态度的学者认为，西方经济学是资产阶级意识形态，是代表并着力维护资本家利益的经济学说；西方经济学是反马克思主义的，认为资本主义制度是最优的、永恒的制度；西方经济学是与中国社会主义制度、与中国文化不相容的。因此，西方经济学是庸俗的、反科学的，对中国是有害的，我们应该否定它、批判它。

第二种态度是完全肯定的态度。这种态度认为西方经济学和数学、物理学一样，是科学，它没有国界之分，也没有制度之别，是普适真理。有些学者认为，经济学没有东西方之分，也没有"美国经济学""日本经济学""巴西经济学""中国经济学"之分，可以统称为经济学。他们认为西方经济学无论是主流经济学还是非主流经济学，同样适用于中国。

第三种态度是偏爱西方经济学的某个学派或流派。在众多的西方经济学流派中，一些学者只偏爱某个流派，推崇这个流派的理论和政策主张，强调这个流派的理论和政策主张对中国的有用性和有效性，他们写文章或演讲也只讲这个流派的思想方法，而有意或无意忽略甚至贬低、否定其他学派。例如有学者认为，以哈耶克为代表的（新）奥地利学派非常适合当下中国的改革和发展，应当埋葬凯恩斯主义；有学者直接把奥地利学派经济学等同于现代经济学；也有学者认为新制度经济学对中国改革特别有用，认为中国的体制改革应当遵循罗纳德·科斯、威廉姆森、德姆塞茨的思路；也有一些学者崇拜货币主义，或新古典经济学，或凯恩斯主义，或后凯恩斯主义……

第四种态度是认为应当系统地研究西方经济学及其流派，弄懂弄通它，在此基础上结合中国的实际来取舍和运用西方经济学，因为西方经济学的任何一个学派的理论都不是产生于中国实践的，它们都是外来的"进口品"，原封不动地直接应用于中国可能存在"水土不服"甚至导致有害的后果。这个态度是在改革开放以后，特别是 20 世纪 80 年代中后期逐渐形成的。中国人民大学的西方经济学教学研究团队，特别是老一辈经济学家高鸿业先生、李宗正先生、吴易风先生，他们长期坚持这种观点，认为评论西方经济学也好、应用西方经济学也好，首先要系统地研究它，搞清楚它是怎么回事，然后再做出判断和取舍。所以对待西方经济学，第一步是要系统地研究。如果没有系统研究，只是片面地或者是碎片式地了解一些西方经济学的理论或者概念，然后就说它是有害的还是有价值的、可用的还是不可用的，似乎不是实事求是的学习态度和研究模式。中国人民大学西方经济学教学研究团队对待西方经济学长期践行"系统研究—分析鉴别—借用有价值内容"的学习—研究模式。

上述第一种态度和第二种态度在中国学界通常被认为是"极左"和"极右"的态度，持这两种态度的学者似乎不多，特别是持完全否定态度的经济学人好像越来越少了。

持第三种态度的学人是不断变化的，他们在学习和研究过程中接触到其他经济学流派、扩大对西方经济学的了解以后，可能会改变他们"偏爱一派"的态度，而认同别的流派。在西方经济学界也有这种现象：美国著名经济学家阿尔文·汉森（Alvin Hansen，1887—1975）原本是信奉以阿尔弗雷德·马歇尔（Alfred Marshall，1842—1924）为代表的新古典经济学的，当他读完凯恩斯的《就业、利息和货币通论》（1936年）以后，转而成为凯恩斯经济学的信徒，并成为《就业、利息和货币通论》思想在美国的积极传播者，成为美国凯恩斯主义者的祖师爷。

现在越来越多的中国学者倾向于上述第四种态度，认为这种态度是科学的、正确的，我们研究和应用西方经济学就需要这种态度；越来越多的人不认同全盘否定和简单搬用的态度。但是前三种态度仍然存在。最近有人说西方经济学教材都是"毒教材"；还有人不久前发文章说，当代西方经济学不仅没变成科学，反而更庸俗化了。

## （三）中国学界目前应用西方经济学的几种模式

如何把西方经济学应用于中国经济问题研究和经济理论研究，

如何看待和处理西方经济学和马克思主义政治经济学的关系，也从一个侧面反映了研究者对西方经济学的态度。

改革开放到20世纪90年代以前，中国学界引进西方经济学的主要模式是介绍和评价：介绍和评价西方经济学的理论、政策思路，介绍和评价某个经济学流派或某个经济学家对经济学发展的贡献。这一时期翻译出版的西方经济学原著和教材、学术期刊上发表的经济学译文和评介文章如雨后春笋。

从20世纪90年代初开始，在1992年春天邓小平发表南方谈话和1992年10月党的十四大确定我国经济体制改革的目标是建立社会主义市场经济体制以后，深化经济体制改革和体制转轨的取向极大地振奋了中国经济学界，推动了西方经济学在中国的研究和发展进入了一个新阶段：由以介绍和评价为主阶段转向以掌握和应用其积极成果为主阶段。此后，西方经济学的积极成果在中国应用得越来越多，在国内期刊报纸发表的文章中，在本科生、硕士生和博士生写的学位论文中，使用西方经济学的概念、原理和方法越来越普遍，甚至政治经济学专业的学生写的论文也大量使用西方经济学的话语和方法。我国经济学界的路标式刊物《经济研究》杂志就是在20世纪90年代初转变发文风格和编审模式的。

西方经济学在中国被大量应用，但是经济学人应用的方式或模式是不同的。根据笔者的观察和体会，中国学者在经济研究中借用西方经济学的模式主要有以下五种。

1. 套用模式

这种模式是直接套用西方经济学的某个理论或者模型方法来研究中国现实经济问题。特别是在做实证研究时，一些学者直接套用西方学者发表在外文期刊论文中的模型方法，将中国的相关数据装入相应的统计分析软件，进行实证分析，然后根据实证结果对所研究的经济问题进行阐释，对某种经济政策效果进行评估，或对某个经济变量的变化进行预测。

2. 改造模式

有些学者考虑到中西方差异，对某个理论或者模型进行改造加工后来研究中国经济问题。这些学者也研究了西方经济学的相关理论或模型，但是他们不是完全照搬过来，而是结合中国实际，例如考虑到中国经济制度与西方的差异，中国经济所处的发展阶段不同，中国经济存在城乡二元结构，中国经济体制转型，等等，对西方经济学的相关理论或模型的假设前提、解释变量、模型结构或模型参数进行调整，再运用调整后的理论或模型，结合中国数据、案例对中国经济中的某个问题进行分析。

3. 拓展模式

有些学者在研究西方经济学的过程中，受西方经济学中某种思想或者方法的启发，在研究中国问题时借用这个思路，并进行发挥和拓展，使之对这个问题的分析更加深入、更加接近中国实际。例如，有中国学者受西方经济学中企业理论和企业模式的启发，提出对中国国有企业进行改革、发展股份制的思路。有中国学者依据比较优势理论研究了中国经济的比较优势，用比较优势方法解释中国的经济增长和发展战略，并对如何利用好中国的比较优势来促进经济发展提出建议。有学者以安徽小岗村家庭联产承包责任制为研究对象，运用西方经济学中的产权理论和契约理论的研究思路来研究农村家庭联产承包责任制的效果，阐释中国农村经济体制改革的必要性和重要意义。还有中国学者借用发展经济学中的刘易斯模型方法，研究中国的二元经济结构、农村劳动力转移、人口红利对中国改革开放以来经济发展的影响，在此基础上又进一步研究"刘易斯拐点"的到来对中国经济增长、就业结构和工资增长等方面的影响。

这些研究成果比较贴近中国实际，有研究者自己的见解和创新，有些成果产生了较大的影响，有些成果被政府采用，转化为中国改革和发展的实践。

4. 质疑模式

有些学者在研究中国经济问题、数据或案例的过程中，发现相关的西方经济学理论解释不了中国经济的某个现象，或西方经济学的相关结论与中国实际事实不符，由此对西方经济学中的某种理论提出质疑，在此基础上重新阐释相关变量或经济现象之间的关系，得出新的结论。例如，有些中国学者通过研究中国经济问题发现，奥肯定律和菲利普斯曲线只在中国改革开放后的某个时期成立，大多时候不成立，这就需要对相关变量之间的关系和背后的影响因素进行重新研究和阐释。有中国学者在研究中国居民消费结构和消费增长的过程中发现，改革开放后，中国居民消费倾向和消费结构存在明显的代际差异，而这种代际差异是西方经济学中的各种消费函数理论假说解释不了的。有不少中国学者发现，2008年国际金融危机以来，中国的货币供应量（M2）增长与价格总水平（CPI）变化并不能验证米尔顿·弗里德曼的论断"通货膨胀在任何时候任何地方都是一种货币现象"，这些年中国经济中的M2在大多年份是超常增长的，但是CPI却是低增长的，有些年份甚至是负数。于是，有学者把这种用西方货币理论不能解释的现象称作"中国货币失踪之谜"或"M2与CPI因果之谜"。

5. 比较研究模式

一些中国学者在研究中国经济问题和经济理论时，对西方经济学和马克思主义政治经济学中的相关理论进行比较研究，再结合中国实际进行取舍和运用，在比较分析中得出新的有价值的结论，探索出新的发现、新的认识，这些比较分析的成果往往是与时俱进的。

笔者将这种应用模式称作比较研究模式。

中国人民大学的西方经济学教学科研团队一直坚持这种研究模式，也具有这方面的研究优势，从而形成了中国人民大学西方经济学研究的一大特色。从高鸿业先生一直到现在的中青年一代，都重视对西方经济学和马克思主义政治经济学相关理论进行比较研究，并结合中国实际进行比较分析。在比较研究中我们会有新的发现，会得出一些新的认识、新的判断。吴易风教授曾经主持过一个国家社科基金重点项目"马克思主义经济学与西方经济学比较研究"，该项目对西方经济学和马克思主义政治经济学两大理论体系的几乎所有重大理论问题都进行了比较分析，其成果后来以书名《马克思主义经济学与西方经济学比较研究》（共3卷）出版（中国人民大学出版社，2009年9月）。笔者在2017年第7期《中国社会科学》杂志上发表的《寻找供给侧结构性改革的理论源头》一文，就对西方经济学中的供给理论特别是萨伊定律，与马克思经典原著中的供给理论进行了比较分析。笔者发现，马克思和英法古典经济学都注重供给分析，都是供给侧经济学。马克思的劳动价值论就是从供给侧（生产过程）的视角来研究价值决定的；但是马克思认为生产关系既影响总供给，也影响总需求——人们在生产关系中的地位决定了他们在收入分配中的地位和收入的多寡，从而决定了有效需求，这个分析超越了古典经济学。笔者在2020年第3期《中国人民大学学报》上发表的《供给侧结构性改革、供给学派和里根经济学》一文，结合中国供给侧结构性改革进一步分析了我们今天如何看待马克思对萨伊定律的批判。萨伊定律否认生产过剩的经济危机的可能性当然是错误的，但是萨伊定律强调从长期来看，供给决定需求，供给是第一位的，这个思想是有道理、有价值的；一个经济发展的快慢，从长期来看，主要决定于总供给能力的高低。但是萨伊定律一般不适合短期分析，特别是在科学技术和生产力发展到一定阶段，短期的总需求增长往往跟不上总供给增长，这就出现了凯恩斯所说的有效需求不足从而非充分就业的情形。所以我们不能简单地引用马克思对萨伊定律的评价就全盘否定萨伊定律，也不能像美国供给学派那样认为萨伊定律都是真理。

上述五种研究模式各有其价值和长处。"套用模式"虽然用法简单，但是对于理解和掌握现代经济学中的某种理论和模型方法还是有帮助的。因为在"套用"之前，你必须熟悉它、正确理解它；在"套用"过程中，你肯定会加深对它的认识和理解；并且，这种理论和模型方法原本不是研究中国经济问题的，现在用来研究中国问题，也可能会有新的发现。

但是"套用模式"毕竟做法简单了些，尤其是在对中国相关经济问题观察、认识不到位的情况下就去"套用"，有可能是"盲目套用"，得出的结论有可能与中国实际"风牛马不相及"。

我认为其他四种应用模式都是值得提倡的、需要鼓励的。这四种模式需要研究者既懂西方经济学的相关理论和方法，又对中国经济中的相关问题有深入了解，并进行了认真思考。相对来说，使用"比较模式"的难度可能更大些，这种模式要求研究者既懂西方经济学，又懂马克思主义政治经济学、还要懂中国的经济实际，也可能是这个缘故，这种研究模式目前在中国学界不占优势。笔者认为，要创建中国特色社会主义经济学或中国经济学，这种研究模式是必要的，而且是重要的。在中国的制度背景下，研究中国的经济问题，不能没有马克思主义政治经济学的引领，不能不用马克思主义政治经济学的逻辑和方法。

现在大量的研究成果表明，中国经济学人现在不是单纯地接受和评价西方经济学中有价值的成果，而是更关注中国经济实际，更注重理论联系实际,更关注西方经济学在中国的适用性和有用性。

## 三、西方经济学对中国的影响

改革开放以来,西方经济学由引进、传播到用于中国经济研究,已经走过了40多年。在这个过程中,西方经济学对马克思主义政治经济学、对中国改革和发展产生过一些负面冲击,这些负面影响将在本部分后面论述。我们先来观察西方经济学在中国发展的积极影响。

### (一)西方经济学在中国发展的积极影响

西方经济学在中国的积极影响主要表现为对中国高校经济类学科课程体系和教学内容、中国学人的经济学知识结构、中国经济研究、中国发展规划和政策制定等产生了一系列影响,从而对中国的改革和发展产生了影响。

1. 改革和完善了中国经济学的教学结构和课程体系

中华人民共和国成立到改革开放前,我国高校的经济学课程只有政治经济学,当时中国人民大学、北京大学、复旦大学和武汉大学等少数大学虽然断断续续开设了"西方资产阶级经济学"讲座,那也只是供批判之用,并且所讲的内容只涉及凯恩斯主义、垄断经济学等部分西方经济学内容。改革开放以后我国不但系统地引进了文章开头所说的狭义的西方经济学,还系统引进了广义的西方经济学。一系列现代经济学课程的开设,使中国经济学学科的教学结构和课程体系发生了重大变化,大大缩小了中国经济学教学水平与西方发达国家的差距。

## 2. 引进了新理论新方法,提高了中国经济学的研究水平和研究能力

改革开放之初,中国经济学人还借用了苏联和东欧社会主义国家的一些经济学家提出的理论和方法。但是20世纪90年代以来,中国学者在经济研究中使用的很多新概念、新理论、新方法,几乎都来自西方经济学。这些年中国学者在国内外发表的大量论文和出版的大量著作中所使用的理论、数理模型和计量方法,几乎都是西方经济学家提出的,中国学者独立创建的只有极少数。即便如此,由于引进了现代经济学的积极成果,中国学人的研究范式很快融入了国际化,论著的写作风格得到了极大改善,学术水平获得了很大提高,特别是数理逻辑分析和计量分析能力获得了跨越式的增长。

## 3. 深化了对市场经济的认识

西方经济学和马克思主义政治经济学都是研究资本主义市场经济的,但是二者的视角和研究目的不同。马克思主义政治经济学把资本主义市场经济看做是一个暂时的、过渡的阶段;马克思主义政治经济学总体上从反面或者批判的视角来看待资本主义市场经济,从资本主义的基本矛盾中寻找这种制度走向灭亡的原因和被共产主义制度取代的必然趋势。我们从马克思的有关论述中不难发现资本主义市场经济的种种弊端甚至罪恶。而西方经济学从正面,也就是从崇尚和维护资本主义市场经济的视角来研究这种制度,它从正面论述了资本主义市场经济是如何配置资源的、如何运行的,资本主义市场经济有哪些优势、存在哪些问题。在这些论述中,不乏有为资本主义制度辩护的内容,但是其中的主要内容是论述市场经济的特点、资源配置方式、市场经济运行的机理、市场经济的发展趋势等。西方经济学在论述这些问题时,基本上不和资本主义制度联系在一起,因此,它论述的内容大多是市场经济的共性问题或一般性问题。

中国实行了近30年的计划经济体制,教训是深刻的;苏联和东

欧国家制度"变天"和经济失败，事实是残酷的；这些内部教训和外部冲击警示了中国人：必须重新审视西方资本主义经济制度，必须重新选择中国经济体制。邓小平同志经过观察和思考发现：计划和市场都是经济手段，计划多一点还是市场多一点，不是社会主义与资本主义的本质区别；社会主义的本质，是解放生产力，发展生产力，消灭剥削，消除两极分化，最终达到共同富裕；发展才是硬道理。这催促我们重新认识市场经济，结果发现，市场经济是一种资源配置体制，它不等于资本主义制度，社会主义制度也可以引入市场经济体制。

我国在改革开放后引入市场机制，实行市场化改革，特别是20世纪90年代初确定改革的目标是建设社会主义市场经济体制，此后我们对市场经济的认识不断深化，市场化改革不断深入推进。

4. 促进了中国的改革开放和经济发展

改革开放以来中国的许多改革举措，例如价格改革，产权制度改革，所有制改革，建立资本市场和劳动力市场，鼓励和支持民营经济发展，股份制改革，现代企业制度建设，放开农村劳动力向城市流动并合法化，完善生产要素市场，保护市场竞争、使市场在资源配置中起决定性作用等改革举措，在不同程度上借鉴了西方经济学，或受西方经济学的启发。特别是，我们在改革开放过程中，实际上接受了社会主义制度下也有资本，劳动力是商品的观念。

5. 促进了马克思主义政治经济学在中国的发展和现代化

可能有人会质疑：西方经济学怎么促进了马克思主义政治经济学在中国的发展和现代化呢？笔者的看法是，引进了西方经济学，使中国的政治经济学有了竞争对手，打破了"政治经济学＝中国经济学"的格局。学术竞争也是一种市场竞争，自然促进了或倒逼着我国经济学界在政治经济学研究上更加努力、更加注重创新。政治经济学为什么一度在中国学界被边缘化？恐怕既与西方经济学的冲击有关，也与传统的政治经济学自身发展不足、学术竞争力不强有关。引进西方经济学也促使政治经济学的研究模式发生了变化。一些西方经济学的概念范畴和研究方法也进入了政治经济学研究领域，特别是西方经济学中的一些模型方法、图解方法和计量方法也逐渐被政治经济学研究者接受和使用。这些年，越来越多的政治经济学研究者不再局限于批判和否定西方经济学，不再拘泥于马恩经典中的个别词句，也不再是只依靠引经据典来作为自己立论的依据，而是越来越多地面对现实，联系实际，积极回应新时代出现的新问题，应对西方经济学的挑战，从而认真研究西方经济学，吸收其有用成果，为中国社会主义现代化建设服务，为发展马克思主义政治经济学服务。在这个过程中，不少政治经济学研究者积极与研究西方经济学的研究者进行交流和沟通，以扩大自己的研究范围，提高政治经济学的研究水平。中国人民大学的政治经济学学科在全国一直处于领军地位，经济学院老一辈研究政治经济学的学者有不少是大先生、著名学者。这些年他们也关注西方经济学的发展动态，关注西方经济学家对政治经济学中的相关理论的看法。经济学院卫兴华老师、胡迺武老师、胡钧老师，他们在研究政治经济学的某个理论，或者研究中国的某个经济问题和经济政策过程中，有时候把我叫去，有时候叫他们的博士生来找我，询问西方经济学家在这个理论或某个问题上持什么观点，西方学者是怎么分析这个问题的，我持什么看法，等等。显然，这些老一辈学术名家这样做，是为了从多视角来分析问题，尽量避免认知的片面性和局限性，努力借鉴新知识新方法，不断提高研究水平和著述质量。所以，这几位先生到了人生暮年还不断有新成果发表。他们确实是我们永远学习的榜样！

笔者认为，一方面，研究政治经济学的学者也应看看西方经济学,这种开放式而不是封闭式的研究模式,吸收有价值的成果而不是盲目照搬,也不是不问青红皂白一概排斥的研究思路,有利于促进政治经济学研究的科学化和时代化。另一方面,这些年政治经济学在中国的复兴和发展,特别是习近平同志提出建设中国特色社会主义政治经济学的目标任务,推动了中国研究西方经济学的学者重视和研究政治经济学,在教学和科研活动中坚持以马克思主义为指导,把政治经济学的元素融入西方经济学教学和研究中,这又推动了中国高校政治经济学和西方经济学教学质量提高。

## (二) 西方经济学的一些概念和范畴已经成为中国经济学自主知识体系的内容

中国经济学界正在创建中国经济学的自主知识体系,这是一项伟大而复杂的系统工程。创建中国经济学自主知识体系肯定不能闭门造车,应当努力吸收人类文明的一切积极成果,从中国实际出发,以满足中国改革和发展的需要为目标。从西方经济学在中国发展的现状来看,西方经济学的一些概念和范畴经过中国学人的借用、改造和再阐释,事实上已经成为中国经济学自主知识体系的内容或话语了。以下是几个例子。

1. GDP 概念和核算方法

GDP（或 GNI）本是第二次世界大战后联合国开发的基于资本主义市场经济的国民经济核算体系（SNA）中的一个重要统计指标,是西方宏观经济学中的一个重要概念和变量指标。[1] GDP 核算原理

---

[1] 学界一般认为,SNA 的设计者和贡献者主要是英国著名经济学家约翰·理查德·尼古拉斯·斯通（John Richard Nicolas Stone, 1913—1991 年, 1984 年诺贝尔经济学奖获得者）和俄裔美国著名经济学家西蒙·史密斯·库兹涅茨（Simon Smith Kuznets, 1901—1985 年, 1971 年诺贝尔经济学奖获得者）。

来源于凯恩斯的《就业、利息和货币通论》的第六章"收入、储蓄和投资的定义"。GDP核算方法有三种，即生产法、收入法和支出法，其中的生产法还可以说和马克思劳动价值论有一定的关系，因为它是从价值形态观察一个经济体在一定时期（一年）的最终生产成果，它是所有常住单位在一定时期内生产的全部货物和服务价值超过同期投入的全部非固定资产货物和服务价值的差额，即所有常住单位的增加值之和。但是其中的收入法是来自西方经济学中的生产三要素论，也就是马克思所说的"斯密教条"，马克思认为生产三要素论是一种庸俗经济学的理论，因为这种理论不是从劳动创造价值的思路来说明商品价值形成的。而SNA中的支出法则是来自凯恩斯的有效需求原理。

1992年8月，中国国务院发布《关于实施新国民经济核算体系方案的通知》，正式采用SNA体系。中国国家统计局从1993年开始按SNA核算国内生产总值。今天，无论在中央和政府文件中，还是在经济学论文和媒体报道中，GDP或GNI都是一个常用的概念和指标。

但是GDP的核算原理如何与马克思的政治经济学对接还是一个有待研究的课题。

2. 资本市场和劳动力市场

"资本"和"资本市场"是西方经济学常用的概念。在西方经济学中，资本是一种生产要素，它的交易市场就是资本市场。在马克思主义政治经济学中，资本是一种雇佣劳动与资本家之间的经济关系（生产关系），"资本"概念与"剩余价值"、与"剥削""压迫"联系在一起，"资本"是资本主义制度的标志物。正是由于这个缘故，改革开放后相当长时间内，中国经济学界只使用"资金"和"资金市场"的提法，忌讳使用"资本"与"资本市场"概念，认为资本和资本市场是资本主义性质的，社会主义市场经济中不应该有"资本"与"资本市场"。

马克思在《资本论》中认为，劳动力成为商品是货币转化为资本的前提。因为劳动力成为商品就可以为资本在生产过程中创造剩余价值。从马克思的这个论断不难得出认识：劳动力商品是资本主义性质的，资本主义经济必须有劳动力市场。所以改革开放后很长一段时间里，中国学界回避使用"劳动力市场"这个概念，只用"劳务市场"的提法。在西方经济学看来，劳动力市场是市场经济中的四大要素市场之一。

1993年11月，党的十四届三中全会通过的《中共中央关于建立社会主义市场经济体制若干问题的决定》第一次使用了资本市场和劳动力市场的提法。此后，"资本市场"和"劳动力市场"就成为中国经济学自主知识体系中常用的两个概念。

不过，中国经济学人需要进一步思考：根据马克思的论述，劳动力成为商品的条件是因为工人失去了生产资料，工人除了自身劳动力外一无所有，所以只有把劳动力当作商品出卖才能维持生计。但是在中国社会主义市场经济中，劳动力市场上的劳动者是占有生产资料的，例如农民工拥有承包土地；工人和农民都是国家的主人，在法律上都是公有制生产资料的所有者。这表明中国社会主义市场经济中劳动力成为市场交易对象的条件与资本主义市场经济有根本的不同，我们该如何阐释中国社会主义市场经济中劳动力市场交易的前提条件和劳资关系呢？如何重新界定中国社会主义市场经济中劳动力商品这个概念呢？

3. 总需求的"三驾马车"

这是我国政府和学界在1998年应对东南亚金融危机对中国经济的冲击时提出来的概念。这是一个对西方经济学中的总需求概念进行了改造的中国式的经济学术语。中国经济学话语体系中所说的"三驾马车"是指消费、投资和净出口,其中消费和投资构成内需。西方宏观经济学中的总需求由四个部分构成:居民消费、企业投资、政府支出和净出口。我国的统计口径是把政府支出中的政府消费和居民消费合并在一起,把政府支出中的政府投资和企业投资合并在一起,所以总需求的四部分构成就变成了三部分构成。

4."经济主体的活力"

这是中央和国务院文件经常使用的一个概念。这里的经济主体是指微观层面上的单个消费者(居民户)和单个生产者(厂商或企业),还包括宏观经济层面的地方政府。西方经济学所说的经济主体只有单个消费者和单个生产者,没有地方政府。并且,西方经济学很少讨论如何激发经济主体的活力问题,因为经济主体的活力已经内含在经济人(理性人)假设中。西方经济学家往往只是在经济不景气时才讨论如何通过改革和政策调整来调动投资者和生产者的积极性。

5."公平有序竞争"

这是我们的中央文件和学界这些年经常使用的一个概念。这个概念强调的是经济活动中的竞争或市场竞争既要"公平"竞争,又要"有序"竞争;近两年中央又提出"防止资本无序扩张"。西方经济学中有公平竞争的概念,但是不经常用"有序竞争"的说法。我们之所以强调"有序竞争",是因为在经济体制转轨过程中,市场还不发达,竞争还不规范,监管还不到位,出现了许多恶性竞争和竞争导致的经济(市场)秩序混乱。

经济主体的活力和竞争水平是衡量一个经济体市场化水平和体制效率的两个重要指标或标准。

经济主体有活力,并且竞争公平有序,这个经济体的创业创新一定很活跃,资源配置一定有效率,经济一定是稳定持续发展的。

6. "更好发挥政府作用"

这是党的十八届三中全会提出的新观点。要不要政府干预经济活动,在西方经济学中一直存在争议,各经济学流派一直没有达成一致。我们提出"更好发挥政府作用",这是对西方经济学在政府与市场关系上的看法的一种超越。西方经济学中的新自由主义学派把政府与市场关系看作是对立的、不相容的,而我们的体制改革目标则是"使市场在资源配置中起决定性作用,更好发挥政府作用"。习近平总书记进一步提出:"在市场作用和政府作用的问题上,要讲辩证法、两点论,'看不见的手'和'看得见的手'都要用好"。① 这样看待和处理市场与政府关系,体现了中国社会主义制度的特色和优势。习近平总书记在主持十八届中央政治局第十五次集体学习时发表的讲话强调:"使市场在资源配置中起决定性作用和更好发挥政府作用,二者是有机统一的,不是相互否定的,不能把二者割裂开来、对立起来,既不能用市场在资源配置中的决定性作用取代甚至否定政府作用,也不能用更好发挥政府作用取代甚至否定使市场在资源配置中起决定性作用。"② 这意味着我们要同时用好这"两只手"。

为了实现"更好发挥政府作用",这些年我国推进了一系列政治体制和行政体制改革,加快建立"服务型政府"的步伐。"服务型政府"与西方经济学中的"小政府"、"'守夜人'政府"和"有限政府"也有很大区别。更重要的是,中央又提出"国家治理能力现代化"的改革思路。

## (三)西方经济学对中国主流观念的冲击和负面影响

我们必须看到,引进西方经济学也带来了一些观念冲击甚至副

---

①② 2014年5月26日习近平总书记在主持十八届中央政治局第十五次集体学习时的讲话. 人民日报,2014-05-27.

作用，这一点我们不能否认。我们不能说引进西方经济学带来的全部都是正面的影响和积极的成果。笔者认为，引进西方经济学产生的副作用可能有以下几方面。

一是在对外开放和引进西方经济学的过程中不可避免地夹带着私有化和政治自由化的观念。西方经济学研究的是资本主义私有制经济，是资本主义社会制度下的市场经济，资本主义市场经济的主要特征事实是私有产权、个人自主选择、自由竞争市场和市场配置资源，我们引进西方经济学的同时也就带入了私有产权理论、市场（机制）原理、竞争提高效率的理念，也同时输入了私有化和政治自由化意识。如何正确看待和处理这方面的影响？这是一个不可回避的重要的理论问题和实践问题。我国的基本经济制度是公有制为主体、多种所有制共同发展，这意味着我们的经济制度是包含有私有制的，我们的经济是有私有成分的，问题的关键是我们如何处理好公有经济与非公经济的关系，如何真正实现公有制为主体、多种所有制共同发展。社会主义市场经济体制是我国基本经济体制的内容之一，市场经济的底色就是个人自由选择和市场自由竞争，这就需要我们处理好经济自由与政治自由的关系，正确区分"自由"和"自由化"。

二是冲击了政治经济学的某些理论观点和研究方法。政治经济学中的一些理论和观点，原来是作为定论被学术界普遍接受的，很长时间是无人质疑或不敢质疑的。引进了西方经济学以后，一些理论观点可能遇到了挑战，引发了我们专业研究者的再思考。例如，关于经济中的失业问题。马克思认为，失业是资本主义制度的必然伴侣，因为技术进步会提高资本有机构成，可变资本占比下降会导致就业增长落后于资本积累增长；而大规模产业后备军的存在为资本主义制度灭亡准备了掘墓人。但是西方经济学认为，经济运行中存在一定量的失业是正常的、是自然的，因为摩擦失业和自愿失业是无法消除的，也没有必要消除，因为市场经济过程是一个优胜劣汰、新陈代谢的过程，新企业随时会诞生，而要想创办新企业，市场上必须有随时待雇的劳动力，所以西方经济学中有"自然失业率"、"正常失业率"或"充分就业的失业率"的概念。我们还应该看到，马克思所说的技术进步引起资本有机构成变化从而引发失业增加，指的是现有行业的资本有机构成变化的就业效应，但是技术进步或新技术的应用会创造新的行业、新的投资和新的就业机会，这样一来，技术进步的总就业（原有行业和新兴行业就业之和）效应不一定就是减少总就业量。这就需要我们对马克思主义政治经济学中的失业理论做进一步的探索和发展。关于价值（价格）理论，马克思认为，商品价值由抽象劳动决定，价格围绕其价值上下波动；通过行业（产业）间竞争，剩余价值转化为平均利润，价值转化为生产价格，商品价格就围绕其生产价格上下波动。但是在现实市场经济中，一种商品的价格是由其供求双方的力量相互作用决定的，抽象劳动决定价值只是价值或价格决定的供给方力量或因素；马克思注意到、也论述了价格波动或价格偏离其价值是受供求力量影响的结果，但是马克思并没有进一步说明对商品的需求由什么因素决定。这就需要我们进一步发展和完善马克思主义政治经济学中的价值（价格）理论。

三是个人主义与集体主义、自利与奉献（利己与利他）的冲突造成了中国现阶段国民价值观和理想追求的分化。西方经济学的方法论主要是个人主义方法论，中国是中国共产党领导下的社会主义制度，我们奉行的是集体主义，我们长期倡导的是集体主义观念。西方经济学是从经济人假设出发的，经济人的动机是自利的，是追求自身利益最大化的，这和我们一直强调的奉献精神、为人民服务的主流意识形态是有抵触的。这就在现阶段造成了价值观或理想信念的分化。但是在建设和发展社会主义市场经济体制过程中，必须尊重和保护个人利益，必须尊重和保护个人在合法合理范围内的自利动机和自利行为，不能一概否定个人的自利动机和自利行为。如何在中国经济学建设中处理好个人主义方法论与集体主义方法论的关系，如何处理好个人追求自身利益与促进社会利益的关系，如何将个人的经济努力变成私人收益率接近社会收益率的活动，这是需要我们进一步研究探讨并转化为实践的重要课题。

四是对中国经济学研究带来的负面影响。目前在中国经济学研究中，由于受西方经济学研究范式的影响，出现了四多四少的现象：一是分析具体、细小的问题多，思考大的、基本问题的少；二是数量、模型分析多，理论逻辑分析少；三是借（套）用西方经济学的多，结合中国实际进行创新的少；四是掌握模型方法（统计软件）的多，懂模型方法，懂经济史、经济思想史的少。有些文章使用的是复杂的数理模型和计量方法，使用的数据也是大数据，但是研究的却是一个人人皆知的常识性问题，甚至是既没有理论意义也没有实际价值的问题。例如，有文章"发现"：城镇居民有产权房能够提高其幸福感；有文章研究"银行行长面部宽高比对银行绩效的影响"。

## 四、新时代我们如何对待西方经济学

我们已经跨入了实现高质量发展的新时代。在这个新时代，我们如何正确地对待西方经济学？这是中华人民共和国成立以来，特别是改革开放以来我国学术界长期讨论的一个话题。今天重提这个话题，是因为近几年我们理论的风向似乎有所转变，比如有人说西方经济学不应该随着改革开放引入到中国来，引入西方经济学导致了马克思主义政治经济学被边缘化。有人认为目前中国经济社会中的一些乱象诸如假冒伪劣、行贿受贿、无序竞争等等就是西方经济学带来的。还有人说，与古典经济学相比，现代西方经济学不但没有科学性，反而更加庸俗化了。网络平台上有人说西方经济学教材就是毒教材，有百害而无一利。

笔者在改革开放后的不同时期都讨论过"如何对待西方经济学"的问题，阐述了笔者的看法，有兴趣的读者可以参考笔者的相关文章[①]，也欢迎学界同人与笔者商榷讨论。

关于"如何对待西方经济学"，这里我谈三点认识。

（1）西方经济学不是产生和成长于中国土壤的，不是为分析和解决中国经济问题而形成的。这一点我们必须要有清醒的认识。有了这个认识，我们就有了对待西方经济学的底线：我们不能把西方经济学原封不动地拿来套用到中国，认为依靠西方经济学的理论和政策就能解决中国的经济问题。

（2）西方经济学包含有资本主义主流意识形态成分，其主要目的是维护资本主义制度和资本主义经济发展，但它也是市场经济学，是在资本主义制度不变或既定的前提下阐释市场经济一般的经济学体系。我们可以摒弃其意识形态成分，借鉴其市场经济研究的一般性成果。

（3）作为一种发展中的理论体系，西方经济学有其自身的许多问题，既有大的问题也有小的问题，一些西方经济学家自己也承认，（西方）经济学有许多麻烦和困惑，既有技术上的问题，也有理论逻

---

① 方福前．西方经济学课程教学中的几个问题．中国大学教学，2005（9）：13-15．方福前．新时期的西方经济学如何"中国化"．学术月刊，2006（3）：80-84．方福前，徐丽芳．把握西方经济学的发展，促进西方经济学"中国化"——方福前教授访谈．学术月刊，2007（10）：156-160．方福前．引进西方经济学40年．教学与研究，2018（12）：67-79．方福前．论建设中国特色社会主义政治经济学为何和如何借用西方经济学．经济研究，2019（5）：16-29．方福前．新时代借用西方经济学的几个重大理论问题．管理世界，2020（9）：18-25．方福前．西方经济学与中国经济学的创建．教学与研究，2020（6）：29-40．

辑上的问题，还有适用性的问题。

借用西方经济学，笔者认为，要坚持两个基本原则：一是学习和借用西方经济学中对我们理解经济现象和经济发展趋势、研究中国经济问题、制定经济政策有用和有价值的内容，而不是不加分析、不加鉴别地盲目照搬照套。二是我们研究和借鉴西方经济学的目的是为发展繁荣中国经济和中国经济学服务。我们研究西方经济学并不是要拜倒在西方经济学的脚下，也不是要把我们中国变成某些西方国家的附庸或马仔。中国有自己悠久的历史文化，有伟大的中华文明，有世界第一大经济体和第一大高度发展繁荣国家的历史记录，我们要建立适合中国国情和中国实际需要的经济体制和发展模式。我们引进西方经济学的目的，是为了促进中国的经济建设和经济发展，是为了促进中国经济学的体系的形成和构建。

他山之石，可以攻玉。学习和借用一切人类文明的积极成果，补我们自身的"短板"，丰富我们的自然科学和社会科学知识，强化我们自身，加快中国式现代化的进程，应当是我们的正确选择。这样可以节省我们的"追赶"成本，缩短我们的"追赶"过程。如果拒绝一切外来可能难有更好的未来，个人和国家都是如此。

列宁在十月革命后曾经说过："已经夺到政权的工人阶级……给自己提出的任务是要把资本主义所积累的一切最丰富的、历史上是我们必需的全部文化、知识和技术，由资本主义的工具变成社会主义的工具。"[①] 今天我们重温列宁这段话很有必要。显然，列宁这段话并没说只要资本主义的技术，要排斥和否定资本主义文化和知识。习近平同志多次阐释过对待西方经济学的态度。习近平同志明确提出，创建中国特色社会主义政治经济学需要借鉴西方经济学。

---

① 列宁. 列宁全集：第27卷. 北京：人民出版社，1958：386.

他说:"坚持和发展中国特色社会主义政治经济学,要以马克思主义政治经济学为指导,总结和提炼我国改革开放和社会主义现代化建设的伟大实践经验,同时借鉴西方经济学的有益成分。"① 习近平认为,发展和繁荣中国的哲学社会科学也需要利用好外国哲学社会科学的资源。他指出:"哲学社会科学的现实形态,是古往今来各种知识、观念、理论、方法等融通生成的结果。我们要善于融通古今中外各种资源,特别是要把握好3方面资源。一是马克思主义的资源,包括马克思主义基本原理,马克思主义中国化形成的成果及其文化形态,如党的理论和路线方针政策,中国特色社会主义道路、理论体系、制度,中国经济、政治、法律、文化、社会、生态、外交、国防、党建等领域形成的哲学社会科学思想和成果。这是中国特色哲学社会科学的主体内容,也是中国特色哲学社会科学发展的最大增量。二是中华优秀传统文化的资源,这是中国特色哲学社会科学发展十分宝贵、不可多得的资源。三是国外哲学社会科学的资源,包括世界所有国家哲学社会科学取得的积极成果,这可以成为中国特色哲学社会科学的有益滋养。要坚持古为今用、洋为中用,融通各种资源,不断推进知识创新、理论创新、方法创新。"②

今天我们应该重温列宁和习近平同志的这些论述,在坚持马克思主义,密切联系中国和世界实际的同时,正确地对待西方经济学,吸收其积极成果,促进中国经济学自主知识体系的形成,加快推进中国改革开放和社会主义现代化建设,早日实现中华民族伟大复兴。

---

① 习近平2016年7月8日在主持召开的经济形势专家座谈会上的讲话. 人民日报, 2016 – 07 – 09.
② 习近平2016年5月17日在哲学社会科学工作座谈会上的讲话. 人民日报, 2016 – 05 – 19.

# 世界经济学科的源流与发展*

佟家栋

## 一、1949 年以后世界经济学科的发展

1949 年 10 月 1 日，中华人民共和国成立，标志着一个以马克思列宁主义为指导思想的社会主义国家的建立。中国共产党明确指出，要沿着马克思、列宁主义社会主义代替资本主义社会的思想，着手社会主义的建设。首先，中国学者沿着马克思的《政治经济学手稿》（1857—1858）的思路，研究中国作为一个世界历史上不同于西方资本主义的"亚细亚生产方式"探讨中国的特殊性，并以特殊与一般为出发点，研究中国融入世界的问题（吴大琨，中国人民大学）。其次，马克思主义学者沿着列宁《帝国主义是资本主义的最高阶段》、斯大林"两个体系"的理论，逐步加深、扩大对资本主义世界的研究（陶继侃等，南开大学）。这时的研究主要有两条基本线索：一是

---

\* 作者：佟家栋，南开大学原副校长、南开大学经济学院讲席教授，世界经济学会前副会长，欧洲学会副会长。

根据马克思对亚细亚生产方式的论断，指出社会主义制度在中国的建立必须经历一个过渡阶段，从而提出了由旧民主主义革命向新民主主义革命阶段的过渡，然后才是社会主义革命。其次，根据世界上第一个社会主义国家苏联的经验，在帝国主义封锁的外部环境下，实行"一边倒"的开放战略，在斯大林两大体系、两个市场的思想指导下，加入社会主义阵营的计划经济体系。因此，这个阶段以中国人民大学的吴大琨教授等为代表的延安精神的继承者与以社会主义实践派胡乔木为代表的学者开始了关于新中国在世界生存的理论依据的研究。他们注意到，应承认中国在资本主义发展尚未成熟、科学技术还相当落后的条件下建设社会主义的现实，同时在接受马克思主义的基础上，思考中国如何融入世界的问题。[①] 1958年在中国人民大学成立了世界经济教研室。

## 二、1964年以后世界经济学科的发展

随着国际形势的发展和对外交往逐步多元化，1963年毛泽东主席和周恩来总理批示，要加强对世界经济的研究。1964年5月19日，中国科学院世界经济研究所正式成立。1964年国家在各重点高校也分别部署了世界经济研究的领域，包括：复旦大学主要研究欧洲各国经济与社会，武汉大学主要研究美国经济与社会，南开大学主要研究大洋洲经济（包括澳大利亚、新西兰即大洋洲岛国），北京大学主要研究非洲及发展中国家，吉林大学主要研究日本经济，辽宁大学主要研究苏联东欧国家等等，形成了世界经济的国别研究和

---

① "我始终认为，马克思的亚细亚生产方式，不仅是一个关系到建设中国特色社会主义的问题，也是一个关系到世界历史和整个第三世界历史的课题。"吴大琨自选集．北京：中国人民大学出版社，2007．

区域研究的布局。这时候对世界经济的研究主要是各主要国家经济、政治、社会、历史等专题研究，以便服务于国家制定有针对性的政策。当然，国内关于世界经济的研究不仅局限在科研部门和高等院校，外交部（外交学院）、中联部（国际关系学院）等也从事一些有针对性的研究工作。

## 三、1978年改革开放以后的世界经济学科

### （一）世界经济学的研究对象

改革开放极大地调动了中国参与和融入世界经济、政治的热情，也调动了学者们的研究热情，他们对世界经济的研究进入了长达20多年的"黄金发展期"。1978年，钱俊瑞出任中国社会科学院世界经济研究所所长，领导制订了《1978—1985年全国世界经济学科发展规划草案》。1979年7月，在全国世界经济学科规划会议的开幕词中，钱俊瑞特别指出："我们要以无产阶级的科学精神和革命勇气，大胆地去创建和发展世界经济学这门学科。"自此开始，世界经济学界围绕世界经济学的概念、范畴、对象、体系和研究方法，以及世界经济的基本原理和基本规律等展开了长时间深入的讨论，撰写了大量的论文和著作。当时的主要代表人物有钱俊瑞、陶大镛、滕维藻、褚葆一、仇启华、浦山、陶继侃、李琮、薛敬孝、熊性美、庄宗明等。

钱俊瑞认为，世界经济作为一个历史范畴是人类社会发展的必然结果，是资本主义生产方式的产物，然而世界经济的基本要素（如国际交换、国际分工、世界市场、世界货币等）的形成又是资本主义生产方式得以确立的前提。

陶大镛进一步提出，应区分"国际经济"与"世界经济"的含义。他指出："国际经济是指相互依存的各个国民经济间的经济关系，它超越了国民经济的界限，只要一个国家与别国发生经济交往，只要各个国民经济之间发生经济联系，就构成国际经济关系。而世界经济通常是包括各个国民经济以及诸国民经济之间的关系，其具有全球规模的经济结构，它不仅超越了国界，而且把各个独立的国民经济结合为一个统一的整体。所以，世界经济不同于国际经济，它是一种更高形态的国际经济关系，是在各个国民经济及其组成部分基础上结合起来的一种全球规模的经济体系。"这种观点实际上将世界经济学的研究对象与国际经济的研究对象区别开来了。

褚葆一、张幼文的观点也有一定的代表性。他们认为：世界经济是由几种不同类型的社会生产方式所构成的"复合型社会生产方式"，是在主权国家干预下人们的生产、分配、交换、消费的全过程，是基本由各国再生产过程的外部联系所构成的"二次再生产过程"，是由不同发展水平国家与国家之间组成的一个相互联系、相互依赖的共同运动的有机整体。

徐采果在研究这些著名学者的观点之后，得出的认识是：世界经济是一个凌驾于各国经济之上的，并由各国经济相互联系而构成的有机的统一整体。这个整体是一个以自身的物质生产力为基础而不断再生产运动的体系。

在界定世界经济学的研究对象时，学者们有许多不同的观点和认识。

钱俊瑞指出，"马克思把构成世界市场要素的国际分工、国际交换等称为生产的国际关系"。20世纪70年代末80年代初，韩世隆发表了一系列论文，论述世界经济学的研究对象。他指出，"世界经济基于社会生产力的发展，生产的国际化、国际分工与世界市场的形成与发展，各个国家、国家集团之间通过商品、货币、资本的流通，劳动力的转移和技术转让等错综交织形成的各种类型的国际经济关系构成世界经济的总体框架与脉络组织。"他特别指出，"马克思主义世界经济学的研究对象应该是广义国际生产关系。"

另外一位世界经济理论研究的代表性学者是中国社会科学院的李琮教授。他认为："世界经济学的研究对象是世界经济的整体。世界经济之所以是一个由各国国民经济所组成，而又超越国民经济的世界经济整体，是因为随着生产力的发展，再生产过程超越各国国界，在世界范围内展开的结果。世界范围的再生产包括世界物质资料再生产和国际关系再生产。世界经济学的重点研究对象是国际生产关系。"因此，在李琮教授那里，既将世界经济学的研究对象及其关系说清楚了，又区分出研究对象的重点。

国内一些年轻的学者也参与了关于世界经济研究对象的研究。连平认为，世界经济的研究对象应该是全球性经济的运动、变化和发展的规律，具有三个特征：（1）全球性。世界经济所研究的必须是全球性经济的运动、变化的内在规律。（2）高层次。全球性经济问题具有一个多层次结构，如世界经济的概念、结构和规律等属于第一层次；第二层次则包括世界再生产的各个环节及其相互联系；世界部门经济和世界工业经济、世界农业经济和世界商业经济等可以说是第三层次，而世界能源问题、世界人口和粮食问题等层次更低。世界经济学主要研究第一、二层次的问题。（3）理论性。世界经济学所着力研究的是世界经济中最基本和重大的全球性问题，论证和分析世界经济的时空、运动和规律以及世界再生产运动，因而它不能不具有较强的理论性。张幼文是当时研究世界经济研究对象的另外一位年轻学者，他指出，世界经济的研究对象是关于经济全球经济运行机制和规律，从而将经济全球化与世界经济学的研究对象联系起来了。

## （二）世界经济研究内容的不断扩展与深化

在世界经济学的内容设计上，中国的学者也做了大量的研究。早期的研究主要集中在专题研究方面。南开大学以陶继侃、易梦虹、张士元、姜春明为主编的团队，以《战后帝国主义经济几个问题》（1975 年）为书名，于 1978 年出版了世界经济研究的教科书（1984 年在天津人民出版社出版了《世界经济概论》）。其中比较深入地讨论了当代资本主义国家生产力发展与科技革命的发展、国际分工、国际市场、国际贸易、西欧共同市场、以美元为中心的资本主义货币体系的瓦解、资本主义国家的通货膨胀、资本主义的经济增长与经济危机、国家垄断资本主义的经济干预政策等等。1983 年，钱俊瑞主编的《世界经济概论》上下册出版，对当代世界经济基本理论问题进行了系统论述，形成了以马克思主义为指导的世界经济学理论体系的初步框架。据欧阳向英在她总结钱俊瑞的观点时所说："世界经济学科体系的形成有一个过程，要不断完善。第一，要分析商品、货币和资本在世界范围内运动的形式和实质；第二，要分析社会主义生产方式在不同国家和民族实现的具体道路和形式，它的不同动向，同时要研究它同世界其他部分的经济关系；第三，要研究发展中国家的经济发展方向和道路，以及它们与发达资本主义国家和社会主义国家的经济关系；第四，纵观世界经济的总体，并且科学地预测它的未来。钱俊瑞认为，从上述各点出发，世界经济的重点课题应至少包括下列几个方面：（1）对世界市场、世界经济形成和发展过程做历史考察；（2）社会主义国家和资本主义国家在经济领域内相互斗争和相互依存关系的表现形式及其运动规律；（3）社会主义国家建设社会主义的道路和形式的比较研究；（4）对当代资本主义发展的特点，如国家垄断资本主义、生产周期（包括长波论）、工人阶级贫困化、社会结构等问题的研究；（5）战后发达资本主义国家之间、发达资本主义国家与发展中国家之间、发展中国家相互之间的发展不平衡性及其表现形态和规律；（6）国际贸易、国际货币金融制度和国际资本组织的运动形态和规律；（7）经济一体化，区域经济和集团经济的性质、发展趋势和影响；（8）民族主义国家发展民族经济的道路及其发展方向；（9）科技革命和世界经济的关系及其发展趋势；（10）发展中国家为建立国际经济新秩序进行的斗争。

著名经济学家陶大镛也指出，世界经济应该重点研究以下几个问题：世界经济的形成和发展；社会主义与资本主义两大体系在经济领域内的对立和斗争及其相互依存的经济联系；现代垄断资本主义经济发展的基本趋势及其新特征；资本主义世界经济结构中的新变化；帝国主义国家在国际贸易领域的斗争；战后资本主义世界货币体系的建立及其危机；战后资本主义世界经济危机的发展及其特点；发展中国家经济发展的动向及其在世界经济中的地位；世界社会主义经济体系的发展；世界经济发展的前途等等。总之，学者们看到当代世界经济问题的特征是明显的，关键是如何认识这些问题，总结它们的发展规律及其本质特征。

苏绍智、郑伟民认为，世界经济学应该重点研究对两大经济体系和不同阵营的经济关系。韩世隆认为，世界经济体系可分为五大部分：世界经济史；当代世界经济与现状；世界经济展望与预测；世界经济政策与学说；世界经济的基本原理。储玉坤认为，世界经济学体系应该包括世界经济的理论体系问题；生产力对于世界经济发展的作用问题；足以影响世界经济发展前途的几个具有世界性的重大问题，如关于人口、粮食、科技、原料（包括能源）以及污染等同世界经济发展有密切关系的世界性的问题；世界经济量化研究；国际法规与国际管理；等等。20世纪80年代末，由仇启华主编、毛榕芳副主编的《世界经济学》出版。该书以勾画世界经济实力的整体格局和国际关系为基础，突出世界经济学本身的特点、内容。褚葆一、张幼文合作的《世界经济学原理》从马克思资本论的体系出发，研究当代世界经济的生产和再生产过程，试图阐述世界经济的发展规律，延续马克思主义在世界经济学领域的分析框架。

### （三）20世纪80年代中后期的世界经济研究

不仅如此，在研究世界经济学、国际经济关系的同时，学者们对各主要资本主义国家和地区的研究也进入了不断丰富和细化的阶段。具有代表性的有中国社会科学院美国所的著名专家陈宝森先生，他的《美国经济与政府政策——从罗斯福到里根》将美国经济的运行、美国经济的发展以及国家垄断资本主义在美国的矛盾揭示得淋漓尽致。罗志如、厉以宁先生所著的《二十世纪的英国经济："英国病"研究》（2013年）将日趋衰落的英国经济的发展脉络阐释得非常清楚；易梦虹等著的《西欧共同市场》将中国自20世纪70年代中期以来关注的欧洲共同体（后来的欧洲经济与货币联盟）言简意赅地讨论清楚了。后来复旦大学的几位学者如伍贻康、戴炳然等对欧洲共同体的研究，北京大学对发展中国家的研究，吉林大学池元吉先生的团队对日本经济的研究，辽宁大学冯顺华教授团队对苏联、东欧经济及其市场经济转型的研究，等等，对世界经济的研究都做出了历史性贡献。

这个阶段也可以说是"世界经济学研究的黄金时代"。在世界经济研究领域，知名的学者非常多，包括钱俊瑞、滕维藻、陶大镛、吴大琨、陶继侃、洪文达、李琮、熊性美、郭吴新、池元吉、杜厚文、滕茂桐、韩世隆、徐达森、陈乐民、薛敬孝、邬宁耕等等。他们从多个方面对世界经济学的理论研究，特别是对世界经济学中各个专题的研究做出了显著的理论贡献。

进入20世纪90年代，世界经济学研究在借鉴西方经济学的基础上，将世界经济学的研究进一步细化，提出对世界经济学按照基础理论、微观、中观、宏观经济学的内容进行划分。

20世纪90年代到21世纪初，对世界经济学的研究达到新的高度。2000年，李琮主编的《世界经济学新编》由经济科学出版社出版。该新编更具历史特征，从国际分工—世界经济运行—经济全球化—可持续发展这样一条纵向线索展开对世界经济的阐述和概括。庄宗明主编的《世界经济学》将世界经济学分为三编，第一编研究世界市场经济的一般规律，第二编研究世界经济运动的一般规律，第三编研究国际经济关系协调与和谐世界的建立，这样将世界经济学一般规律的研究与国际关系的研究有机结合起来。季铸在他主编的教科书《世界经济导论》中按照增长与发展、经济全球化、经济增长轨迹、波动与周期、经济结构、社会经济形态、经济机制、制度与模式、经济治理、世界生产、消除贫困、金融、贸易、消费、人口问题和可持续发展等构建了自己的世界经济学研究体系。

在世界经济学研究中，还必须提及一位著名的学者，就是毕业于哈佛大学、曾经与克莱因同窗的浦山先生。在对西方经济学进行反思的基础上，浦山对对社会主义市场经济进行了探索，并证明了其优越性。他特别重视垄断资本主义经济与社会主义经济的比较研究，指出了社会主义制度的优越性，同时，他也明确提出要借鉴西方经济学中定量分析与定性分析相互补充的关系，试图在中国建立规范经济学的研究范式，推动中国经济学向更加科学合理的方向发展。

## （四）21世纪初世界经济研究面临的挑战

21世纪初期以后，西方经济学逐步被引入中国的本科教学体系，各高等院校从学科建设的角度出发，逐步按照西方体系的国际经济学、国际贸易学、国际金融学、国际投资与金融等学科领域安排学科及其课程体系。马克思主义世界经济及其相应的教学内容成为整个学科体系中的一个部分，与西方经济学课程体系相并行。由此而带来的严峻挑战是：世界经济学科作为理论经济学的一个重要分支该向何处去？一些学者仍然坚持，伴随经济的全球化，全球乃至世界经济越来越作为一个不可分割的整体来发展，人类面对的共同挑战和问题也日趋突出，在经济全球化广泛深入发展的今天，世界经济学越来越具有现实意义。因此，世界经济学应该延续、重建，从而在经济全球化背景下发现和展示其运行和发展的规律。一些学者，包括张幼文、程伟、雷达、李向阳、佟家栋、李晓、贺力平、张二震、孙杰、徐康宁等仍然坚持重建世界经济学。

现实中，将理论经济学和应用经济学作为学科划分标准。与此相适应，将政治经济学，西方经济学，经济思想史，经济学说史，世界经济，人口、资源与环境作为理论经济学的六大二级学科。在应用经济学科领域有国际贸易学、金融学（保险学）、财政学、国民经济学、统计学、劳动经济学、产业经济学、区域经济学、数量经济学、统计学等。相应地，原有世界经济学的不同内容也分列在理论经济学和应用经济学中，客观上弱化了对世界经济学的理论研究。特别是，学科地位上，世界经济学只是作为理论经济学的一个分支，而西方经济学及其学科体系日益成为学科发展的主流。因此，进入21世纪以后，世界经济学研究面临诸多挑战。

实际上，自20世纪80年代中期以后，伴随着比较利益理论在对外开放理论中基础地位的确立，对世界经济的研究转向了以学科为基础的一系列研究。这些研究包括：国际贸易（包括对比较优势、国际分工、贸易与增长、贸易与就业等的研究）、国际金融（包括对人民币汇率、美元霸权、欧元、国际货币体系、最佳货币区、人民币国际化等问题的研究）、国际资本移动（包括对间接资本流动、直接资本移动、跨国公司的经营战略等的研究）、经济全球化与逆全球化、开放经济理论与政策（中国复关与加入WTO）。这些既与西方经济学理论和学科划分密切相关，也与学科队伍建设、经济学特别是国际经济学与开放经济体系建设有密切关系。学者们很自然地沿着这样一个研究方向进展下去。

沿着学科方向的世界经济领域研究形成了国际贸易古典、新古典理论的研究，国际贸易新理论、新-新贸易理论的研究，全球价值链和生产链的研究，国际贸易制度体系的研究等等。在国际金融领域，则形成了沿着最佳货币区理论、量化宽松货币政策及其影响、金融风险（包括系统性金融风险）与国际金融危机的研究、金融市场分析与预测等等。在国际投资领域，则形成了沿着国际投资与跨国公司问题的研究，围绕跨国公司战略管理、跨国公司与全球价值链等方面展开。在国际经济或全球经济的衰退与增长方面，则沿着如何抑平经济波动，如何有效采取内外平衡的财政政策、货币政策和汇率政策，如何解决人类共同面临的能源问题、污染问题与可持续发展问题、区域化与国际化问题，全球价值链、产业链重组问题等等展开。总之，世界经济研究进入以学科研究为主，专题、国别与地区研究为辅的阶段。

## 四、世界经济学的研究方法

### （一）马克思主义辩证唯物主义和历史唯物主义相统一的方法

早期国内对世界经济的研究方法就是马克思主义研究政治经

学的方法。主要体现在：（1）将辩证唯物主义和历史唯物主义结合起来看待和分析世界经济。在马克思主义看来，世界经济的发展过程是在矛盾的对立统一中发展，从而不断地演进，形成了由自由资本主义向垄断资本主义，再向国家垄断资本主义的演进过程。世界经济的发展就是在这种内在的生产与市场的矛盾中不断使资本主义发展、升级和被新的社会经济制度所替代。而这样一个辩证的否定之否定过程，就是资本主义世界的历史发展过程。（2）历史和逻辑相统一的方法。在马克思主义看来，理论的逻辑推演过程与经济现象的历史发展过程存在着自然的统一。按照这样一个统一的观点研究世界经济也同样是对的。纵观世界经济产生、发展和逐步一体化的过程，也是马克思主义认识世界的基本逻辑。（3）演绎推理与归纳推理相结合的方法。在马克思主义看来，对世界经济的认识必须有一个从现实上升到理论推演的过程，否则就缺乏有力的理论说明或论证。同时，马克思在分析资本主义生产过程的同时，用大量的事实考察、研究了英国工场手工业的劳动过程，也借鉴了亚当·斯密等古典经济学学者的一些例证，阐述资本主义工场手工业的分工效率、劳动者受剥削的情况，以及在大量剩余价值存在的条件下资本主义生产与市场的矛盾，进而决定了资本主义必然会形成世界市场。这些演绎推理和归纳推理相结合构成了马克思主义政治经济学研究，乃至推演到国际价值、国际市场等世界经济的分析过程。国内的学者基本延续了这样一种基本方法。其中最有代表性的学者是褚葆一和张幼文，他们在《世界经济学》的专著中，沿着马克思《资本论》的基本理论，根据《1844年经济学哲学手稿》的思路，展开了他们对世界经济的研究，尝试在马克思《资本论》理论体系的基础上建立世界经济理论。20世纪90年代以前的世界经济学研究者也多沿着马克思主义的基本研究方法展开自己的研究。

实际上，20世纪70年代末以来，几乎所有世界经济学的研究者或专家都是在坚持马克思主义立场、观点和方法的基础上开展研究工作的。钱俊瑞最早提出，世界经济研究要与政治经济学的基础理论研究相结合。余永定在总结世界经济研究方法论方面，将学者们的观点分成两派：一派是参照马克思主义理论演绎出资本主义经济的基本矛盾，从而被新的社会制度所代替的必然性；另一派则是从归纳推理的角度，对世界经济现象进行概括和总结。这两派所使用的世界经济的研究方法都是源自马克思《资本论》从第一卷到第三卷的研究方法。但各位学者的研究侧重点有所不同。因此，在世界经济学研究，乃至国际经济问题研究、国别经济研究方面，这一阶段世界经济学研究的基本特色是：在将马克思主义的辩证唯物主义和历史唯物主义相结合的基础上，将演绎推理和归纳推理相结合，注重历史和逻辑的统一。

## （二）20世纪90年代以后世界经济、国际经济的研究方法

进入20世纪90年代以后，西方经济学的研究方法逐步传到中国，年轻学者们认为，西方在定性分析基础上的定量分析才对研究对象有更精确的说服力。因此，后续对国际经济问题、中国对外开放问题的研究论文，乃至专著都模仿近乎统一的论文阐述架构，即，理论假定、理论基本模型、理论扩展模型、实证分析、检验、结论。

邬家培是较早提出要用世界经济模型来预测世界经济发展状况的著名学者。他认为，我国世界经济工作者以往的研究往往采取定性分析方法，而许多国家和国际组织都是运用经济模型的定量方法。两类方法并不互相排斥，完全可以结合起来加以使用。他还特别指出了世界经济研究的建模思路，主要包括两种：第一种是直接用世界经济资料编制全球模型，但这种世界经济模型往往是比较粗略的，

仅局限在对人口、能源、资源、环境等几个因素的分析上；第二种是间接地将各国宏观经济模型链接成为世界模型。各位学者实行专业化分工。陈沙、石小玉也提出世界经济统计要研究世界经济现象统计的规律性。石小玉认为，世界经济存在四大基本曲线：恩格尔曲线＋逻辑斯蒂曲线＋周期曲线＋结构变化曲线，认为这些曲线解释了某些指标间的具体数量关系。在陈沙的领导下，中国社会科学院世界经济与政治研究所曾坚持了一段时间，试图将世界经济的统计分析与世界经济的加量分析融为一体，建立起世界经济模型，以填补世界经济研究定量分析的不足。

客观地说，经济学研究的定量化是朝着科学化迈进的重要阶段。没有逐步接近现实的定量分析，就没有可能模拟现实的经济运行，因而也难以出台正确的政策措施对经济运行加以调控。因此，对经济乃至世界经济、国际经济问题的定量化分析成为20世纪90年代以后世界经济研究和国际经济研究的基本方法。由于要求数据的精确化，学者们分析问题的关注点也逐步微观化，即更多关注微观问题，而较少关注宏观问题。因此，世界经济学这样的宏观理论构建就与学术研究方向稍有偏差。

甚至从目前世界经济、国际经济学界研究成果的特色看，由于学者们多注重实证结果的正确性，由此就带来了一系列的问题。首先，学者们不大注重理论模型的建设，多数学者都是在借鉴或借用西方学者现成的理论模型，利用中国的类似数据或改造的数据，求证西方理论模型的正确性。在很多情况下，这种证明是有偏差的，甚至是与西方的理论模型的结论相左的。其次，由于过分注重数据的细化，导致求证的结论与现实运行相去甚远，以致结论只有模型的定量练习的意义，对现实的指导意义相对比较差。最后，中国学者对世界经济的研究和国际经济的研究，特别是开放型经济的研究呼唤建立对转型期发展中大国经济发展、经济运行的理论、理论模型以及在此基础上的实证应用的研究。否则，盲目借用西方的方法，不注意中国这样一个转型中的发展中大国的特殊性，甚至缺乏对可能的市场经济不完善带来的扭曲因素的考察，我们的方法，进而所形成的实证结论也是靠不住的。

## 五、结语或结论

新中国成立70多年也是我们认识世界、研究世界、学习世界、融入世界的70多年；中国学者无论从哪个角度都从研究世界中学到了许多东西，包括经济运行的体制机制、经济发展的方式、经济合作的机制、市场规则、技术进步与知识产权保护。

改革开放40多年的时间，我们在贸易、投资、金融、国际经济秩序的维护与建设、经济发展的数量与质量等方面有了比较丰富的经验教训。我们在不断学习中，需要有一个在当今世界经济发展中的话语权，更应该总结我们改革开放的经验教训，讲给世界，特别是讲给尚处于经济发展阶段，并向发达国家迈进的国家听。

我们希望建立一个从发展阶段开始的经济学或者是世界经济学。这个任务还很艰巨。

## 参考文献

［1］褚葆一，张幼文．当代帝国主义经济．合肥：安徽人民出版社，1985.

［2］韩世隆．世界经济简明教程．成都：四川大学出版社，1988.

［3］李琮．世界经济学新编．北京：经济科学出版社，2000．

［4］钱俊瑞．马克思奠定了世界经济学的理论基础．世界经济，1983（3）：1-10，61．

［5］钱俊瑞．世界经济与世界经济学．北京：中国社会科学出版社，1982．

［6］中国社会科学院科研局组织编选．浦山集．北京：中国社会科学出版社，2006．

［7］孙杰．新中国世界经济学研究70年．2019年10月．

［8］南开大学政治经济学系世界经济教研室．战后帝国主义经济几个问题．天津：天津人民出版社，1975．

［9］吴大琨．吴大琨文集．北京：中国人民大学出版社，2007．

# 世界经济学的源流与中国世界经济学的贡献*

## 雷 达

世界经济作为一个学科在中国特色社会主义建设过程中起到了重要作用,尽管世界经济有一段非常辉煌、有巨大影响力的时期,但目前世界经济学科面临着生存危机,老前辈们研究的一些选题和关注的一些理论问题,在当今的中国世界经济学界,年轻的学者在追求分析工具的先进性的过程中,渐渐失去了对世界经济学科问题导向的研究自觉,这种学术倾向不仅会影响世界经济学科本身的发展和成就,同时也会影响我们对中国特色的开放进程的客观评价和认知判断。本文主要想从以下两个方面梳理一下世界经济学科在中国的前身今世,并兼谈中国的世界经济学者在中国特色社会主义经济建设的过程中曾经做出的理论贡献。

## 一、中国的世界经济学的源流有两个

### (一)中国与世界的关系

一个源流是马克思的《德意志意识形态》和《1857—1858 年经

---

\* 作者:雷达,中国人民大学经济学院教授。

济学手稿》中提出的"世界历史"的概念。当资本主义萌芽出现后，人们不再是为了自己的消费而生产，而是为了价值和交换而生产。资本主义生产关系的发展源于欧洲、源于西方，马克思指出，当资本主义生产方式出现之后，资本将从生产、分配、交换、消费各个环节向世界其他地区进行扩展，世界范围的一切经济活动的环节都将被资本主义生产方式所裹挟，成为资本主义"世界历史"不可或缺的组成部分。因此，从抽象的意义上讲，世界经济研究的核心问题是民族国家如何融入资本主义世界体系的问题，而对资本主义制度的研究则属于马克思主义政治经济学的范畴。对中国而言，研究世界经济的意义在于解释中国经济社会的变革与外部世界，特别是资本主义世界体系之间的关系，即在面向"世界历史"的进程中，"走什么路""举什么旗"的选择。

当世界进入世界历史时期之后，在社会主义国家出现之前，所有的外围国家在加入世界经济体系的过程当中，通常面临着这样两种情况：一种情况就是彻底倒向西方，比如日本和俄国都曾尝试"脱亚入欧"。然而，根据列宁的"帝国主义理论"，后起的国家在资本主义制度的框架下融入世界，必然面临两个困境，其一是文化传统的接纳程度；其二是经济发展对外部条件的依赖所导致的利益冲突，争夺殖民地的战争是这种经济利益冲突的最直接的表现。由此可以看出，"脱亚入欧"并非外围国家进入"世界历史"的最优路径，这一点至少可以在两次世界大战之前的资本主义发展史上得到证明，比如，历史上的沙俄就一直没有融入欧洲资本主义体系。另一种情况就是被动地卷入"世界历史"，成为发达资本主义国家的殖民地，形成对发达资本主义国家的单向依附关系。当然，在这种情况下外围国家的经济在"世界历史"时代同样得不到充分的发展。

在1840年鸦片战争之后，中国的国门被西方列强的坚船利炮所攻破，中国的仁人志士就在不断地探讨和尝试，从戊戌变法、洋务运动、太平天国直至五四运动，所有的社会变革都试图寻找到一条既符合中国国情、又适应"世界历史"发展进程的中华民族伟大复兴之路。

在1949年之前，虽然在中国并不存在现代意义上的世界经济学科，但是中国的知识界已经开始对中国与世界的关系问题进行探索，具体而言，在当时的中国已经有大量的学者开始关注和了解西方资本主义世界的发展状况以及中国悠久历史与现代化之间的关系，对外部世界的了解最早可追溯到"庚子赔款"之后的留学潮，以及中国共产党所组织的留法勤工俭学。而对中国与现代化关系的研究则开始于大量海外留学生的回归，以及中国社会变革的实践。

在中华人民共和国成立之前，在中国的思想界至少存在着三种对外交流和研究的渠道：

第一，欧美留学回归的学者对中国社会的研究以及与国际学者之间的交流。其中一个比较典型的例子是梁思成夫妇以及清华大学的一些留美教授与美国学者费正清夫妇的交流，这一交流的直接结果是让美国学者费正清开始了解中国的社会变革和世界的关系，自1929年以来，中国与西方的关系构成了费正清整个学术生涯的研究焦点，其中"冲击—回应"模式是费正清用于研究中国传统社会和传统文化的主要方法，在费正清看来，中国传统的儒家学说在长期以来成功地占据了意识形态上的正统地位，从而使中国社会保持了极大的稳定。当近代大量西方人来到中国沿海寻求贸易机会时，这个古老的中华帝国对外部世界表现出惊人的惰性，它闭关自守，排斥一切外来势力。为此，费正清强调，西方的挑战对中国是一种刺激，为中国提供了一种进步的机遇。费正清的这一研究是以西方人的眼光看待中国社会的变革，假设西方资本主义社会是一个动态的近代社会，而中国社会则是一个长期处于停滞状态的传统社会，其缺乏自身发展的内在动力，只有经过西方的冲击，中国传统社会才有可能摆脱困境，获得发展。这种以"西方为中心"的"外向型"理论尽管存在着某些片面性，但费正清的研究还是带动了西方社会特别是美国学界对中国问题研究的学术兴趣，同时对美国政府的对华政策也曾产生了重大影响。与此同时，具有留洋背景的一批学者在回国之后也将自己所学的现代科学方法运用于对中国发展研究的整理，人们所熟知的有梁思成夫妇的"中国营造"研究、金岳霖对"中国哲学史"的研究和整理，实际上类似的研究特色在中国的经济学领域中也存在，最典型的事例是陈翰笙所组织的对"中国农村半殖民地半封建性质"的调查与研究。

第二，有一批五四运动之后觉醒的知识青年，他们在思考中国命运和前途的同时也一直关注着世界特别是西方社会发生的变化。据笔者了解，这些学者中包括王亚南、钱俊瑞、吴大琨、宦乡、陶大镛等老一辈学者。这些学者有如下一些共同的特点：（1）具有很好的外语基础；（2）在走出国门之前已经接触到了包括马克思主义理论在内的西方现代思想，并在思考比较的过程中，逐步形成了马克思主义的世界观，最终从学理上坚定了共产主义信仰，走上了革命道路；（3）他们都积极投身于中国社会变革的实践，充分利用了中国革命实践所提供的丰富素材，思考中国的前途命运和世界格局变动的关系；（4）实际上这些学者的最初研究兴趣虽然各不相同，例如钱俊瑞最初研究中国农村经济的性质、王亚南开始阶段以马克思原著的翻译为主要工作、陶大镛开始也是以研究东欧经济问题为主、吴大琨在20世纪30年代在经济学领域主要从事马克思主义经济学原理在中国的传播与普及，以及中国社会经济的性质问题的研究，但是他们都以世界视野重新审视和理解中国社会的变革；

（5）中国早期的"世界经济学界"的这些学者都在多个领域取得了丰硕的研究成果，例如钱俊瑞在中国农村经济和世界经济领域，吴大琨在史学和经济学领域，陶大镛在世界经济、《资本论》研究以及经济学说史领域都是开拓性的学者。这些学者的共同特点决定了他们在中国世界经济学界的独特贡献和地位，其集中表现在：他们都利用了自己特殊的经历向世界传递了古老中国的悠久历史和进入"世界历史"时期后正在发生的变化，例如吴大琨在东吴大学学习期间就与当时英国驻华成员李约瑟建立了联系，并向李约瑟提供了中国古代治水的一些技术信息和文献，在后来李约瑟出版的《中国科学技术史》中还专门对吴大琨的帮助表示了感谢。又例如钱俊瑞在20世纪30年代利用出席世界和平大会的机会向国际社会介绍了当时中国反法西斯战争的情况，这对外部世界了解中国的国情是有意义的；更为重要的是，他们在长期社会实践和理论思考的过程中，认识到了中国与世界的关系是中国的学术界必须关注的问题，因此，在中华人民共和国成立之后，他们一直在呼吁建立中国的世界经济学学科体系，并在条件成熟时共同创立了"中国世界经济学会"，钱俊瑞还曾组织编写了《世界经济学学科发展规划》。

第三，第二次世界大战期间的革命圣地延安也是中国对外开放的一个重要窗口。当时延安不仅与共产国际保持着密切的联系，同时，延安也吸引了美国的一些记者和专业人员的关注，美国的斯诺所撰写的《西行漫记》和史沫特莱所撰写的《伟大的道路》将中国共产党人的形象生动而具体地介绍给了全世界，这是大家广为了解的故事。另外有些美国官方的外交和军事专家经由重庆到延安，进行了或长或短的考察，这些人中有人持坚定的反共立场，也有人通过比较重庆和延安的不同状况和理念，对中国社会发展的道路和前途做出了不同判断，当时这些判断所形成的咨询报告还引起了罗斯福政府的关注。尽管在延安时期，美国主要的军援都给予了国民党政府，后来中国共产党与美国官方的关系又经历了曲折和漫长的互动，一直到1972年尼克松访华才实现了实质性突破，但是，我们不能忽视美国政府在延安时期所形成的对中国共产党的认识在中美关系发展过程中所起的积极作用。谢伟思是曾访问过延安的第一位美国资深外交家，与毛泽东交谈达几十次之多，最长的一次会谈长达6个小时，在此之后，形成了他向美国国务院提交的报告，建议美国政府与中国共产党展开全面合作，然而他的报告遭到了美国政府官员的讥讽和怀疑，他本人也在后来的职业生涯中历经坎坷，直到20世纪70年代初，在尼克松总统访华的前一年，他受周恩来总理的邀请再次访华之后，他的职业生涯才随着中美关系的破冰而发生转折。1972年2月，在尼克松总统访华前一周，谢伟思应邀在美国参议院外交委员会的会议上发言，他坚持认为"我最近去中国看了看，至少给我的印象是：中国的现实有很多可以从我们发自共产党延安根据地的那些报告和见闻中找到根源。"而1945年正是罗斯福政府开始考虑如何建立战后国际经济秩序的重要年份，尽管这时中国的国家命运和前途尚不明朗，但中国因素已经在对未来的世界经济格局的变动产生着某种深远的影响！

从以上三个方面可以看出，尽管在中华人民共和国成立之前，世界经济并没有作为一个学科，甚至作为一个独立的学科概念出现，但是，中国社会的巨大变革以及仁人志士的思考与探索，已经产生了对理解世界与中国关系的学术解释的内生需求和实践探索的经验，早在20世纪30年代，中国著名经济学家王亚南就已经发表了以《现代世界经济概论》为标题的研究成果，这些成果与思想是后来世界经济学在中国产生发展的源流之一。

## （二）苏联的世界经济研究对中国的影响

中国世界经济研究的另一个源流是苏联关于世界经济的理论。十月革命一声炮响为中国送来了马克思列宁主义，这其中列宁的《帝国主义是资本主义发展的最高阶段》（简称《帝国主义论》），以及布哈林的《世界经济与帝国主义》是影响最大的经典著作，中国20世纪80年代之前的世界经济专业的学生主要是以列宁的《帝国主义论》为蓝本，来认识资本主义发展到垄断阶段之后，在经济上体现出来的本质特征。而布哈林的著作则因为其本人在苏联的政治生涯的中断而被埋没。实际上，布哈林关于垄断资本主义以及世界经济的研究早于列宁，并对列宁的理论产生过积极的影响。列宁的《帝国主义论》充分运用了马克思《资本论》中的资本积累理论，对资本主义发展到垄断阶段金融资本和金融寡头的统治进行了全面的分析，从垄断是资本主义的最高阶段的视角，推论出垄断资本主义的腐朽和生产停滞，进而加剧了发达资本主义国家对殖民地的依赖，这是列宁在马克思经济学逻辑基础上对帝国主义国内经济进行剖析后得出的结论。同时，列宁还根据当时资本主义国别经济的研究发现，欧美资本主义国家间资本主义发展存在不平衡规律，后起的资本主义面对已经瓜分完毕的殖民世界，必然会通过战争手段来改变殖民地版图，因此帝国主义战争是不可避免的。列宁的这个结论很快被第一次世界大战的事实所验证。

面对帝国主义战争的现实，列宁对资本主义"世界历史"的性质必然持否定和革命的态度与立场，通过革命改变世界历史的资本主义性质，这是人类文明的发展方向和必然趋势。在相当长的时期中，苏联和东欧国家的世界经济学者正是从这个意义上继承了列宁的这一学说，认为共产主义运动与资本主义世界是对立的、此消彼长的，即便这种斗争、对立在短期中不可能根本改变"世界历史"的资本主义性质，但两种不同的社会制度在"世界历史"中也将处于长期"对峙"的态势。从某种意义上说，对列宁的思想的这种解读在相当长的一段时期中对我国世界经济学界存在着影响。

从思想史的角度来说，列宁的《帝国主义论》写于1917年，面对帝国主义战争的危险，列宁不认为可以通过发达资本主义国家内部的无产阶级革命来改变"世界历史"的性质，恰恰相反，列宁认为，帝国主义战争可以为落后国家的社会主义革命创造条件，即社会主义革命可以在资本主义最薄弱的环节首先取得成功。这种一国革命论的观点在第一次世界大战中得到了证实，俄国的十月革命以及东欧的一些社会主义国家的出现都发生在欧洲资本主义世界的薄弱环节上。因此，我们可以这样总结：列宁的《帝国主义论》以及"一国革命胜利论"是在俄国社会主义革命胜利之前，面对帝国主义战争的世界局势，选择走什么道路的理论，这部分理论是列宁关于资本主义"世界历史"性质的思考，因此它是马克思主义世界经济学的重要组成部分，但这不是列宁思想的全部内容，更不能绝对僵化地理解这部分内容。

列宁的关于资本主义"世界历史"的思考还有另一部分内容，主要是在十月革命胜利之后，列宁对俄国社会主义经济的思考，即在帝国主义的薄弱环节取得革命成果的社会主义国家，也就是生产力发展落后的国家如何建立社会主义国家，列宁用资本主义的"汪洋"和社会主义的"孤岛"来形容"世界历史"中的两种不同制度经济体之间的关系，原文的表述是："由于发展的速度和基础与西欧不同，我们的俄罗斯社会主义苏维埃共和国暂时还是处在帝国主义强盗势力的波涛汹涌的大海中的一个孤岛"[①]，其含义有如下几个方

---

① 列宁. 列宁全集：第三十四卷.2版.北京：人民出版社，1985：307.

面：（1）一国社会主义革命的成功并不会立刻改变"世界历史"的资本主义性质和帝国主义战争不断出现的格局，在这种国际情势下，俄国应该不惮妥协、逐步积累力量的发展策略；（2）帝国主义的"汪洋"中的汹涌波涛也会相互撞击和抵消，特别是在帝国主义的战争过程中，因此，它给了社会主义孤岛生存和喘息的机会；（3）帝国主义战争的方向和资本的方向并不完全一致，列宁以此来说明帝国主义战争已经发展到了背离资本目的的不可控的地步，虽然列宁在理论上并没有论证对西方资本的利用，但是，他在后来的"新经济政策"中则对外国资本采取了开放的态度；（4）在资本主义的汪洋中，社会主义的"孤岛"是生产力落后的一方，而发达资本主义是生产力先进的一方，先进的生产力代表着人类进步的方向，因此，社会主义应该通过开放向发达国家学习先进的技术；（5）社会主义国家的对外开放中的确存在着"安全"隐患。

随着冷战的出现，前苏联对西方资本的大门渐渐关闭，与列宁时期相比，斯大林执政后苏联的外资企业数量明显下降，取而代之的是以经济互助委员会（简称"经互会"）为形式的社会主义阵营的经济合作，东西方之间进入了长期的对峙时期，正是在这样的背景下，列宁"新经济政策"中关于对外开放的理论逐渐被人遗忘，而强调帝国主义霸权扩张和战争威胁的理论成了苏联的世界经济向中国传播的主流，因此，列宁提出的社会主义"孤岛"能否在资本主义"汪洋"的包围中取得经济建设的成功，在中国改革开放前的国际共产主义运动的实践中始终是一个未能被正视的遗留问题。

## 二、中国对外开放的实践以及中国学者在世界经济学科发展中的重大贡献

新中国成立开启了一个全新的时代，世界开始重新认识站起来

的中国人民，同时，中国也需要以开放的姿态走向世界。在第二次世界大战中，东西方不同社会制度的国家曾经形成了反法西斯的统一战线，然而，这种统一战线并没有成功地延续到战后的国际经济秩序的重建中。随着美国罗斯福总统的离世以及杜鲁门对斯大林战后国际战略的误读，世界很快进入了东西方对峙的冷战时期，错综复杂的国际经济环境必然使中国的开放之路充满着曲折与艰辛，但是在这个过程中，中国政府一直对外部世界采取开放的姿态，努力在国际舞台上向世界展示新中国取得的成就。

## （一）1978年之前的世界经济学科的发展状况

改革开放之前，中国的世界经济学已经在中国高校出现，最早设立世界经济教研室的学校是中国人民大学（于1958年成立），20世纪60年代招收了第一批本科学生，北京大学也于1959年建立了世界经济学科，在此之后，复旦大学、武汉大学、南开大学也设立了世界经济专业。世界经济专业和高校一些研究机构的建立，在当时有着现实的经济发展的需要。1957年国务院制定的《全国哲学社会科学12年愿景规划》确立了世界经济的学科及机构设置，例如中国人民大学开设了世界经济专业，以及华东师范大学成立了国际金融研究所等。

中华人民共和国成立初期，随着第二次世界大战的结束，世界反法西斯同盟的瓦解，世界步入了美苏对峙的冷战格局，特别是当抗美援朝战争爆发之后，以美国为首的西方阵营对中国实行了长达22年（1950—1972年）的贸易禁运，这自然阻碍了中国融入世界经济体系的步伐。但是，在这22年中国并没有放弃对外开放的探索。

在受到美国贸易禁运的初期，我们主要是与苏联等社会主义国家开展对外贸易，新中国引进的技术、设备和利用的外资也主要来源于苏联、东欧等社会主义国家，特别是苏联，在20世纪50年代前期是中国的主要贸易伙伴和技术引进国家，苏联对中国出口最高的年份是1955年，占中国进口总额的65%，加上东欧国家的进口13%的份额，苏东社会主义国家占中国进口总额的三分之一，应该说，当年和苏东国家的贸易，对打破以美国为首的西方国家的贸易禁运和圆满实现中国的第一个五年计划起到了积极的作用。但是，新中国成立初期中国对外贸易的实践也带有很明显的冷战特点，也存在着某些不确定的隐患。从苏联的角度看，中国并不是苏联主导的经互会的成员国，对中国的经济援助以及同中国的贸易往来更多地出自政治考虑而非经济考虑，如果这种对外经济交往在国际政治上不能得到更多的回报的话，那么给予中国的经济援助和贸易交往对苏联来说就会形成长期的经济负担；同样，对中国而言，将中国经济的未来完全依附在一个国家的经济援助和经济交往上，这种开放的格局也是危险的，仅拥有共同的革命意识形态是不能保证经济的持续交往的。正是基于这样的考虑，中国在20世纪50年代后期，便开始调整自身的内外部经济政策，对内强调"自力更生"，对外开始尝试贸易结构的多元化。中国对外政策的这一调整，从时间顺序来看，早于中苏在意识形态上的分裂，因此，我们更应该强调这次政策调整是一次根据中国未来发展需要的主动调整。后来的事实证明，正因为我们的主动调整使我们避免了对"苏联模式"的路径依赖，走上了一条与东欧国家不同、符合中国国情、具有中国特色的社会主义发展道路。

20世纪60年代之后，中国采取了多元化的对外经济交往的政策，具体的内容主要包括如下几个方面，其一，在降低与苏联的贸易份额的同时，增加了与东欧国家的贸易额；其二，在抗美援朝战争停战之后，利用除美国以外的西方国家对中国贸易禁运政策的松动，开展了与西方国家的对外贸易；其三，与许多发展中国家建立了外交关系，向发展中国家开放，尽管这些国家经济发展水平普遍较低，资金缺乏，技术比较落后，市场也小，与中国经济的互补性不强，但是，中国通过与发展中国家广泛的经济交往，能够了解西方资本主义国家对发展中国家经济交往方式的变化，触摸到世界经济格局变化的脉络。

中国的世界经济学科正是在这样的背景下创立的。为了进一步了解战后世界经济的发展状况，中国还设立了一些以国别和地区为主要研究对象的研究所，其中有南开大学的大洋洲研究所、吉林大学的东北亚研究所、厦门大学的东南亚研究所等。外交部也在20世纪60年代成立了中国国际问题研究所，但是这类研究刚开始不久，就因为"文化大革命"的爆发而受到冲击，有些院校和科研机构在"文化大革命"期间被停办，其中就有中国人民大学和外交部的中国国际关系研究所。

在世界经济学科建立的初期，中国的世界经济学者至少做了如下三项有意义的尝试。

第一，对世界经济的基本理论进行了探讨。

这项研究在当时受苏联的影响较大，主要用列宁的《帝国主义论》研究当代资本主义问题。在当时的世界经济的教师队伍中有些学者直接师从苏联的专家，取得了苏联的副博士或预备博士的学位，研究的主要问题有"美国经济危机的周期特征""发达资本主义国家生产停滞""资本主义收入分配不均等"等。中华人民共和国成立之后出版的世界经济方面的专著主要有陶大镛先生在1950年出版的《世界经济讲话》（三联书店，1950）与《世界经济与独占资本主义》（中华书局，1950）。尽管从当时发表的学术成果来看，时代的痕迹还是非常明显的，但是，最早在中国从事世界经济学研究的老一代学者很多都具有欧美留学和工作的背景，比较具有代表性的是褚葆一、陶大镛、吴大琨等。因此，我们可以推断，他们是当时对西方国家的经济发展比较了解的一个学术群体。

第二，对世界经济学科的研究对象进行了探讨。

列宁的《帝国主义论》是在俄国社会主义革命胜利之前完成的，因此，研究的主要对象是资本主义的世界经济体系，而第二次世界大战之后，多个国家选择了社会主义发展道路，同时，绝大多数发展中国家也摆脱了帝国主义的殖民统治，走上了民族解放的道路，尽管在社会制度的选择上仍然还处在探索的过程中，但是，这些国家都以独立的经济体形式参与到世界经济的活动中。在这样的世界格局变动中，世界经济究竟呈现出了怎样的发展规律和趋势？早在1961年，中国的经济学者就提出，当代的马克思列宁主义的世界经济学科应该是以整体的资本主义世界体系瓦解之后，社会主义作为一种新兴的力量在世界舞台发挥作用的世界经济为研究对象，并引导落后的发展中国家走向民族自立发展道路。这种对世界经济学科研究对象的界定，实际上形成了早期世界经济学以研究资本主义经济体、社会主义经济体、发展中国家经济体及其相互关系为内容的理论体系，中国世界经济学界对战后世界经济格局的这种认识构成了20世纪70年代毛泽东同志所提出的"三个世界的理论"的雏形，也为后来的世界经济学科体系的构建奠定了基础。对世界经济学研究对象的探讨，已经从学理上论证了世界经济学科与马克思政治经济学资本主义部分的界限，然而在早期的教学实践中依然有一些教员处理不好二者之间的关系。为此，吴大琨于1962年在一篇题为《谈谈有关世界经济课程内容的几个问题》的文章中专门指出，世界经济的教学与研究必须结合战后的实际情况，运用实际材料支撑研究的观点和讲授的原理，这就形成了后来中国世界经济学科的研究特点，也就是既注重基础理论的推导，也注重运用材料的实证支撑。

第三，对战后发达资本主义国家跨国公司进行了研究。

从总体上讲，1966—1976年的十年间中国世界经济学科的发展是停滞的，甚至是倒退的。然而在这一期间，世界经济学有一项研究是有重大意义的，这就是1973年南开大学滕维藻教授受外交部的委托所开展的关于跨国公司的研究。这项研究的背景是1971年中国恢复在联合国的合法席位，这是中国外交史上的一次重大胜利，重新走上世界舞台的中国需要从世界发展中国家的视角看待第二次世界大战后国际经济秩序的一些全新的特征，其中以跨国公司为载体的资本流动成了发达与发展中国家经济交往的主要渠道。滕维藻教授的研究在当时有着很强的现实性，他的研究为中国代表团在联大第六次特别会议上的发言提供了一些基础性的依据，然而，从那一时刻起，滕维藻教授以及南开大学世界经济研究团队便开启了跨国公司及国际资本流动研究的新领域，南开大学的这一研究传统一直延续至今，为1978年之后的对外开放提供了充分的理论依据。滕维藻教授的研究及其早期研究团队的成果也在国际社会引起了关注，在此之后的相当长时期中，滕维藻教授一直是联合国"跨国公司委员会"仅有的两位来自发展中国家的专家之一。

## （二）改革开放以来的世界经济学科发展状况及其贡献

中国世界经济学快速发展时期是在1978年中国实行改革开放之后。在恢复高考之后，世界经济专业成为考生追捧的热门专业之一，1977级和1978级的世界经济专业的学生日后大多都成了学术界以及中国涉外经济部门的中坚力量。1980年，中国世界经济学会成立，钱俊瑞担任首届学会会长，各重点高校和科研机构的世界经济的知名专家担任学会的副会长,中国社会科学院、上海社会科学院的世界经济研究所也在这一时期成立,宦乡、浦山等学者型人才回归世界经济学队伍,为世界经济学后来的发展打下了良好的基础。

根据马克思主义历史发展的学说,社会主义制度出现之后将替代资本主义成为"世界历史"的主要推动力量,因此,社会主义的经济制度必然是开放型经济。同样,在列宁的社会主义"一国胜利论"中,落后国家的社会主义也应该向欧洲资本主义国家开放,学习后者先进的生产方式和管理经验。从理论上讲,中国的对外开放是完全符合马克思列宁主义的基本理论的。

然而,中国改革开放初期,由于苏联在斯大林之后逐步放弃了列宁的新经济政策的思想,采取了与西方资本主义阵营对立的封闭模式,因此,中国的开放实践并没有现成的经验可以借鉴。同时,中国的世界经济学界在"文化大革命"后期受"左"倾思想的影响,对世界经济形势的认识总体上还停留在"资本主义一天天烂下去,社会主义一天天好起来"的水平上。因此,面对改革开放的新形势,世界经济学界经历了一次思想解放的过程,这个过程对中国改革开放战略的实施起到了重要的推动作用,具体的贡献如下:

第一,在中国进行改革开放的初期,中国世界经济学界的老一代学者以及当时的一些中生代学者,坚持了马克思的历史唯物主义和辩证唯物主义的方法,并用以研究当代资本主义的经济现实。钱俊瑞在1979年的世界经济学科规划会议上明确提出,世界经济领域要改变只研究帝国主义战争和资本主义危机的传统,在他担任中国世界经济学会会长期间就着力倡导和鼓励同行学者研究第二次世界大战之后资本主义世界所出现的新现象。当时有大批学者认为,列宁在《帝国主义论》中所概括的资本主义腐朽、停滞的经济特征依然是存在的,但同时多数学者也看到,在第二次世界大战之后,资本主义世界也进行了若干制度性的调整，特别是在国际经济领域改变了战前殖民统治的方式，而代之以国际经济秩序的建立和完善，具体的内容包括三大国际经济组织的出现和欧洲经济一体化发展的趋势等等，这些制度性的调整是因为西方发达国家出现了生产力迅速发展的事实，技术进步、管理进步、生产发展、贸易发展和资本的国际流动成了当代世界经济的主流。世界经济学界的这种认识转变是基于对基础理论探讨的不断深入而展开的，具体地讲是经历了从"用科技革命解释战后资本主义经济的高速发展"到"对当代资本主义再认识"的思想发展过程。

当中国世界经济学界认识到资本主义发展到垄断资本主义阶段后，同时存在生产停滞和经济增长现象时，对于如何解释腐朽的垄断资本主义还会出现经济高速增长现象，当时世界经济学界形成的比较一致的看法是：第三次科技革命是推动战后资本主义发展的主要力量。这种学术观点在当时意义重大，为中国向西方社会开放、学习西方先进的生产技术提供了理论依据，也呼应了当时谷牧副总理向国务院提交的《关于访问欧洲五国的情况报告》。然而，如果仅从科技的角度解释战后西方经济的高速增长，而忽略第二次世界大战之后资本主义国家在制度上所进行的调整，显然是不全面的，也不符合马克思主义经济学的基本观点。为此，世界经济学界逐渐开始关注第二次世界大战之后西方资本主义国家在制度方面的调整，1980年，滕维藻、王怀宁、迟元吉等人分别从战后跨国公司发展、国际贸易和资本输出的角度来研究资本主义经济的发展，李琮等人在这一时期也对国家垄断资本主义的新特征进行了系统的研究。在对资本主义制度的再认识过程中，"文化大革命"后培养出来的第一、二批世界经济专业的毕业生给这一研究注入了新的活力，1985年在《世界经济》第3期中，刊登了华民的《评曼德尔的〈晚期资本主义〉》一文，该文明确指出，"长期以来，东西方的马克思主义者几乎把第二次世界大战以后资本主义的迅速发展单纯归结为生产力的发展，尤其是新技术革命的发展。很少有人涉及社会生产关系的变化，即使涉及了，也只是把生产关系的变化仅仅当作对生产力发展的一种消极反应。因此，对于战后资本主义经济为什么能够一度迅速发展的问题，并没有真正解释清楚。"尽管对于曼德尔有关资本主义生产关系与第二次世界大战之后资本主义经济的迅速发展的具体内容的分析，华民本人并不完全认同，但全面认识战后资本主义生产关系变化的观点呼应了当时中国世界经济学界思想解放的进程，在此之后华东师范大学的张志超、任平等人对汇率调节理论和政策的研究，复旦大学的姜波克对国际货币体系的研究（在这一领域华东师范大学的陈彪如教授、中国人民大学的王传纶教授和中国银行的吴念鲁也有很大的贡献），南开大学的佟家栋和北京师范大学的贺力平对贸易对经济增长的影响的研究，南开大学的冼国明等人对跨国公司和国际资本流动的研究等等，都为对资本主义再认识的研究注入了活力。青年学者在这一领域的另外一个重大贡献是，在1984年召开的首届中国世界经济学会青年委员会会议上，与会成员讨论了一个非常有意义的问题，即西方资本主义世界的经济形势是"越坏对我们越有利，还是越好对我们越有利"。这个问题的提出本身就有思想解放的特色，因为根据冷战的思维，社会主义和资本主义制度是以消灭对方为目的的你死我活的斗争，这样的认识推论出的结果，必然是只有在资本主义一天天烂下去的前提下，社会主义才能一天天好起来。显然，这样的结论既不符合第二次世界大战之后的客观现实，也不适应中国改革开放的现实逻辑，必须重新回归到马克思主义基本原理的体系中进行重新认识。

中国世界经济学者运用马克思主义基本原理，对第二次世界大战之后西方资本主义发展状况进行了重新认识，这种再认识的过程在中国世界经济学界持续了10余年的时间，其研究的成果超越了苏联的"统一市场瓦解"的理论，从整体的世界经济的角度来研究世界经济发展变化的规律。

其实，20世纪80年代对资本主义的再认识是一场思想解放运动，同时也是中国经济学界的理论突破。它使得中国的改革开放不仅仅停留在对国外先进技术的开放上，而是尝试以一种新的身份向西方国家开放、融入世界经济体系中，对世界经济体系进行全面开放。只有在这样的理论基础上，中国才能加入世贸组织，参与全球价值链分工，在二十国集团、金砖五国、上海合作组织等一系列重要国际舞台上发挥作用，因此，中国学者对世界经济学界的理论突破，推动了中国全方位对外开放战略的确立。

第二，世界经济学科在改革开放之后迎来了一个全面发展的时代，在学术界思想解放的背景下，无论在基础理论、形势分析和判断还是研究选题上都有了长足的进步。

在基础理论方面，除了上面提到的在对当代资本主义再认识方面取得的成果之外，改革开放之后，世界经济学界还借鉴了西方经济学中有关国际经济的分析方法和理论，将20世纪出现的国际贸易的引力模型、梅尔利兹的异质性分析方法、法玛的有效市场假说以及资本资产定价模型等理论和方法都运用于对世界经济问题的研究，从而加深了人们对于第二次世界大战之后国际贸易和资本流动现象的认识。在传统的资本主义危机的研究中，也有越来越多的学者在马克思主义原理的基础上，借鉴了西方的长波理论。除此之外，世界经济学界的学者也注重对马克思主义经济学原理的发展，早在改革开放初期，陈琦伟、朱钟棣、余永定等人就对马克思劳动价值理论能否解释李嘉图的比较优势理论展开了争论，1983年，中国社会科学院世界经济与政治研究所还专门就"国际价值理论"召开了专题研讨会。另外，陶大镛教授在这一期间也对马克思的劳动价值论在当代资本主义经济社会的运用进行了深入的分析。张帆教授运用第二次世界大战之后的新材料，参与了国际上有关金融资本的讨论，认为"金融资本"在当今资本主义社会非但没有消失，其作用比起战前还进一步加强了。

关于世界经济形势的研判是中国世界经济学会的一项主要工作，1978年之后，这项工作一直没有间断，早期这项工作主要以年终或年初的研讨会方式进行，近年来这项工作主要以中国社会科学院世界经济与政治研究所所撰写的《世界经济黄皮书》的报告形式进行。在对形势研判的过程中，世界经济学的老一辈学者从一开始就强调这项工作要建立在现实资料和数据的基础上。早在1978年钱俊瑞等人主持的第一次全国世界经济学科规划会上，建立世界经济统计队伍就被列为学科建设的重要内容。1979年之后，《世界经济》杂志就开始发布以"钟禾"署名的世界经济数据资料，这项工作的确为世界经济走势的判断提供了有价值的依据，纠正了学术界一些认识上的偏差和分歧。例如，改革开放之初，在对世界格局的认识上，人们总是认为在世界多极化发展的背景下，美国经济实力的相对衰退是一种趋势，然而在1985年，"钟禾"发表了《美国在世界经济中的地位》一文，用数据说明了1980年之后，美国的相对地位是在提高的。在此之后，中国的世界经济学界不再将世界经济发展的多极化趋势与美国经济地位的相对衰退以及世界经济中心的转移混同起来讨论，特别是在浦山担任世界经济学会会长期间，在他主持的世界经济形势研判会以及专题讨论亚太经济的研讨会上，他特别强调了多极化发展与世界中心的转移不是同一个概念，由亚太在世界经济增长中潜力巨大，并不能推论出未来是"太平洋时代"的结论，由此看来，浦山当时是明确拒绝接受"太平洋时代"的判断的，今天看来这类与流行看法不同的学术观点，也只有在长期数据分析的基础上才能形成，而用数据和事实说话，也成为中国世界经济学界的一个优良传统。

1978年以来，在世界经济的选题上，也大大超越了以往的选题。20世纪60年代确定了世界经济组成的三大构成要素——资本主义经济体、社会主义经济体以及发展中国家经济体。在80年代后对此又有了新的成果出现，这里特别要强调指出的是，在世界经济研究队伍中，一批研究苏联东欧问题的学者对中国开放实践的贡献，特别是在苏东解体之后，对苏联经济和政治制度的反思以及解体后的西方激进主义的改革方案的剖析，使我们深刻地认识到，走闭关锁国老路并不符合马克思列宁主义的理论，但是，如果因此走上极端，改旗易帜，彻底倒向西方，也是一条行不通的"邪路"。从这些研究苏东学者的成果中，我们更容易理解和体会中国特色的社会主义开放战略的世界意义。除此之外，由于中国的世界经济学界所经历的对资本主义再认识的思想解放过程，我们对战后资本主义国家的宏观经济政策调控、国际经济秩序（包括国际货币体系和世界贸易组织）、跨国公司以及资本的全球流动、七国集团的政策协调、欧洲经济一体化、东亚经济增长的奇迹、世界发展议题等关系到全球经济走势的重大问题的研究都卓有成效。

第三，在中国建立世界经济学科的目的在于合理地解释中国社会的现代化变革与世界历史进程的关系，在这二者的互动中，从中国看世界以及从国际视角看中国的改革开放进程是世界经济学科责无旁贷的任务。从形式上看，这种互动必须以在国内外的学术交流为平台。中国世界经济的研究机构在改革开放的最初几年就与国际上相关知名机构建立了联系，各高校的合作项目不胜枚举，其中在当时颇具影响的是中国社会科学院世界经济与政治研究所在 1981 年同美国斯坦福国际咨询研究所在中国召开的国际性研讨会（类似的会议还有与美国宾夕法尼亚大学和英国伦敦政治经济学院联合举办的国际研讨会），有来自亚洲、美洲、欧洲、非洲、大洋洲 24 个国家的 200 多名代表参会，会议的核心问题就是讨论 20 世纪 80 年代世界经济的发展与中国经济的调整和改革。可见，在世界经济学科建立初期，世界经济学者就将让世界了解中国经济的变化视为己任。这种责任还体现在当时一些前辈的对外讲学活动中，浦山是中国世界经济学界较早获得外方邀请出国讲学的学者，从后人对浦山讲稿的整理中发现，他在美国卡尔顿学院（Carleton College）的讲学，主要是介绍中国社会主义制度与市场经济的相容性。

从国际视角看中国的改革开放是中国世界经济学界的另一个重要的贡献，在这方面，余永定在担任世界经济学会会长期间，一直鼓励年轻学者研究中国的现实问题，他本人多年来也一直关注中国的汇改和宏观经济政策问题。随着中国经济开放程度的提高，世界经济学界的学者始终是中国宏观经济政策和金融财政体制改革领域的主要研究力量。

将中国经济与世界经济研究更紧密结合的课题是随着世界经济环境的变化以及中国经济总量的提升，如何调整中国开放战略的研究，从 20 世纪 80 年代开始，滕维藻、褚葆一等老一辈学者就从西方经济的发展前景来讨论中国的对外开放的策略，而这一研究传统也在世界经济领域被很好地继承下来。在世界经济学界有大量的学者关注中国的改革与开放的关系，并从世界经济格局变动的角度来研究包括"一带一路"倡议与双循环理论在内的高质量对外开放战略的调整，其中，上海社会科学院张幼文对中国 40 多年开放战略节点的总结，即从要素流动是全球化的微观基础、投资超越贸易成为全球化发展的规律、要素收益差距导致全球化利益纷争的加剧、自主创新是实现价值链分工升级的根本等四个方面来概括出过去40多年影响经济全球化发展的规律，又从"一带一路"倡议寻求各国共同发展的新机制和用产业政策带动外资外贸政策新理念角度来解读新时期中国高质量开放的战略。这类研究成果更为直接和清晰地反映出了中国当代学者对中国现代化进程与世界格局变动之间互动关系的思考。

正是因为中国世界经济学界所做出的上述理论贡献，中国对外开放的成就不仅仅体现为GDP总量世界第二的增长奇迹，而且还具备以下两方面的世界意义。

一方面，列宁的遗留命题在苏联社会主义建设过程中未得到充分实践。而中国在开放过程中，未出现像苏联那样体制彻底瓦解、制度彻底倒向西方的现象，中国是以社会主义国家、发展中国家的身份融入世界经济体系当中的。中国的开放对于世界的最重大意义在于，解答了国际共产主义运动史上的一个重大命题——一个相对落后的社会主义国家是能够在资本主义的汪洋中发展壮大起来的。

另一方面，中国以一个发展中国家的身份融入世界经济体系，并在40多年的开放实践中实现了经济的高速增长，走出了一条与欧美资本主义所不同的现代化发展道路。因此，中国的经验无疑会给更多的发展中国家带来启示和帮助，为更多的发展中国家走上开放型发展之路提供中国智慧和中国方案。

# 中国经济史学科的源流与发展[*]

## 贺耀敏

经济史是一个古老的学科，也是一个年轻的学科。说它是古老学科，是因为早在2 000多年前就有《史记·货殖列传》《汉书·食货志》等史册记载当时的经济活动和经营思想；说它年轻，是说从现代学术成长意义上规定的中国经济史学科的诞生也就100多年的历史。赵德馨教授认为，我们能够找到的最早的比较系统介绍中国经济发展历史的著作是梁启超先生1904年出版的《中国国债史》，之后黎世衡的《中国经济史讲义》于1912年刊印。所以，从这个角度讲，中国经济史学科也就100多年的历史。虽说有百余年的历史，但是总体上看我国经济史学科和学术研究的蓬勃发展时期还是在新中国成立以后。

## 一、中国经济史研究的发展历程

自从中国经济史学科出现以来，我国经济史学科大约已经走过

---

[*] 作者：贺耀敏，中国人民大学原副校长，中国人民大学经济学院教授、中国经济史研究中心主任。

了三个发展阶段，目前正处在第四个发展阶段中。

第一个发展阶段是民国时期。这一时期中国经济史教学和研究因中国高等教育的发展和对中国社会性质的讨论而一度比较热闹，特别是在中国社会性质大讨论中，一批接受马克思主义经济理论的学者做了大量学术探索工作，他们脱颖而出，成为最早一批立足中国实际的经济学家和经济史学家。例如陶孟和先生（1888—1960）、陈翰笙先生（1897—2004）等，他们组织推动的中国社会调查、中国农村调查成为那个时期弥足珍贵的经济史研究和调查事迹。

第二个发展阶段是新中国成立到改革开放前，这是中国经济史学科完成制度化体系化建设的时期。伴随着新中国大规模经济建设的开展和经济发展的要求，亟待培养一大批社会主义事业建设者和研究者，以马克思主义政治经济学为核心内容的经济学教学体系和学科体系快速发展起来，经济史作为这一体系的重要组成部分也得到了快速发展。由于受到苏联经济学教学体系和学科体系的影响，受到当时国际关系和国际形势的影响，西方经济学在中国普遍受到排斥。因此，新中国的中国经济史学科是在马克思主义指导下，在一个全新的学术土壤上构建起来的。经过几十年的建设，中国经济史学科可以说形成了各具特色、共同发展的良好局面，也为今天我国经济史学科的发展奠定了基石。

在这一过程中，中国人民大学经济史教学和研究起到了奠基性作用，这一作用集中体现为：一是早在20世纪50年代初期，中国人民大学就专门设立了历史教研室，其中就含有经济史教研组，从事经济史教学和研究工作，尚钺教授、孙健教授等开始筹备中国经济史教学研究工作。二是在中国人民大学研究部尹达教授的推动下，中国国民经济史教学大纲、教学体系和校内教材系统地建立起来。我们现在还可以看到当时编写的《中国近代经济史》讲义和参考资料，这些都是为全校经济类专业开设经济史课程的教材体系，当时经济史教学课时安排达 136 个课时，100 课时讲授、36 课时讨论和调研。三是开展高层次经济史人才培养，1953—1956 年中国人民大学在国内首次创办了经济史研究班，从全国各地招录优秀青年教师和学生，尚钺教授、傅筑夫教授等领衔授课，为我国培养了一批经济史教学和科研的中坚力量与骨干，他们后来都成为我国经济史学科的带头人，其中有赵德馨、周秀鸾、郭士浩、张俊华、于素云、魏永理、张耀煊教授等。四是中国人民大学积极推动具有中国自己特色的经济史教材建设。在 20 世纪 60 年代初，中国人民大学孙健、全慰天、王方中教授等打算与中国社会科学院经济研究所严中平率领的团队共同编写中国经济史教材，后因故未能完成，但中国人民大学自己编写的《中国近代经济史》（上下册）则成为权威教材，据称这部教材共发行了 200 万册之多。这部教材对中国近代社会性质的分析，对半殖民地半封建社会形成、确立、崩溃的三阶段划分，都成为学术界很难超越的成果。中国人民大学樊亢教授率领由全国各高校组成的编写团队，编写了《外国经济史》（近代部分），成为全国畅销的权威教材，畅销许多年。因此，20 世纪 50—70 年代，中国人民大学经济史学科是全国高校经济史学教学和研究的基地与中心。

第三个发展阶段是从改革开放到新时代的经济史研究。随着我国与世界各国学术文化的交流日益频繁，中国经济史学科和经济史研究呈现出前所未有的繁荣发展状态。这一时期的基本特点有：

一是经济史研究视域空前广阔，马克思主义经济理论指导下的经济史研究日益深入，其他领域的包括作用多样化的经济学理论的经济学研究也快速发展起来。我国稳定的经济史学格局都是在这一理论指导下形成的，例如中国社会科学院经济研究所的中国近代经济史研究阵地（严中平、汪敬虞、刘克祥等所主编的《中国近代经济史》）、上海社会科学院的上海城市史和对外关系史研究阵地、中南财经政法大学的中华人民共和国经济史研究阵地、厦门大学的中国古代经济史研究阵地、云南大学等高校的中国边疆和少数民族经济史研究阵地等。

二是经济史研究向纵深化发展，一些重大实践问题、重大学术议题研究都得到了较快发展、取得了较大进展，例如中国是否存在奴隶制经济的讨论、古代社会经济性质的讨论、中国古代和近代经济运行的讨论等。一些国际学术界关于中国的学术话题也很快成为国内经济史学科学术研究的热点。

三是中华人民共和国经济史研究空前繁荣，该课程的开设学校不断增多，研究成果成为经济史研究著作出版的一道亮丽风景线，特别是以中国社会科学院董志凯、武力为代表的团队，以中国人民大学孙健为代表的团队，以中南财经政法大学赵德馨为代表的团队，都是发展后劲十足的研究队伍。在他们的推动下，社会主义改造历史研究、"156项工程"和社会主义工业化研究、三线建设研究、改革开放研究等都取得了丰硕成果。

四是外国经济史和比较经济史的研究取得了显著成效，对国外资本主义经济、全球化和大分流等问题的研究，都形成了稳定的学术团队和持续的研究成果。例如以中国人民大学高德步教授为代表的外国经济史研究团队。

五是经济史研究方法创新取得了重大进展，以计量经济史学为代表的经济史科学方法论广受关注，构架了中外经济史研究学术交流的桥梁。尤其是中青年经济史学工作者更喜欢、更习惯、更娴熟于计量分析，这是学术发展的时尚和潮流，相信未来运用新的研究方法的经济史研究成果会越来越多。只是在这种经济史研究中，要注意的是经济史研究必须要有时代观照和中国观照,它不可能完全转变为纯粹的学术议题和学术游戏,要防止在有限资料数据和大胆理论假设中,忘记了它更需要解释实际问题而不是派生出很多的观念问题。

目前中国经济史的研究刚刚踏入第四个阶段。这个阶段的主要特点,一是加强了国际视野,从全球史观的角度审视中国发展的历程,二是发展自主的知识体系,从打破"欧洲中心论",到重新认识传统中国的社会、历史、文化。这两个方面实际上是相辅相成的,正因为将中国的发展放到一个更宏观的层面考察,才能看到中国历史的独特之处,才能看到社会发展不是只有一种模式。过去以西方为标杆所得到的中外差异被认为是中国落后的原因,随着中国经济的崛起,越来越多基于中国的独特历史文化的经济史研究,开始重视中国特色的历史发展,从传统文化中寻找中国增长奇迹的基因,这是西方经济史理论无法给出明确解释的领域。现在我们强调中国式现代化,正是要坚持和发展马克思主义,传承中华优秀传统文化和历史,立足于中国实践、中国经验,提炼中国理论,这是一个逐步探索、建立自主知识体系和话语权的过程,这是中国经济研究的重要机遇。

## 二、经济史学面临着空前的发展机遇

面对全面建设社会主义现代化国家新征程的时代发展需要,面对构建中国自主经济学知识体系的学术呼唤,中国经济学和中国经济史学需要立足中国实际和世界发展实际,加快创新发展步伐,不断推出具有历史观照、时代观照、中国观照和世界观照的优秀成果。

一是要深入学习习近平新时代中国特色社会主义经济思想并用

以指导经济史学科建设和学术发展。习近平新时代中国特色社会主义经济思想博大精深，是新时代中国特色社会主义伟大实践的理论概括和科学总结。研究中国特色社会主义伟大实践和中国特色社会主义现代化，都需要有这一理论指导。例如目前概括出来的习近平新时代中国特色社会主义经济思想的13个方面，都需要我们结合中国和人类的历史深入思考和研究。

二是要紧密结合中国发展实际和发展要求，立足中国大地进行理论创新。经济理论的养分源于实践，经济理论的生命力来自实践，经济理论工作者要善于从丰富的实践中汲取营养、寻找灵感。经济史研究需要经济学理论的指导，经济史研究更应该提炼经济学理论，经济史研究和经济史理论更要善于从具体实践中提炼创新，这是经济史学者尤为重要的本领。从笔者了解的国际经济史研究状况来看，一些发达国家对自己国家经济史的系列研究已经十分深入了，我国经济史学界与它们的研究深度和广度相比，还有不小的差距。最近笔者读到张卓元老师回忆他自己的学术生涯时说，长期深入实际、从实践中发现问题、寻找答案是他个人认为能够在经济学上有所贡献的根本因素，其中的逻辑和道理耐人寻味。

三是要深入研究马克思主义经济学理论，还要善于借鉴西方经济学有价值的成果。我们发现很多时候思想上的对立远比实际中的对立更激烈，就像家长看到孩子打架而争执，过了一会儿孩子都玩到一起了，家长还在吵架。始终坚持实事求是一件不容易的事情，把实事求是融化到自己的血液里是一辈子的事情，对待不同的理论也要采取实事求是的态度。我们要推进经济史理论创新和方法创新，提炼基于深入研究的经济史重要理论、范畴、概念等，为构建中国自主知识体系做好扎扎实实的基础性工作。在经济学发展史上，许多著名经济学家又是著名经济史学家，例如罗斯托关于经济发展阶段论的分析，就是建立在对美国经济发展史的分析基础之上的。

四是要打通经济学各二级学科的学术联系，推动经济学及各学科的学科交叉和学科融合，从整体上推动学科布局和研究深化。既要鼓励个人坚持不懈的专题研究、掘井得泉，也要倡导集体联合攻关的整体研究，整体推进，把建设中国经济学作为经济学院的发展目标。过去我的老师全慰天曾经说过，经济史学科就像烤鸭店的甜面酱，其实在学科创新和学科发展中，各学科的作用都是不可或缺的。

五是要加强经济史学术史的研究，知晓我们接受的经济史理论和知识是如何形成的。现在学术研究从一定意义上讲就是知识生产和知识传播，因而十分重视知识来源和知识界定，学术史的研究有助于中国自主知识体系的构建。例如，当我们谈到现代化与学术的关系时就会发现，从清末开始，中国的学术就越来越观照中国的现代化，中国的现代化一直都是近代以来中国学术活跃和学术存在的魂灵，尽管它时隐时现。在由传统的混合式学术向近代学术特别是近代分科学术发展的过程中，各个新兴的学科都竭尽全力试图找到本学科对于中国现代化的贡献，也就是要找到本学科在新时代学术思想中的地位或者说位置。学术史的构建有助于我们知道近现代知识的发展路径和方法由来，认识学术史发展的历史必然、错综复杂、功利因素，从而更好地实现中国学术的"双创"发展，更有效地克服学术史上反复出现的妄自菲薄和狂妄自大。

六是要发扬经济学院优良的传统和优秀的文化，把老一辈学者的学术积累和学术成果继承下来、弘扬开来。中国人民大学和经济学院是大师云集、学术流长的高地，经济学院的学术思想早已开枝散叶、惠及全国。不要让中国人民大学的文脉被喧嚣的生活碎片和功利的学术观点葬送了。

# 中国经济史学的源流与展望[*]

魏明孔

## 一、绪论

中国经济史学是理论经济学与历史学的交叉学科和重要分支学科，系现代中国经济学及史学和国际经济学及史学的主要组成部分[①]，是社会科学中的基础学科之一，其时间断限是有文字记载以来的所有文明史。[②] 经济史以研究过程为主，经济史关心的是已经过去的经济演变过程及其规律。虽然有关中国经济史的记载与论述历史悠久，而中国经济史学作为严格意义的学科，其研究却只是走过了

---

[*] 作者：魏明孔，中国社会科学院"登峰战略"资深学科带头人，兼任中国经济史学会会长。

[①] 按国务院学科目录，理论经济学的6个二级学科中，包括经济史、经济思想史两个二级学科；在历史学中国历史一级学科中，经济史是作为二级学科专门史的一个重要方向。

[②] 对此学术界也有不同的看法，如《中国大百科全书·经济学·经济史》则认为中国经济史是"中国自远古至1949年中华人民共和国建立前经济发展演变的历史"（中国大百科全书总编辑委员会，中国大百科全书出版社编辑部.中国大百科全书·经济学·中国经济史.北京：中国大百科全书出版社，1988：1341）。这可能是基于当代人不写当代史的一种学术观点。

100余年的历程。在西方，经济史作为一门独立的学科，于19世纪晚期便从历史学中分野出来。这是因为经济学已经发展成为系统的理论，原来历史学中有关经济的内容，现在可以用经济学的理论来加以分析和揭示了。在中国这个分野要较西方晚一些，大体出现在20世纪前期。由于中国具有重视历史记载的悠久传统，这为中国经济史学科提供了汗牛充栋的资料，使得经济史研究有了一定的史料支撑与基础。① 从20世纪初以来，从事中国经济史方面耕耘的学者，经过数代的艰辛努力与薪火相传，现已初步形成了具有中国特色的经济史学，已经成为国际经济史学百花园中独树一帜的奇葩。

近代以来，尤其改革开放以来，中国的经济史学研究已经取得了骄人的成绩，这当然与我国迅速发展成为世界第二大经济体密不可分，也与改革开放后的思想解放有直接关系。下面在诸贤研究的基础上，试图对中国经济史学的源流、中国经济史学的发展演变进行梳理，与此同时对中国经济史学科之展望略作阐述，以就教于学界同仁。

## 二、中国经济史学之源

历史上有关中国经济的记载可谓源远流长，且从未中断过，这在世界范围内属于独一无二的经济史案例。如果我们从汉代以司马迁的《史记·货殖列传》为标志的"食货之学"开始算起，中国传统经济史较系统的历史便已超过2 000年，其后的官修"正史"中多数有《食货志》。特别是完成于汉武帝时期由司马迁主撰的《史记》，

---

① 对此不能估计过高，因为中国国修史书关注的是政治史和军事史，对于经济史的关注相对要薄弱得多。不仅如此，传统社会对于经济数据的记载比较稀少，更谈不上有系统的数据。即使是对于经济的记载，由于受农本思想的影响，诸如工商业方面的记载也尤其少，这些均成为传统经济史研究的瓶颈。

除了《货殖列传》外，还有《平准书》和《河渠书》，比较完整地对作者所在的汉武帝时代及其以前的传统经济进行了描述与总结。其后的《食货志》系正史中记述财政、经济内容的专志。我们知道，东汉史学家班固在《汉书·食货志》中几乎用一半的篇幅论述"农殖嘉谷"的民食，用另外一半左右的内容叙述"金刀龟贝"的货币，将两者合起来便是"食货志"。实际上，班固的《食货志》就是将司马迁的《货殖列传》与《平准书》以及《河渠书》①进行了合并与改进而成的。为什么正史会以"食货"表述经济与财政呢？这是因为我国最早的历史文献汇编《尚书》在《洪范》篇中提及"八政"，即食、货、祀、司空、司徒、司寇、宾、师等八件施政要事，其中最重要的便是与民生息息相关的"食"与"货"二政。其实在《史记》之前，先秦文献《诗经》《管子》及汉代的《盐铁论》等，都有一定篇幅记载或者论述关于经济史方面的内容，其中不乏一些经验乃至规律性的总结。即使先秦诸子百家学说中也有一定的经济内容，其中在一些方面论述还显得比较深刻。一般来说，我们还是把司马迁所撰写的《史记·货殖列传》作为"食货"之学的滥觞，这是因为其内容比较系统，且为以后的正史所传承，因此作为历史学中的经济史，从《史记》开始算起未尝不可！其后正史中大部分都有《食货志》，从《史记》到《清史稿》，至少有16部中有《食货志》，即专门记载财政与经济的专门篇章，形成了中国特色的传统经济史体系。

除了正史之外，开始于唐代的"十通"②，其首部就是《通典》，它是由唐代宰相杜佑退休后组织撰写的，内容分为九个部分，而以

---

① 按以后的正史将《史记·河渠书》的主体内容置于《地理志》中。
② "十通"是《通典》《通志》《文献通考》《续通典》《续通志》《续文献通考》《清通典》《清通志》《清文献通考》《清续文献通考》10部政书的总称。

篇幅长达 12 卷的《食货典》开其头。《通典·食货典》内容依次分为田制、水利田、屯田、乡党（土断、版籍）、赋税、户口、丁中、钱币、漕运、盐铁、鬻爵、榷酤、算缗、杂税、平准、轻重（平籴、常平、义仓）等。杜佑在序言中强调："夫理道之先在乎行教化，教化之本在乎足衣食"。这与其执政时认识到经济对政治、文化和社会的重大作用有直接关系，作者认识到了在传统社会中农业生产在整个社会经济中的主导地位。元代马端临撰写的《文献通考》，卷一~七是"田赋"，卷八、九是"钱币"，卷十、十一是"户口"，卷十二、十三是"职役"，卷十四~十九是"征榷"，卷二十~二十一是"市籴"，卷22是"土贡"，卷二十三~二十七是"国用"（包括漕运、赈恤、蠲贷等）。《文献通考》从第一卷至第二十七卷，完全是经济史方面的内容，由此可见，至少在唐至宋元时代，当时的人们已经将经济视为重要的社会发展的因素，在正史《食货志》之外增加了经济史的体裁。"十通"中的其他"八通"，同样有一定的经济方面的内容，且将其置于重要地位，限于篇幅，这里从略。

另外需要说明的是，自宋代以后地方志编纂日新月异，并且以井喷的态势出现，新中国成立之前的地方志保存下来的超过 8 000 种，地方志中对当地经济的记述往往是其重点之一。清代著名学者章学诚在《文史通义》中指出，"国史、方志，皆春秋之流别"。近代学者李泰棻在《方志学》中进一步强调，在中央者，谓之史；在地方者，谓之志。在宋代之前，诸如《华阳国志》《蛮书》及《山海经》等都是专门志书，另外，正史中的少数民族传记，是有地方志的主要特质的。再如《元和郡县图志》《天下郡国利病书》等，均有丰富的包括经济史在内的地方史料。我国记载地方包括经济在内的历史同样比较悠久，正因为有比较丰富的地方资料的积累，从宋代开始地方志成为一个独立的史学体裁得以进一步完善与独立起来。虽然地方志一直没有从历史学中分离出来，却是历史学的一个有机组成部分。

如上所述，正史、"十通"和地方志共同构成了我国传统社会经济史料的三个基本来源。另外，地下考古文物的大量出土，为经济史的研究提供了一定直观且第一手的资料，其中有些考古实物或资料可弥补文献记载之不足，是经济史尤其是古代经济史研究不可或缺的重要史料来源。除此之外，档案资料也是不可忽略的经济史料的重要来源。

上面只是从传统经济史料的主要来源来说的，实际上古籍中的经史子集中均有一定的经济史内容，这样将使得经济史研究的史料来源显得具有丰富性与多样性，同时使经济史研究史料的获得变得非常不易。

总之，正是中国传统史书中对于经济史记载的重视程度，无疑使得史书中有关经济的记载可谓汗牛充栋，特别是从汉代以来正史的"食货"记载、"十通"中的经济内容以及地方志中的经济史料，是我们今天所能够继承的丰厚文化遗产的重要内容之一，对于近代乃至当下的经济史学仍然有一定影响。

## 三、中国经济史学的发展

近代以来，我国经济史研究曾出现过两个高潮：一是马克思主义传入中国之后的20世纪二三十年代，仁人志士为了探索中国发展的道路，经济史成为其构建思想理论体系的重要基础之一，使得当时经济史研究的实践性和理论针对性非常强，产生了一批至今影响巨大的重要研究成果和重要代表人物。其中关于中国道路的大论战影响尤其深远。二是20世纪70年代末开始的改革开放时期至今，虽然这一时期中国经济史的发展多有曲折，包括改革开放初期在经济学院完全取消了经济史课程，但从整体上看不失为中国经济史研究的黄金期，经济史研究呈现出全方位和纵深发展格局，研究成果不管从数量上还是质量上均值得一提。

## （一）近代中国经济史学的转型

近代著名思想家、历史学家梁启超早在20世纪20年代就对经济史研究有专门的论述。他如此强调经济史的重要性，"经济事项，譬如人生的血液。我们做经济专史，可以因人类经济行为的发生次第来做分类的标准"。他根据自己的理解，认为中国经济史最重要的是消费和生产，其次是交易，最末才是分配。暂且不论其顺序是否合理，而将经济史与近代经济学联系在一起进行论述，在当时是难能可贵的，或者说梁启超经济史的理念明显受到现代经济学的影响。梁启超认为，在历史研究中，没有比做经济史更加困难的领域，"因为资料极其缺乏"。正因为如此，"凡关于经济事项，若研究其历史，不能不和政治史、文化史脱离而另取一方向。"同时指出，"做文化史、政治史多由古及今，做经济史当由今及古"。这种与政治史、文化史研究的逆向研究方法，是鉴于经济史史料匮乏的实际而采取的一种措施。对于研究方法，梁启超认为，专题研究比较适合经济史，"进一步到生产方面，分别为渔猎、畜牧、农耕、矿业、家庭手工业和现代工业，每一种须一专史，中间看哪一种最发达，历史也跟着详细一点"。[①] 这是我国学者较早对经济史资料、专题研究及理论方面的探讨，其中将经济史与当时文化史、政治史等联系起来进行研究的思路，即使对于我们今天仍然有一定的参考价值。

梁启超在《中国历史研究法》之第一章"史之意义及其范围"

---

[①] 梁启超.中国历史研究法补编.分论三第三章"经济专史及其做法"//中国历史研究法.上海：上海古籍出版社，1987：273-276.

中，就"欲成一适合于现代中国人所需之中国史，其重要项目"中有关经济史方面的内容主要讲述了以下五个方面：一是"经济基件，衣食住等之状况自初民时代以迄今日，其进化之大势何如"？二是"农工商更迭代嬗以占经济之主位，其推移之迹何如"？三是"经济制度，例如货币之使用，所有权之保护，救济政策之施行等等，其变迁何如？其影响于经济状况者何如"？四是"人口增殖移转之状况何如？影响于经济者何如"？五是"与外国交通后所生经济之变动何如"？① 梁启超在这里提出的有关经济史的诸个内容，或者说其关于经济史的"五问"，确实是经济史研究领域难以回避的核心问题，其对于我们今天研究经济史仍然是合时宜的。实际上，早在1904年梁启超的《中国国债史》就由广智书局付梓，这无疑是20世纪初最早的中国近代经济史专著。②

1930年陶希圣所著的《中国封建社会史》，主张周代的中国即系封建社会，春秋之际封建制度开始分解，但封建经济则一直续到1500年。尤其重要的是，陶希圣还对中国封建社会的土地制度、庄园制度、农民状况以及分封制度等均进行了叙述与分析。③ 瞿同祖于20世纪30年代采用当年西方盛行的封建社会理论来比照分析我国的封建社会，强调封建社会的要点是土地所有权的有无、地主与农民的关系，等等。瞿同祖强调封建社会只是以土地组织为中心而确定权利义务关系的阶级社会而已。④ 时值中国社会性质大论战，虽然对中国社会性质的看法存在比较大的差异，但是已经有人将封建作为一个社会来认识，

---

① 梁启超. 中国历史研究法. 第一章"史之意义及其范围"//上海：上海古籍出版社，1987：5-6.
② 杨祖义. 中国经济史学萌芽的分析与探讨. 聊城大学学报（社会科学版），2004（5）：86-88. 赵德馨、虞和平等均有这方面的重要论述。
③ 陶希圣. 中国封建社会史. 上海：南强书局，1930.
④ 瞿同祖. 中国封建社会. 北京：商务印书馆，1936.

而不再是一种单纯的政治制度了。<sup>①</sup> 这种讨论一直延续到今日。

中国近代食货学派以食货学会1934年年底创办《食货》半月刊为标志出现了。《食货》在创刊号"编辑的话"中强调,"这个半月刊不把方法当结论,也不是没有一点什么疑问,没有一点什么假设,单纯排起材料来的。并且,也不是已有丰富的材料。这个半月刊要集合,要欢迎在切实的方法之下搜集的材料。只要有相当的材料,足够提出一个问题来,或足够说明一个项目,便可登载。对于成熟的系统的论文,固然万分的喜悦,便是一断片,一段落,都可以收罗"。从创刊号的目录可以看出其作者阵容的豪华、题目的恢宏:鞠清远《汉代的官府工业》,何兹全《魏晋时期庄园经济的雏形》,李旭《魏晋南北朝时政治经济中心的转移》,黄谷仙《天宝乱后农村崩溃之实况》,陶希圣《王安石以前田赋不均与田赋改革》,全汉昇《宋代都市的夜生活》。但是,《食货》半月刊到1937年7月便寿终正寝,只维持了三年半的时间,共出版61期。<sup>②</sup> 其中原因相当复杂,作为食货学会的会刊,《食货》半月刊是志愿或正在研究中国经济社会史的学者的学术刊物,定位为"这个社会史专攻刊物",其在创刊号"编辑的话"中开宗明义指出这个半月刊"并不像过去所谓'中国社会史论战'那样的激昂,那样的趋时"。这是其办刊短命而亡的重要原因之一,再加上在抗战的特殊环境下,其寿终正寝也就不难理解了。<sup>③</sup>

20世纪初期正是中国社会转型的重要时期,马克思主义学者做出了积极贡献,这无论在社会史大论战中还是在学术研究中都是如

---

① 马克垚. 关于封建社会的一些新认识//中国社会科学院历史研究所,中国社会科学院经济研究所,中国社会科学杂志社《历史研究》编辑部. "封建"名实问题讨论文集. 南京:江苏人民出版社, 2008.
② 《食货》于1971年在台湾复刊,现为月刊。
③ 魏明孔. "学派"与学术杂志:追记吴承明先生关于经济史期刊的点滴教诲//王玉茹,吴柏均,刘兰兮. 经济发展与市场变迁:吴承明先生百年诞辰纪念文集. 天津:南开大学出版社, 2016.

此，同时在人才培养方面亦是如此。特别是马克思主义认为经济基础决定上层建筑的思想，历史唯物主义的理论和方法，对中国经济史学界的影响深远。早在20世纪20年代，傅筑夫便开始用马克思主义的经济理论来分析和研究中国的社会经济问题，并写成了约23万字的《中国社会问题之理论与实际》专著，于1931年4月由天津百城书局出版，这是其计划《农民问题与中国革命》研究中的一部分。傅筑夫的研究顺应当时中国的社会变革，他的学术研究自觉参与了中国命运大论战，应该说他的研究非常接地气，具有理论高度。严中平20世纪30年代到南通等地进行手工纺织业的调研，最后写成《中国棉业之发展》，系对中国资本主义发生过程的个案分析，先后印刷出版过多次，1943年由商务印书馆在重庆出版。

中国是一个传统的农业大国，农业、农村、农民问题是最基本的国情，也是了解中国社会的最基本的途径。20世纪30年代关于农村社会经济的调查便如火如荼地展开。其中一个是延续至今的无锡保定农户经济调查，一个是卜凯农村经济调查。20世纪二三十年代是我国经济史研究的黄金时期，仁人志士为中国未来发展道路在进行着艰难探索，其中对农户经济的调查与研究是最重要的内容之一。在农户农村调研中，"无保农户经济调查"与"卜凯农户调查"尽管调查者的背景不同，但其成果对当时社会均产生了深远影响，同时也受到海内外学术界的高度关注，这种关注至今方兴未艾。正因为如此，当年农户经济调研者所在的单位即今南京农业大学和中国社会科学院经济所成为研究中国农户经济的重镇，当在情理之中。胡浩、钟甫林、周应恒编著的《卜凯农户调查数据汇编（1929～1933）（四川篇）》作为"卜凯农户调查数据汇编（1929～1933）丛书"之一，已由科学出版社2020年出版；由隋福民撰写"序言"，中国社会科学院经济研究所、江苏省统计局、河北省统计局整理编辑的

《无锡、保定农村调查资料（1929—1957）》，社会科学文献出版社已于2021年正式出版。这对于我们认识20世纪初期中国农村的基本现状是非常有价值的。应该说，当时的农村社会经济调查，对于我们认识当时中国社会的性质具有非常重要的价值，同时也为我们今天进行农村社会经济调查提供了比较成功的案例。

## （二）新中国关于社会经济的讨论

新中国成立以后，经济史学界坚持以马克思主义为指导，对中国古代社会、近代社会经济进行了全新的讨论，其中历史学界在20世纪50—60年代风靡一时的"五朵金花"讨论，即中国古代史分期问题、中国封建土地所有制形式问题、中国封建社会农民战争问题、中国资本主义萌芽问题、汉民族形成问题等，几乎都包括经济史内容在内。现在对集全国历史学界之力进行诸如这五个问题的讨论，学界有不同的看法，如当时研究有以论代史之嫌，但其对于包括经济史的深入研究有一定的贡献。其中如关于封建社会的讨论，即使今天仍然是方兴未艾的研究课题。后来关于唐宋变革[①]、富民社会[②]、明清帝制农商社会[③]的讨论等，均对经济史研究具有重要的推动意义。限于篇幅，下面只是就对近年来封建社会名实的讨论情况略作梳理，以便对这些问题的讨论有一个大体的了解。

关于中国历史上的封建社会的概念即名实问题，在学术界引起了激烈争论，至今仍然是一个热点问题。在中国学术界，从20世纪30年代的中国社会性质大讨论开始，"封建社会"的提法就比较普

---

[①] 李华瑞．"唐宋变革"论的由来与发展．天津：天津古籍出版社，2010．
[②] 林文勋，田晓忠．再论中国古代"富民社会"的形成．思想战线，2022（5）：65-76．
[③] 赵轶峰．明清帝制农商社会研究：初编．北京：科学出版社，2017．

遍，到50年代关于历史分期的讨论中，也必然涉及封建社会概念的内涵问题，包括郭沫若、范文澜、侯外庐、何兹全等先生均做过深入系统的研究。2006年冯天瑜《"封建"考论》自出版以来便受到学术界高度关注。作者认为，在我国学术界流行半个多世纪的"封建社会"论，实际上是一种"泛封建观"，与"封建"的"本义""西义"以及马克思的"原论"均有背离。作者提出了一个包容古今中外词义的历史分期标准。① 侯建新也认为，在我国将西欧的 feudalism 社会视为具有适用于包括中国历史之内的普遍意义的"封建制度"或"封建社会"，最初源自严复的误译；继而在中国社会史论战中，人们将马恩使用的包括封建社会在内的社会形态发展阶段概念，特别是斯大林的"封建制"概念视为普遍规律，运用于中国历史分期，从此中国和西欧有了相同的"封建社会"。②

对冯天瑜和侯建新关于封建概念的观点，学术界给予充分肯定的有之，对其进行商榷和批评者亦不少。有鉴于此，2007年11月，中国社会科学院历史研究所、经济研究所和《历史研究》编辑部与在京的高校学者召开了史学理论研讨会，会议主题是对"封建"名实问题的讨论。会议讨论的内容最后以《"封建"名实问题讨论文集》③ 出版。下面是其中的一些代表性观点。林甘泉的《"封建"与"封建社会"的历史考察》强调，封建社会的命名和时段判断，实际上是具有意识形态色彩的史学理论问题。马克思主义学者无论是西周封建说者、战国封建说者还是魏晋封建说者，都是以马克思的社会经济形态说为理论指导的。但封建社会时段问题毕竟又是一个学

---

① 冯天瑜."封建"考论.武汉：武汉大学出版社，2006.
② 侯建新."封建主义"概念辨析.中国社会科学，2005 (6)：173-188.
③ 中国社会科学院历史研究所，中国社会科学院经济研究所，中国社会科学杂志社《历史研究》编辑部."封建"名实问题讨论文集.南京：江苏人民出版社，2008. 该论文集也收录了部分未与会学者的文章.

术问题。新中国成立以来，除了"文化大革命"时期以外，关于历史分期问题的讨论，各种学术观点都可以充分发表意见或诘难。冯天瑜将主张秦汉至明清是封建社会的观点说成是基于政治需要的"泛封建化"，是苏俄及共产国际以"封建"指称中国的产物，是毛泽东"泛化封建观"支配史学界的结果，这就把大半个世纪以来的历史分期问题的讨论完全政治化了。[1] 李根蟠的《略谈马克思主义的封建观和社会形态观》强调的是，社会经济形态学说是唯物史观的基石，抽掉这块基石，唯物史观就要倒塌。五种生产方式依次演进的理论是社会经济形态学说在人类历史研究中的具体运用，虽然两者并不完全等同，但确实是密不可分的。如果把奴隶社会、封建社会、资本主义社会逐一抹杀，社会经济形态学说和唯物史观就基本被否定了。[2] 马克垚在《封建主义概念的由来与演变》中认为，封建主义，虽然西方学者强调的是封臣制和封土制，但从它产生的那时起就和当时的政治、法律、社会、经济等制度联系在一起，只讨论狭义的封建制是不可能的。所以苏珊才说，对她来说，狭义的封建主义远没有广义的马克思主义的封建主义重要，可是狭义的封建主义妨碍了对封建主义的研究，特别是用比较方法研究其他国家的封建主义。我们应该避免苏珊说的这一缺点，用比较研究把封建主义、封建制度和封建社会的研究推向深入。[3] 张岂之、刘文瑞的《封建社会概念辨析》一文的结论是："封建"这一词汇，在社会发展中和学术研究中已经发生了语义变化，我们没有必要也不可能回到过去。在中国"封建社会"这一概念的提出及其广泛运用，反映了中国学术界在西学东渐的大背景下，数代学者推进史学理论建设的成果，这其中既包含了老一代的实证史学的贡献，也包含了马克思主义史学的

---

[1][2][3] 中国社会科学院历史研究所，中国社会科学院经济研究所，中国社会科学杂志社《历史研究》编辑部."封建"名实问题讨论文集.南京：江苏人民出版社，2008.

贡献。这种贡献究其本质是学术性的，是在历史研究中运用现代社会科学理论的尝试，是不可以任意加以否定的，探究其演变，发掘出这种演变中包含的学术成就，只有在此基础上才能推进学术创新。①

吴承明强调明清以后至明清的中国是有中国特色的封建主义。②李红岩《20世纪30年代的"封建"论争》一文强调的是，封建问题的指向是社会形态，是历史的普遍性与特殊性、统一性与多样性问题。其中中国马克思主义史家在封建社会的起点上认识虽然不同，具体的论述角度也有差异，但遵循了共同的原则，即全都顺应了时代要求，强调了人类历史的统一性、规律性与一元性，对中国社会特殊论、商业资本主义说以及诸如封建社会并不由奴隶社会演变而来、奴隶社会还在封建社会后头之类的观点给予批判。特别是在中国封建社会的下限上观点一致。这种一致，其意义和价值远远大于它们之间的分歧。这对于破解中国社会特殊论，将中国历史梳理出合乎人类普遍发展规律的谱系，意义是非常重大的。③陈支平在《跨越时空论"封建"》中指出，"中国封建社会"一词之所以为大部分中国学者乃至民众所接受，成为约定俗成的时代名词，是因为它是符合马克思主义唯物史观的最基本的原理的，即社会生产力的发展水平是形成生产方式的决定性的因素。在近代工业化之前，中国的社会生产力发展水平与欧洲以及亚洲许多国家的发展水平基本相同，其各自由此而产生的生产方式也理所当然地是在同一历史阶段里。虽然地域的不同与文明发展道路的差异导致了各自"封建社会"生产方式的表现形式有所不同，但其社会本质是基本一致的。我们只有以超越时空的广阔深邃视野，以粗线条的规律性的探索归纳，才能从更为理性化的角度来辨识"中国的封建社会"，从而避免过去那

---

①②③ 中国社会科学院历史研究所，中国社会科学院经济研究所，中国社会科学杂志社《历史研究》编辑部．"封建"名实问题讨论文集．南京：江苏人民出版社，2008．

种对号入座式的纠缠不清的烦琐讨论。① 李根蟠先后于 2004 年、2007 年发表的《中国"封建"概念的演变与封建地主制理论的形成》《"封建"名实析义》② 等论文，阐述了其对封建概念的认识。在《王亚南关于中国封建社会的理论不容割裂和歪曲》中，李根蟠对其观点做了进一步的总结：王亚南对中国社会的研究是自觉地以马克思主义唯物史观为指导的，具体说来是以马克思关于社会经济形态及其有序演进的理论为指导的，同时他没有抹杀不同地区、不同民族的特殊性，没有把一般规律变成僵死的模式。王亚南认识到中国封建社会的变化具有典型意义，反映了一位真诚的学者是如何在马克思主义的指导下追求真理和接近真理的。③

冯天瑜的《中国"封建社会"再认识》的主旨是：汉语旧名"封建"本指殷周分封制度，又延及后世各种封爵建藩举措，还用来指与分封制相关的朝政、官职、人身关系、土地制度、民族关系、国际关系等。此为古时不刊之论。近大半个世纪在中国，称秦汉至明清的两千多年社会为"封建社会"，称各种落后、腐朽、反动的制度、思想、习惯乃至人物为"封建专制""封建阶级""封建帝王""封建官僚""封建军阀""封建文人""封建思想""封建意识""封建迷信""封建愚昧""封建糟粕""封建头脑""封建礼教""封建婚姻""封建习俗"等。这些都属于"封建"被泛化，脱离了"封建"的本意指向，也与 feudalism 的含义大相径庭。故"封建"概念的厘定反映了思想文化领域错综复杂的演绎状况，涉及"名"与"实"、"概念"与"所指"的切合性，直接关系到古史分期及社会形态把握

---

①③ 中国社会科学院历史研究所，中国社会科学院经济研究所，中国社会科学杂志社《历史研究》编辑部. "封建"名实问题讨论文集. 南京：江苏人民出版社，2008.
② 李根蟠. 中国"封建"概念的演变与封建地主制理论的形成. 历史研究，2004（3）：146-172. 李根蟠. "封建"名实析义. 史学理论研究，2007（2）：24-42.

等历史宏大叙事问题，与人文、社会科学诸学科的发展均相关联，故对其考索探究、阐微决疑，既非细事，也非易事。另外，冯天瑜对严复和陈独秀的"封建观"进行了比较研究。① 黄敏兰的《从四种"封建"概念的演变看三种"封建社会"的形成》提出了独特的观点：在确认的西周的、西欧的和五方式理论的"封建"概念外，还有第四种封建概念，这便是中国秦汉以后的封建概念，且不能将其与五方式理论的"封建"混为一谈，因为其中包含的大多是中国自身的内容。五方式理论的"封建"概念是中性的和高度抽象的，而中国的"封建"概念多是贬义的、批判性质的，针对的是中国社会里存在的种种具体事物和制度——基本上是落后的和丑恶的。这一特征和表现无论是在西欧封建概念还是五方式理论的封建概念中都难以找到。现代中国人最为熟知，而且运用最广泛的就是中国式的"封建"概念，即被误解和滥用的封建概念。② 马克垚对近代以来中国学术界对于"封建"社会的认知进行了系统考察：从严复起，中国的许多知识分子已经不再把封建单纯理解为一种政治制度，而是兼及社会和经济内容。1930年陶希圣所著的《中国封建社会史》主张周代的中国即封建社会，春秋之际封建制度开始分解，但封建经济则一直续到1500年。尤其重要的是，陶希圣还对中国封建社会的土地制度、庄园制度、农民状况以及分封制度等均进行了分析。

笔者则认为，在我国沿用多年的"封建社会"已经成为一种约定俗成的概念，虽然其中有日语对欧洲封建社会翻译的因素在内，但并不影响我们对其的理解，即不会因此而与西周的"分邦建国"等同起来，就如同"干部"等外来词一样，并不会影响我们对于其真实含义的理解。实际上，在这一方面学术界已经取得了比较多的

①② 中国社会科学院历史研究所，中国社会科学院经济研究所，中国社会科学杂志社《历史研究》编辑部．"封建"名实问题讨论文集．南京：江苏人民出版社，2008.

研究成果，诸如有成果系统探讨了中国历史发展的地理环境，中国封建社会的农业生产、人口问题、结构及其运转、王朝兴亡周期律，以及6—14世纪的社会生活等。① 这一方面，著名经济史学家傅筑夫的研究成果，值得引起我们的高度重视。②

## （三）新中国关于中国经济通史及断代经济史的成果

贯通的经济通史是经济史研究的重要成果，下面只是就其中的几部略作介绍。由吴承明作序的《中国经济通史》九卷本，集国内经济史学术研究之大成，其中"先秦经济卷"由周自强主编，"秦汉经济卷"由林甘泉主编，"魏晋南北朝经济卷"由高敏主编，"隋唐五代卷"由宁可主编，"宋代经济卷"由漆侠主编，"辽金夏经济卷"由漆侠、乔幼梅主编，"元经济卷"由陈高华、史卫民主编，"明经济卷"由王毓铨主编，"清代经济卷"由方行、经君健、魏金玉主编，该书在国内外受到高度重视。实际上，这九卷本的《中国经济通史》，也可以看成是断代经济史的优秀成果，每个断代均由当时最著名的经济史专家担纲，反映了各个时段经济史研究的最高水平，因此，九卷本的《中国经济通史》合之为一、分之为九，是中国经济通史与断代经济史研究的成功样本。

侯家驹的两卷本《中国经济史》③探讨了中国经济史的功能与范围、演进轨迹，将中国自秦汉以来区分为三个体制与两个多元体制时期，对于各个体制的经济制度、生活环境、公共政策等进行了集中讨论，并评判其中的财政得失。除了根据具体史料从一般经济理

---

① 宁可. 中国封建社会的历史道路. 北京：北京师范大学出版社，2014.
② 赵德馨. 傅筑夫对经济史学科的探索及其独特贡献. 中国经济史研究，2023（2）：181-188. 魏明孔. 序言//傅筑夫文集：第一辑"中国封建社会经济史". 北京：首都经济贸易大学出版社，2023.
③ 侯家驹. 中国经济史. 北京：新星出版社，2010.

论观点进行评论外，该书还提出了地盘成本即保障成本及制度成本的概念，以作为衡量经济政策得失的依据，对于研究中国经济史有一定的参考价值。

宁可主编的五卷本《中国经济发展史》[①]，朱伯康、施正康主编的两卷本《中国经济通史》[②]，田昌五、漆侠主编的四卷本《中国封建社会经济史》[③]，赵德馨主编的九卷本《中国经济通史》[④]，均是研究中国经济史的贯通著作。

齐涛主编《中国古代经济史》[⑤]，从中国古代的自然与社会环境、社会大分工与中国古代经济结构的初步形成、中国古代农业经济与农业生产技术的发展、中国古代的土地与赋役制度、手工业商业的发展与城市经济的繁荣、工商货币政策的沿革、经济区域的变迁与经济重心的移动、资本主义萌芽与中国古代经济的归宿，论述了中国古代经济史。

另外，凡中国通史及断代的史学论著中，均有一定篇幅的经济史内容，其中有些经济史方面的内容见解独到，颇具启迪价值，不失为中国经济史学不可或缺的内容，限于篇幅，这里只能割爱了。

中国经济史学科建设中，中华人民共和国经济史既是一个新的领域，更是异军突起的研究方向。1985年出版了《中国社会主义经济简史》，1987年《中华人民共和国经济史简编》付梓后，新中国经济史论著如雨后春笋，特别是多卷本《中华人民共和国经济史》问世并不断续写，标志着中国现代经济史学科的诞生。[⑥] 特别需要指出

---

① 宁可. 中国经济发展史. 北京：中国经济出版社，1999.
② 朱伯康，施正康. 中国经济通史. 北京：中国社会科学出版社，1995.
③ 田昌五，漆侠. 中国封建社会经济史（四卷本）. 济南：齐鲁书社；北京：文津出版社，1996.
④ 赵德馨. 中国经济通史. 长沙：湖南人民出版社，2002.
⑤ 齐涛. 中国古代经济史. 济南：山东大学出版社，1999.
⑥ 中华人民共和国经济史与中国现代经济史既有包容也有区别，从学科概念上讲应该是中华人民共和国经济史包含在中国现代经济史之内。

的是，《中华人民共和国经济档案资料选编》是由中国社会科学院、中央档案馆编的大型资料集，分专题将1949—1965年中央档案馆的经济档案整理出版，主要由中国社科院经济研究所的董志凯、陈廷煊、武力、徐建青、赵学军等人完成，成为研究新中国经济史的基础史料。

吴承明、董志凯主编的《中华人民共和国经济史》主要叙述了1949—1952年新中国的经济历史。[1]

1992年我国确定建立社会主义市场经济体制以来，经济史学界便就围绕如何评价我国历史上的商品流通进行了热烈讨论，其中对于历史上比较发达的商品流通的主要讨论内容包括历史上比较发达的商品流通是不是市场经济，或者说是什么时候进入市场经济的。[2]关于历史上的商品经济的讨论，近年来是非常热门的一个话题。吴承明通过研究认为，中国历史上商品经济一向比较发达，没有像西欧中世纪那样有一个300年的倒退。在16世纪中国市场已经有了"转变"的端倪。但是，由于种种原因，其起伏跌宕，直到民国时也没有完成这种转变。因此，不能将中国历史上的商业繁荣等同于市场经济。我国认真地建立市场经济体系，还是改革开放以来的事。但是其源远流长，历史上的顺流和逆流都可为这种转变提供借鉴。研究从传统经济向市场经济的转变，应是经济史研究的一个重要课题，从16世纪到21世纪，上下500年，内容是很丰富的。[3]杨德才的《中国经济史新论（1949—2019）》[4]是对新中国70年经济史的最新探索。

在包括根据地在内的新中国经济史研究呈现异军突起势头的同时，传统经济史也是老树新枝，取得了许多值得关注的成果。

---

[1] 吴承明，董志凯. 中华人民共和国经济史. 北京：社会科学文献出版社，2010.
[2] 吴承明. 传统经济·市场经济·现代化. 中国经济史研究，1997（2）：1-5.
[3] 吴承明. 市场·近代化·经济史. 昆明：云南大学出版社，1996.
[4] 杨德才. 中国经济史新论（1949—2019）（上中下册）. 北京：经济科学出版社，2020.

中国经济史作为一个学科，从萌芽到形成再到比较成熟，赵德馨教授认为是有如下标准的：一是出现了中国经济史专业的研究机构；二是出现了以中国经济史为主要内容的专业刊物或报纸上的专业副刊、专业栏目；三是出现了以研究中国经济史为旨趣的专业学术团体；四是这些机构、刊物、团体等提出了研究中国经济史学的目标、理论、方法、规范和共同认可的学科名称；五是对中国经济史的研究从专题发展到综合，从专题经济史、部门经济史走向国民经济史，出版了一系列的论著，特别是多卷本的国民经济史著作；六是出现了中国经济史专业人才的培养制度与机制（包括大学里设置经济史专业的课程、教席、教研室、经济史专业的专业化本科生、研究生与导师）。[①] 按照上面这六个标准，20 世纪 80 年代改革开放以来，随着中国经济史学会、中国经济思想史学会、中国商业史学会等专业性学会的先后成立，《中国社会经济史研究》《中国经济史研究》杂志及一些经济史集刊的相继问世，一些经济史研究院、所、室、中心的设立，一些经济学院经济史学系的设置，经济史方向的硕士生、博士生的招收以及博士后流动站的设立，标志着中国经济史学已经进入快速发展的通道。有学者提出经济史学科成熟的标准是：经济史实的系统化，经济史理论的系统化，经济史学理论的系统化，经济史学科历史的系统化，以及经济史学科工具书的系统化。[②] 在这五个系统化中，经济史实的系统化和经济史学科历史的系统化是基础，经济史理论的系统化和经济史学理论的系统化是升华，经济史学科工具书的系统化则是综合性表现。[③] 另外，经济史资料的

---

① 赵德馨. 中国经济史大辞典. 武汉：长江出版传媒，崇文书局，2022.
② 王梅梅. "2021 年度中国现代经济史学科研究动态及前沿问题研讨会" 综述. 中国经济史研究，2021（3）：190-192.
③ 赵德馨. 中国经济史大辞典. 武汉：长江出版传媒，崇文书局，2022.

大量发掘、出版、整理、甄别与利用,也是一个不能忽略的方面。资料是经济史研究的基础,改革开放以前的经济史资料工作基本上是近代一枝独秀,古代经济史资料的整理出版和发掘利用受到各种限制。这种状况在改革开放以来有了明显的改观,整理出版了大批古代经济史的文献档案资料,丰富多彩、层出不穷的考古材料,包括出土实物和文字材料,如农作物、工具、甲骨文、金文、秦汉三国简牍、敦煌吐鲁番文书、墓志、碑刻、民间文书、族谱等等,被广泛运用于古代经济史研究,与文献记载相印证,不断补充、匡正或深化人们的认识,为古代经济史研究增添了活力。新资料的发现和整理可以说是遍地开花。走马楼简牍的整理和利用可作为其中一个例子。蒋福亚的《走马楼吴简经济文书研究》、高敏的《长沙走马楼简牍研究》、沈刚的《长沙走马楼三国竹简研究》、凌文超的《走马楼吴简采集簿书整理与研究》、于振波的《走马楼吴简初探》等,系对吴简研究的代表性著作,对推动三国时期尤其是吴国的社会经济研究很有意义,因为三国经济史研究中有许多空白,走马楼简牍正好可以弥补其中的一些薄弱环节,使得该时期的经济史研究相对活跃。各地发掘和整理的墓志、碑刻资料令人眼花缭乱,其对于我国古代经济史研究的推动意义,无论如何评价都不为过。在对于古代经济史资料的整理中,清史纂修工程组织编辑出版的数量可观的清代史料,对于推动清代经济史研究功不可没。另外特别值得一提的是《中华大典》。该典系搜集、整理、编纂自有文字记载至1912年以前的有关汉文字资料,计24个典。其中《经济典》、《农业典》和《工业典》包含丰富的古代经济史研究资料,计1.3亿字,这些资料将对推动传统经济史研究有所裨益。

经济史研究的第二个高潮是自改革开放至今。虽然这期间中国经济史研究多有曲折,包括高校经济学院在改革开放之初均无经济史的课程，但是从整体上来看，仍然不失为重要的研究黄金期，经济史研究呈现了全方位和纵深发展的格局，研究成果从数量和质量上都值得一提。就我个人的粗略统计和估算而言，仅在"十三五"期间国内学术界发表的经济史相关论文就有 1.4 万篇左右，学术著作约 400 部，而资料集超过了 100 部。经济史研究的范式、方法和理论都有新的进展和变化。经济史研究的热度十分喜人，比如，近年来的中国经济史学会年会每次都是以文会友，参加会议的同仁都超过 300 人，从中可以看出经济史的研究现在处于一个比较强劲的态势。应该说，中国经济史学自改革开放以来，确实到了一个比较成熟的程度。

## （四）经济史教学与经济史人才培养

在我国经济史学科建设中，经济史教学与经济史人才的培养是非常重要的一个内容。唐代韩愈总结的"师者，所以传道、受业、解惑"之职能，在传统经济史中得到了充分的体现，尤其"百工之人，不耻相师"更成为当时工匠的一个优良传统。而现代意义上的经济史学人才教育与培养，却是近代以来的事，特别是新中国成立后才将其提上议事日程。

经济史研究与经济史的教学是分不开的。自马克思主义传入中国以后，用历史唯物主义基本原理指导教学与人才培养，便成为当时的一股新潮。马克思主义史学家吕思勉先生在 20 世纪 30 年代就在安徽大学等高校讲授经济史。1932—1936 年，傅筑夫先生任中央大学教授，主讲中国经济史。1947 年上半年，傅筑夫在东北大学任商学院院长，讲授中国经济史和经济学。1947 年 8 月，傅筑夫任南开大学教授，同时给本科生讲授中国经济史、外国经济史两门课，还负责经济研究所研究生的课程，另外还兼任经济研究所研究生指导委员会主任委员。

新中国成立后,在全国高校设立经济史课程的高校首推中国人民大学。早在20世纪50年代初中国人民大学就设立了马克思主义政治经济学课程,并且专门设置了经济史教研室,特别是在1953—1956年由尚钺教授牵头举办的中国近代经济史专业的研究生班,培养了一大批经济史大家。南开大学的傅筑夫在中国人民大学中国近代经济史研究生班的任教,为其教育生涯留下了浓厚一笔。1953年中国人民大学在全国招收了16名中国近代经济史研究生,均是各大学德才兼备的在职人员,学制是3年。1954年9月傅筑夫被聘为中国人民大学中国历史研究室国民经济史教授,系中国近代经济史研究生班的专业任课老师。傅筑夫自到中国人民大学兼职伊始,就一边授课一边编写讲义,并指导研究生撰写论文。傅筑夫在中国人民大学研究生班的讲义最后集结成了80万字的《中国近代经济史》。当年中国人民大学的这16名研究生,后来均成为我国经济史研究与教学的领军人物。今天仍然活跃在学坛的经济史大师、新中国经济史奠基者之一赵德馨及周秀鸾教授,就是其中的代表。另外已经谢世的如南开大学的郭士浩、复旦大学的叶世昌、中国社会科学院经济研究所的陈振中、四川财经学院的钟振和侯宗卫、辽宁大学的于素云和张俊华、中国人民大学的张耀煊、兰州大学的魏永理等,均是经济史或经济思想史领域的名家。[①] 正是因为有这样的传统和基础,中国人民大学的经济史研究在国内外独树一帜,引领着经济史研究的方向。我们现在来看,中国人民大学的经济史具有非常明显的特色,至少包括以下几点:一是中国经济史与世界经济史并驾齐驱。时下高校或研究单位,一般是世界经济史团队中很少有中国经

---

① 孙睿. 中国人民大学经济史学的发展//魏明孔. 中国经济史学研究报告(2022). 北京:社会科学文献出版社,2003.

济史教学与研究人员，或者中国经济史比较薄弱，而研究中国经济史的团队又没有研究世界经济史的，中国人民大学中国经济史和世界经济史力量都非常强，学院老师编著的《世界经济通史》《中国经济史》等成为高校教材，在全国经济史团队中鹤立鸡群。二是理论经济学的经济史与历史学的经济史相得益彰。三是经济史教学与经济史研究并重。前面已经强调了，中国人民大学是国内最早开设经济史课程、成立教研室并最早招收经济史研究生的高校，这一优良传统在新世纪得到了发扬光大，中国人民大学经济学院率先呼吁加强经济史教育与研究，如2015年主办了"在中国经济学中如何加强历史研究和教学"学术研讨会，社会影响非常大，这也成为中国人民大学每年举办的"经济与历史"学术会议的第一届会议，确实在引领中国经济史教学与研究的方向。

"十三五"期间各研究单位及高等院校对于经济史学科建设和人才培养比较重视，取得了明显成效。经济史作为理论经济学的二级学科[①]和中国历史二级学科专门史的主要方向之一，系重要的基础学科，越来越受到重视。中国社会科学院经济研究所、近代史所、古代史所、当代中国研究所，上海社会科学院，天津市社会科学院，广东省社会科学院，山西省社会科学院，北京大学，清华大学，中国人民大学，北京师范大学，厦门大学，南开大学，中央财经大学，上海财经大学，中南财经政法大学，西南财经大学，郑州大学，首都师范大学，四川大学，西南大学，中山大学，河北大学，云南大学，华中师范大学，武汉大学，南京大学，南京师范大学，河北师范大学，安徽大学，安徽师范大学，兰州大学，西北大学，陕西师

---

① 理论经济学包括政治经济学、经济思想史、经济史、西方经济学、世界经济以及人口、资源与环境经济学6个二级学科。就国家学科名录来说，历史学科中就有5个一级学科，包括中国史、世界史、考古学、军事史、科技史，均涉及中国经济史的内容。

范大学，西北师范大学，山西大学等单位的经济史研究，表现出了强劲势头，且各有特色。在经济史硕士生、博士生培养方面，数量逐年增加，博士论文的规范性与创新方面均有明显提高。博士后流动站中的经济史研究人员数量在增加，博士后在站期间申请博士后文库、国家社科基金青年项目时显示出明显优势，系补充高校和研究机构经济史人才的重要渠道。经济史研究人才建设取得了长足进步，各研究单位均比较重视人才培养与人才引进。在经济史研究团队中出现了一些标志性学术人才，且有些研究团队还形成了具有一定学术影响力的经济史学派。在经济史人才培养方面，值得一提的是上海财经大学[①]、中央财经大学和北京大学先后成立了经济史学系，系经济史人才培养的创新模式，为经济史学人才培养做出了新的探索。

在经济史教学和人才培养方面，经济史教材的编写便显得非常重要。在论述我国经济史学科时，除了经济史学术研究之外，经济史教学也是不可或缺的重要内容，其对于经济史人才的培养、经济史学说的传播等意义非凡。这里只是就有比较大影响的学者情况作挂一漏万的叙述。

赵德馨主编了《中国近代国民经济史讲义》（高等教育出版社，1958），其后又连续出版了《中华人民共和国经济史纲要》《中国近代国民经济史教程》《中华人民共和国经济史（1949—1991）》等，均是科研单位和高校培养经济史研究生的必选教科书。严中平为中国社会科学院研究生院经济学中国经济史专业的研究生教授探讨研究方法的课程，1983年将其所教授的内容写成《和青年谈科研方法的几个问题》，发给研究生参考。1986年其在讲义的基础上写成《科

---

[①] 上海财经大学在全国率先成立经济史学系的基础上，于2020年12月成立了中国经济思想发展研究院。

学研究方法十讲——中国近代经济史专业硕士研究生参考讲义》[①]，在学界产生了比较大的影响。吴承明从 2000 年开始连续 3 年在中国社会科学院研究生院讲授"经济史：历史观与方法论"，最后整理结集出版[②]，成为经济史领域的名著，也成为经济史学科教学的重要参考书。章开沅主编的《中国经济史》是由教育部师范教育司组织编写的大学教材[③]，南开大学王玉茹主编的《中国经济史》[④]，已经列入"马工程"重点教材。

## 四、中国经济史研究存在之不足

中国经济史学科成绩显著，但难免存在一定的遗憾，亟须反思存在的不足，使经济史研究沿着健康的道路前行。近年来中国经济史研究存在的不足主要表现在以下几点：

一是经济史、经济思想史研究中的学术评论尤其是学术批评是一个非常薄弱的环节，系经济史研究的一个瓶颈。学术贵在创新，而学术评论尤其是学术批评是推动学术争鸣、鞭笞学术不端、净化学术氛围必不可少的手段。现在存在的一个不良现象是：经济史评论中的文章往往是老师给学生延誉的，或者是学生为老师鼓吹的，也有朋友及同行互相抬轿子的，鲜有真正进行学理上评论的佳作。《中国经济史研究》原来设有"经济史评论与争鸣"栏目，后来因为没有上乘的文章而作罢。这一方面的原因比较多，其中一个重要原因与现在的评价标准有一定的关系，不少单位在科研成果评价方面，

---

① 严中平.科学研究方法十讲——中国近代经济史专业硕士研究生参考讲义.北京：人民出版社，1986.
② 吴承明.经济史：历史观与方法论.上海：上海财经大学出版社，2006.
③ 章开沅.中国经济史.北京：高等教育出版社，2002.
④ 王玉茹.中国经济史.北京：高等教育出版社，2008.

不将书评及综述视作科研成果。这是失之偏颇的，因为高质量的学术评论及学科综述，往往能够反映作者的理论水平与学术见地，会引起学术争鸣乃至引领学术方向。中国经济史学会会刊《中国经济史评论》正有志于此，现在的问题是，这一方面高质量的文章比较少。

二是对新公布的经济史资料的甄别、深入解读和研究显得严重滞后。正如前面所一再强调的，近年来尤其是"十三五"期间经济史资料的发掘与整理出版取得了长足进步，但是一些成果只是对关键词的简单量化统计，没有下功夫对资料、数据背后的东西进行深入挖掘与研究。因此，对于新材料的消化和利用，做到前辈学者所提倡与践行的贵在得间，在今天看来仍然是非常需要的。

三是重复研究乃至学术不端现象时有发生。重复研究乃至学术不端已经超出了本文所评价的范围，实际上这一方面的情况不仅存在而且还比较普遍，重复研究方面的情况尤其如此。一些论著对以前的研究成果关注不够，其发表的成果实际上是在炒冷饭，没有达到已有的成果水准，当然也存在抄袭现象。要完全杜绝这一方面的情况，仍然任重道远。

四是贯通宏大理论突破的研究成果比较少见。学界批评的"明史不清，清史不明"的情况，今天仍然存在。一些短平快的成果是为了应付考核的，而不是真正的学术追求，这样贯通宏大的研究成果便显得凤毛麟角。经济史、经济思想史研究中的浮躁现象受到学术界的不断批评，学界期盼具有贯通宏大理论突破的论著。这一方面的情况比较复杂，与时下的评价体系等有一定的关系，十年磨一剑会被年度考核体制所淘汰。

五是经济史学科的封闭依然存在。历史学的经济史所反映的是历史中的经济，而经济学的经济史则是经济中的历史，现在还在一定程度上存在历史学的经济史与经济学的经济史在研究方法上处于各自为政的状态,更不用说对其他学科理论与方法的借鉴。这样,经济史对于不同学科理论与方法的融合或相互借鉴方面有待加强。经济史学科迫切需要学科开放与融合。

六是经济史教材还显得单调。需要加强对经济史教材编写的支持力度,虽然有南开大学、北京大学、北京师范大学教授共同组织主编的《中国经济史》教材出版,但是相对于该学科的地位,经济史教材还是显得单一,没有出现百花齐放的局面,这难以满足学科建设与人才培养的需要。①

七是对于对我国第一代、第二代马克思主义经济史学家的论著进行整理与研究重视不够。自20世纪二三十年代以来,仁人志士对于中国国情、中国社会经济的探索,取得了令世人称道不已的研究成果,同时也成为指导社会实践的重要依据,而我们今天对这些重要成果没有给予必要的尊重与总结。应该说,经济史研究的真正繁荣,需要传承与创新并驾齐驱,这样对第一代、第二代马克思主义经济史学家的学术进行梳理与研究,显得非常重要。②

八是一些研究背离经济史的本质。经济史研究方法的多样化正在兴起,无疑推动了经济史研究的进步,但是一些研究成果在利用数据和研究工具时,已经表现出背离经济史的本质,没有考量数据背后的深层次原因,为数据而数据、为模型而模型的倾向受到学者的诸多诟病。一些研究成果与当时的实际情况相差甚远,有的研究成果追求标新立异而引起学界关注,等等,需要进行必要的关注与

---

① 有些高校编写的经济史教材,因为没有纳入教育部门认定的教材体系之内,因此影响力不大。

② 刘志伟. 沿着前辈开辟的中国经济史研究路径前行. 中国经济史评论, 2017 (1): 56-59.

重视。

九是近现代档案资料公布严重滞后。相对于近年来经济史资料的发掘、整理与出版呈井喷势头，我国近现代经济史档案资料的公布显得严重滞后，这在一定程度上制约了经济史研究的深入。同时，近现代经济史档案资料发布严重滞后，这对于我们进一步树立文化自信，向世界讲好中国自己的故事或经验，是非常不利的。

## 五、对中国经济史学科的展望

经济史研究的未来发展趋势，无论研究范式、方法还是理论，肯定是多元的。人类正面临百年未有之大变局，相应的经济社会转型的研究方兴未艾；今天人类面临生存自然环境的日益恶化，环境史研究是未来学术界必然关切的课题；再比如区域经济史研究是改革开放以来经济史学界取得重要成就的领域，但是目前重要的研究成果主要集中在对核心区域的经济史研究上，而对包括民族地区在内的非核心区的经济史研究显得比较薄弱甚至还有一定的空白点，这无疑会影响我们对全国经济史的整体认知。此外，包括瘟疫在内的灾荒史研究、中外经济史的比较研究、经济发展中的经验教训、对20世纪以来的经济史学家的学术总结以及对于共产党根据地的经济史研究等，都会是未来经济史研究的重要方向。

通过前面对中国经济史学科的源流、发展以及当下还存在之不足的简单梳理，下面不揣简陋试图对中国经济史研究的未来略作展望。

一是2020年新冠疫情暴发后在全世界范围年逾三年的蔓延，至今还在影响着世界的生产、生活与社会秩序，这对经济史研究无疑也会产生不可忽视的影响。与新冠疫情相关联的自然灾害特别是疾病史的研究，包括赈灾、疫情预防与应对、民间自救与发展经济等，会成为今后新的研究热点，将成为经济史研究的重点方向之一。

二是全球视野下中国经济史话语体系的构建，需要专业人员从资料与理论两方面进行不懈努力，为进一步形成并确立中国经济史学独特的话语体系奠定坚实基础。[1] 当然这种话语体系的构建需要融入世界经济史话语体系之中。[2]

三是经济学、历史学和社会学研究方法和理论的融合，将成为经济史研究的一个重点。与此同时，借鉴包括自然科学在内的其他学科的研究方法和理论，也是经济史、经济思想史学科关注的一个重要方面。

四是经济史资料的搜集、甄别、消化和利用，尤其是数据库建设会越来越受到重视。经济史学界将会进一步重视新史料的发掘和出版，重视经济史资料的交流与共享，为经济史实证与理论研究提供更加扎实的资料基础。

五是贯通宏观的研究成果颇受期待，国家社科基金重大项目在这一方面已经有所体现，相信今后会有一定数量的重要成果问世。诸如《中国大通史》中的《中国经济史》这样的贯通性论著，会受到学术界的重视与期待，特别是其撰写范式会对今后经济通史的撰写产生积极影响。

六是社会转型研究有所突破。目前我国乃至世界正处于百年不遇之社会转型的关键时期，学者理宜将研究视野置于人类历史上的社会转型上，力图从经济史的角度对社会转型提供必要的经验与

---

[1] 叶坦. 重写学术史与"话语体系"创新——中国特色经济学话语体系创新及其典型案例考察. 经济学动态, 2014 (10): 30-39.
[2] 王玉茹, 张玮. 国际经济史学研究的新趋向——从第十五届世界经济史大会谈起. 山东大学学报（哲学社会科学版），2010 (2): 66-71.

教训。

七是鼓励开展经济史学术评论与批评，在坚守学术传承的前提下促进学术不断进步，这包括学术规范、学术创新诸方面的内容。中国经济史学会会刊《中国经济史评论》在这一方面会做积极的努力。

八是对近代以来的经济史学术研究进行全面、系统的梳理与总结，包括学术论著、经济史学派、代表人物等，会成为今后经济史研究的一个主要内容。

# 中国经济思想史研究的历史初心与未来使命*

程　霖　夏艳秋

中国经济思想史研究兴起于近代社会大变革时期，发展至今已有百余年历史。从形式上看，中国经济思想史以中国历史上各时期产生的经济观点、理论、学说为研究对象，分析其发展演变规律，应当是一门回首看、溯过往的学科。但若深究学科本质与历史脉络，中国经济思想史又是一门向前望、思未来的学科，以经世济国为己任，强调学以致用。百余年来，各时期仁人志士之所以要继往圣之绝学，挖掘前人在经济问题上积累的知识、经验和智慧并加以重新审视，从根本上讲是为了思考如何实现中华民族伟大复兴、开万世之太平，为实践探索提供积极的借鉴作用。

党的十九届六中全会通过的《中共中央关于党的百年奋斗重大成就和历史经验的决议》强调，中华优秀传统文化是中华民族的突出优势，是我们在世界文化激荡中站稳脚跟的根基。尤其当今世界

---

\* 本文发表于《中国经济史研究》，2022（4）。作者：程霖，上海财经大学经济学院教授，上海财经大学经济史学系主任、中国经济思想史学会会长，中国经济思想发展研究院院长；夏艳秋，华东师范大学马克思主义学院博士后。

处于动荡变革期、面临"百年未有之大变局",而中国正值向第二个百年奋斗目标进军的关键时刻,中国经济思想史研究更应秉承初心使命,发挥学科所长,继往开来,砥砺前行。本文拟溯本清源,总结回顾百余年来学界前辈探究中国经济思想史研究的初心及努力,温故知新,重新审视这门学科的独特价值和中心任务,以期为学科的发展深化提供参考。

## 一、中国经济思想史研究的历史初心:经世致用、富强中华

近代中国面临"百年未有之大变局",政治、经济、社会、文化等各方面均经历从传统向现代的深刻转型。在这一背景下诞生的中国经济思想史研究,立足时代社会经济发展的现实需要,在东西方文明的碰撞中思考"变革"与"富强"这两大时代主题。通过梳理历代学人关于中国经济思想史学科定位、研究对象与意义的认知,可将中国经济思想史研究的历史初心归纳为四个维度:一是总结中国经济思想的光辉成就与世界意义,将树立自信、复兴文化作为首要任务;二是为解决现实问题提供历史借鉴,将根除时弊、富强中华作为根本目的;三是为构建中国经济学提供理论要素和历史启迪,将立足本土、选择创新作为内生动力;四是向海外传播中国经济思想,将走向世界、贡献智慧作为必由之路。

### (一)首要任务:总结中国经济思想的光辉成就与世界意义,树立自信,复兴文化

中华文明历史悠久,延绵五千多年,历经数个社会经济转型与学术思想繁荣期,积淀了底蕴深厚、内容丰富、涉及广泛的经济文

化遗产。无论是光辉灿烂的古代，还是历经曲折却自强不息的近现代，都产生了许多内涵丰富而独特、具有分析性和创新性的经济思想。近代以降，历代中国经济思想史学人始终将总结中国经济思想的光辉成就、从全球范围考察其历史地位和世界意义作为学科首要任务，以图在世界文明之林树立文化自信，赓续中华文脉、烛照中华民族的文化复兴。

近代中国在民族危亡之际，总结传统经济思想的光辉成就成为觉醒国人迫切找寻文化自信的历史必然。自鸦片战争后，中国被迫打开国门、卷入世界经济文化浪潮，欧美经济思想开始流行于中国，而曾处于世界领先地位的中国却从未对自身的经济思想进行过系统梳理与历史研究。中西方在经济实力与经济学说方面的双重差距刺痛了国人朴素的民族自尊心，一些有识之士开始着手中国经济思想史研究，试图从古人思想中挖掘闪光点、找到不逊于西方的经济思想。1926年，中国第一部以"经济思想史"命名的著作《先秦经济思想史》出版，作者甘乃光认为中国古代虽无经济学但有经济思想。[1] 1936年，李肇义在其留法博士论文中指出，先进的经济科学需要繁荣的经济，而中国自古以来就有着不同于古希腊和罗马的、高度发达且系统化的经济体系，因此中国古代经济思想在世界经济学说史上具有令其他文明相形见绌的重大意义，并曾对法国重农学派产生重要影响。[2] 同年，马寅初表示，"中国自古以农立国，古先圣哲经济思想之灿烂，较之欧美各国，未遑多让，惜汉后儒者以言利为讳，经济思想遂少系统的发展，海通以还，西学东渐，欧美经济思想史，遂亦风行于我国矣，而研究中国经济思想者，尚鲜其人，

---

[1] 甘乃光. 先秦经济思想史. 北京：商务印书馆，1927.

[2] Ly Siou-y, Les Grands Courante de la Pensee Economique Chnoise dans L'Antiquite et leur Influence sur la Formation de la Doctrine Physiocratique, Paris, 1936, pp.7-8.

能无憾乎"。① 唐庆增则称其撰写《中国经济思想史》就是希望能引起国人研究我国经济思想的兴趣②，并主张"中国经济学说，发达确在西洋各国之先也"。③ 上述前辈学者的探索，拉开了中国经济思想史系统研究的序幕。虽然彼时的研究视野主要局限于古代，尤其是先秦时期，但从前述论述中可知，发端于国家蒙辱、人民蒙难、文明蒙尘之际的中国经济思想史学科，本身就蕴含着国人摆脱文化自卑、树立文化自信的学术渴求。

新中国成立后，国内学者积极地对中国经济思想史进行研机析理的总结。有研究认为，"我们祖先的经济思想"放在世界经济思想史中也堪称是"一群灿烂的明星"，"足以使那些'言必称希腊'的人惊为奇迹，也可以证明那些认为东方国家的经济分析还不如欧洲中世纪的现代美国庸俗经济学者是何等的愚昧与无知"。④ 1980年，中国经济思想史学会成立，其创会宗旨正在于"为了很好地推进对旧的经济思想遗产的整理和即将涌现的新的经济思想成就的总结"。⑤

为客观、准确地评价中国经济思想的价值和地位，许多学者主张用现代科学方法加以总结，并进行中外比较研究，进而了解"我们祖先在他们的历史条件下，曾经为经济学说作出过什么贡献"。⑥ 赵靖曾"痛感中国经济思想史这门学科迄今还很不普及"，因此主张"用现代科学的方法"整理总结祖先留下的这些内容丰富瑰丽的经济思想遗产，以"提高我们民族的自信心和自豪感"。⑦ 巫宝三也指出，为了"破除一般轻视我国古代无何经济理论的观念，树立民族自豪

---

① 马寅初. 马序//唐庆增. 中国经济思想史（上）. 北京：商务印书馆，1936.
②③ 唐庆增. 中国经济思想史（上）. 北京：商务印书馆，1936.
④ 胡寄窗. 中国经济思想史（上）. 上海：上海人民出版社，1962.
⑤ 孙引. 中国经济思想史学会成立. 经济学动态，1980（10）：101.
⑥ 胡寄窗. 中国经济思想史研究的方法论歧见. 学术月刊，1986（3）：20 - 27. 胡寄窗. 胡寄窗文集. 北京：中国财政经济出版社，1995.
⑦ 赵靖. 中国古代经济思想史讲话. 北京：人民出版社，1986.

感"，必须系统梳理"悠久而丰富的古代文化中的经济思想"，并认为"中国古代经济思想论著中，确实有不少卓越的至今犹烁发光辉的经济分析"。①

进入21世纪后，随着中国经济实力的增强和国际地位的提升，国内学者对这一方面的表述更加自信。如严清华等主张，应"勇敢地和外国经济思想进行比较和分析"，"发现优势与不足"，从而认清中国在世界经济思想史中所占有的重要地位。②蒋自强等编写的《经济思想通史》指出，研习经济思想史"必将增进我中华学子、炎黄子孙的爱国主义精神和民族自豪感"，进而鼓舞其为经济科学的繁荣发展做出新贡献。③谈敏强调，中国传统经济思想体系总体上是在"相对封闭的环境下"形成的，包含着"与同时期世界上任何民族相比都毫不逊色的丰富而光辉的成就"，也包含着"有别于世界上其他民族而颇为典型的经济观念和思维习惯特征"，是中华民族文化中"足以引为自豪的一个重要组成部分"并深深沉淀于文化底层、不易改变。④

文化的兴盛，历来是一个国家或民族强盛的重要支撑，中华民族的复兴也必然需要以中华文化发展繁荣为条件。百余年来，中国经历了从危亡边缘到民族独立再到国力强盛、经济总量位列世界第二的崛起过程，历代中国经济思想史学人不断总结中国经济思想的光辉成就，不断加深对中国经济思想历史地位和世界意义的客观评价与科学认识，对前人传承下来的经济思想有鉴别地加以对待、有扬弃地予以继承，进而古为今用、推陈出新，为中华民族的伟大复

---

① 巫宝三. 中国经济思想史研究展望. 经济研究，1990（4）：64-67.
② 严清华，吴传清，景新华. 中国经济思想史学科建设的新使命. 东南学术，2002（1）：136-139.
③ 蒋自强，等. 经济思想通史：第1卷. 杭州：浙江大学出版社，2003.
④ 谈敏. 回溯历史：马克思主义经济学在中国的传播前史（上）. 上海：上海财经大学出版社，2008.

兴提供文化自信的强大精神力量。

## （二）根本目的：为解决现实问题提供历史借鉴，根除时弊，富强中华

人们在思考当下经济问题、寻找可能对策时，常常通过两个渠道来获得思路上的启发：其一是跨越空间，参考其他国家的经验；其二是跨越时间，从历史上寻找类似案例，参考其解决方案。西方经济理论在近代传入中国后，为国人提供了跨越空间的经验参考，但这些外来学说并不完全适合中国国情，在解决中国现实经济问题方面存在不足。因此，一些有识之士为了摆脱落后、富强中华，借鉴外来经济学理论与方法，考察回溯先秦经典，试图通过融通古今中外、综合跨越时空的经验，来寻找若干有利于当时经济发展的思想与对策。此后中国历代学人始终把为解决现实问题提供历史借鉴作为中国经济思想史学科发展的根本目的，希望从前人智慧中找到根除时弊的良方，以富强中华。

早在19世纪末，梁启超在《〈史记·货殖列传〉今义》中便言明，该书的写作缘于"蒙昔读《管子》轻重篇，《史记》货殖传，私谓与西士所论，有若合符"，因此挖掘湮没千年的"前哲精意"，主要是认为"苟昌明其义而申理其业，中国商务可以起衰"。① 步入20世纪后，国人逐渐意识到，要找到适合中国的救国方案，改变中国落后的经济现实和中国人民的悲惨命运，不仅需要研究外国的经济思想，更要研究中国的经济思想。甘乃光认为，研究经济思想史并进行中西比较有助于了解经济思潮的"前因后果"与"学术进化的途径"，为中国将来必定经过的工业革命提供帮助。② 李权时指出，

---

① 梁启超. 饮冰室合集·文集第2册. 影印版. 北京：中华书局，1936.
② 甘乃光. 先秦经济思想史. 北京：商务印书馆，1927.

研究"中国历来经济思想之关于经济制度者",主要是为了寻找既"最合乎国情"又"最合乎公理"的经济制度。① 黄汉相信,要"解决中国现代之经济问题",就必须研究、整理、批评本国经济思想"以明瞭我国经济之背景",同时又研究、整理、批评西洋经济思想"以为他山之助",那么"中国之现代经济问题,得迎刃而解欤"。② 赵人俊提出,经济与经济观念的革新若变动剧烈,将"既足使大部人民受非常之痛苦",因此在"适合新环境"的过程中需要"渐次脱离传统的社会经济之观念",这就需要"将吾国旧有之经济学说,阐明挥发,以资借镜"。③ 夏炎德主张,有必要细加检视我国过去"各派经济思想的起伏及其得失","于目前国民经济情况有深切的关系"。④

新中国成立后,学界提出开展中国经济思想史研究要为社会主义建设中的各种现实问题提供历史借鉴。胡寄窗提出,中国经济思想史研究要根据客观经济形势的发展改变研究方向和范围,坚持"面向现代化,面向世界,面向未来"。⑤ 叶世昌认为,研究包括中国经济思想史在内的中国经济史学是"了解历史的一个方面",对"社会主义经济建设具有重要的借鉴作用"。⑥ 马伯煌主张,中国经济思想史研究要根据政策绩效来评述历代经济思想学说的历史意义和作用,目的在于通过总结实践经验和客观规律,"磨光历史这面镜子使古为今用",从而"为现实服务,为社会主义四个现代化服务"。⑦ 何

---

① 李权时. 中国经济思想小史. 北京:世界书局,1927.
② 黄汉. 管子经济思想. 北京:商务印书馆,1936.
③ 赵人俊. 赵序//唐庆增. 中国经济思想史(上). 北京:商务印书馆,1936.
④ 夏炎德. 中国近百年经济思想. 北京:商务印书馆,1948.
⑤ 胡寄窗,谈敏. 新中国经济思想史纲要(1949—1989). 上海:上海财经大学出版社,1997.
⑥ 叶世昌. 努力发展中国经济史学. 世界经济文汇,1987(3).
⑦ 马伯煌. 研究中国经济思想史的几个问题——关于古代部分的讨论. 社会科学,1983(12):44-48.

炼成在《中国经济管理思想史》前言中指出，积极发掘和研究我国古代文化遗产的目的在于"为当前改革经济管理体制、促进社会主义现代化建设服务"。① 叶坦认为，中国经济思想史具有直接为中国的改革开放、经济发展和现代化建设提供历史经验和理论借鉴，为探寻东亚现代化模式展现深层历史文化积淀与经济发展理论参照的实际意义。②

进入新世纪后，学界关于中国经济思想史学科"经世致用""针砭时弊"的时代感与使命感的认知进一步增强。例如，严清华等主张，中国经济思想史学科的发展"应把传统与现实联结起来，追踪理论热点，将本学科发展任务的重点从展示遗产内容转向关注现实，服务现实，增强其'经世致用'的时代感与使命感"。③

## （三）内生动力：为构建中国经济学提供理论要素和历史启迪，立足本土，选择创新

中国经济思想史学科的产生，本身就基于外来西方经济学说不完全适用于中国的清醒认知，因此蕴含着构建中国经济学的探索意识。经济思想史研究在构建中国经济学方面具有天然独特的学术优势，毕竟"经济学决非凭空建立起来，在经济学体系化以前，我们称它为经济思想"。④ 故而，为创造符合本国国情的中国经济学提供理论要素和历史启迪，是历代学人开展中国经济思想史研究的重要内生动力，也正因如此，"建立中国经济学的动议就成为中国百余年

---

① 何炼成. 中国经济管理思想史. 西安：西北大学出版社，1988.
② 叶坦. 经济文化一体性理论与中国经济思想史研究. 聊城师范学院学报（哲学社会科学版），1999（3）：11-16.
③ 严清华，吴传清，景新华. 中国经济思想史学科建设的新使命. 东南学术，2002（1）：136-139.
④ 王亚南. 经济学与哲学//厦门大学经济研究所. 王亚南经济思想史论文集. 上海：上海人民出版社，1981.

经济思想史上一个反复出现的学术现象,其认识也在探讨中不断深入"。①

20世纪二三十年代,面对国内欧美经济学说盛行与本土经济学说缺乏的窘境,开展中国经济思想史研究的前辈学者基于对经济思想与经济科学的分析,萌生了创立"新思想"的祈愿。20世纪40年代,在"学术中国化"思潮下,国人建立中国经济学的诉求愈加强烈。唐庆增在《中国经济思想史》上卷中指出,"欲创造适合我国之经济科学,必以不背乎国情为尚……盖一国自有其特殊之环境与其需要,非审度本国思想上之背景,不足以建设有系统之经济科学也",同时"欲产生一适合国情之经济思想,非研究中国经济思想之历史不可,学者当注意现在中国经济组织之内容,再细察过去中国经济思想之得失,采用学说之长而创一新思想,以解决现在之经济问题"。②赵人俊在为该书作序时则表示,爬梳整理"此数千年间关于经济之学说与造成种种学说之背景"不仅有裨益于经济变动与学说演化的研究,更有利于"进而研究吾国历代特殊之经济状况,冥索其变动之因果而归纳之,而演绎之,以创造中国独有之新经济学,其有造于经济科学,岂惟中国,抑寰宇所共同翘首而待馨香以祝者矣"。③类似地,夏炎德也指出,"建立一种社会经济学的时候,必须适合国情。我们对于一般经济原则与世界经济趋势,固然要有充分的认识,但实地应用起来,非针对本国环境不可。试遍涉西洋各国经济文献,几乎没有一种不注重其本国环境且以本国立场立论"。④

新中国成立后,学界在马克思主义的指导下,针对中国经济学

---

① 程霖,张申,陈旭东. 中国经济学的探索:一个历史考察. 经济研究参考,2020(18):84-107.
② 唐庆增. 中国经济思想史(上). 北京:商务印书馆,1936.
③ 赵人俊. 赵序//唐庆增. 中国经济思想史(上). 北京:商务印书馆,1936.
④ 夏炎德. 中国近百年经济思想. 北京:商务印书馆,1948.

说和理论的构建与探索有了更深的思考。胡寄窗指出,"整理我国古代和近代的光辉经济思想遗产,无疑是必要的,应继续前进,但如将此点看成是唯一的任务,那就不妥当了……本学科的特点决定着我们在培养下一代的接班人时,要求他们既要具备整理古代经济遗产的能力,也要准备好整理当代和不久将来可能涌现的中国经济理论成就所必须具备的基础知识"。① 巫宝三认为,"20 世纪 50 年代以来中国经济思想史研究的大发展,亦是缘于社会主义经济建设之奋起,学者们思悠久而丰富的古代文化中的经济思想,以破除一般轻视我国古代无何经济理论的观念,树立民族自豪感,并鼓舞中国社会主义经济理论的创建"。② 到 20 世纪 90 年代中期至 21 世纪初,学界掀起了"中国经济学向何处去"的世纪大讨论③,中国经济思想史也发挥了积极作用,成为构建中国经济学的潜在理论来源。严清华等指出,"研究中国经济思想史正是建设中国特色的经济学和阐释中国传统文化与现代文化关系这两大学术课题所必需的基础工作"④,因此呼吁,中国经济思想史学科应"为创建有中国特色的中国经济学理论提供理论养分",并提出应将发展经济学、产业经济学、区域经济学等作为重点领域,予以关注和强化。⑤

21 世纪以来,尤其是随着"中国特色社会主义政治经济学"这一主题的提出,学界对于构建中国经济学的讨论进入一个新的发展阶段,明确提出,中国经济思想史应当主动承担起助力中国经济学

---

① 胡寄窗. 中国经济思想史研究的方法论歧见. 学术月刊, 1986 (3): 20-27.
② 巫宝三. 中国经济思想史研究展望. 经济研究, 1990 (4): 64-67.
③ 程霖, 张申, 陈旭东. 中国经济学的探索: 一个历史考察. 经济研究参考, 2020 (18): 84-107.
④ 严清华, 景新华, 吴传清. 中国经济思想史学科发展的回顾与展望. 社会科学动态, 1996 (5): 5-8.
⑤ 严清华, 吴传清, 景新华. 中国经济思想史学科建设的新使命. 东南学术, 2002 (1): 136-139.

体系构建的时代使命。赵晓雷指出，对中国古近现代经济思想主要内容及其发展过程的深入研究，对中外经济思想的融会贯通以及联系实际的比较分析，将"有助于对中国的国情、对中国社会发展的演化、对中国经济思想史与中国社会经济史的相互关系有深入的认识，有助于中国现代经济学的发展"。[1] 贾根良、姚开建认为，经济思想史研究可为中国经济学的自主创新做出多重贡献，具体包括：培养经济学多元主义思维，瓦解西方主流经济学的统治地位；为经济学中演化科学新范式的发展提供必备的建筑材料，为其理论创新的成败提供历史上可以借鉴的经验和教训，为其目前发展中没有得到足够重视或被忽视的重要理论问题提供新思路和灵感来源；为解决中国问题并提出重大与原创性的理论命题提供支援意识。[2] 程霖等指出，中国传统经济思想在新的历史条件下依然有着十分重要的理论和现实价值，对其进行系统总结和传承创新，"是解决当前中国所面临的许多特有的经济和管理问题的现实需要，也是创建具有中国思维形态和文化传统的中国经济学派的必然要求"。[3]

### （四）必由之路：向海外传播中国经济思想，走向世界，贡献智慧

中国经济思想史是世界经济思想史的重要构成要素，前辈学者在学科初创时就一直秉持中外比较的视野来考察中国经济思想的光辉成就，以丰富世界经济思想史的中国元素。百余年来，中国学人

---

[1] 赵晓雷. 中国经济思想史：修订版. 大连：东北财经大学出版社，2010.
[2] 贾根良，姚开建. 中国经济学的自主创新与"新经济思想史"研究. 社会科学战线，2008（12）：57-64.
[3] 程霖，陈旭东，张申. 中国传统经济思想的历史地位. 中国经济史研究，2016（2）：16-31.

一直力图推动中国经济思想史走向世界，将向世界展现、分享中国优秀的经济思想视为学科发展的必由之路。

20世纪初至30—40年代，前辈学者在开展中国经济思想史研究时，对向海外传播中国经济思想做出过一些重要尝试。例如陈焕章在《孔门理财学》前言中指出，儒家文献是"一座蕴含着丰富宝藏的大山"，而自己则是一名"采矿者"，将"宝藏"采出，通过自己的勘探、挖掘、提炼，贡献给"世界生产"，使得"宝藏"对人类有用，为人类知识做出一些贡献。[1] 唐庆增则明言，"中国之上古经济思想，流入西土，殆为必然之事实"。[2]

新中国成立以来，学界对中国经济思想的世界意义认知不断深化，认为中国经济思想史是世界经济思想史的重要组成部分，力主积极向海外传播中国经济思想，改变中国经济思想史在世界经济学说史著作中几乎空白的缺憾。早在1984年，中国经济思想史学会第二届年会就曾主张，"积极介绍和宣传我国经济思想在历史上的光辉成就，丰富世界经济思想史的内容"。[3] 胡寄窗则希望通过《政治经济学前史》的研究，"在世界范围内第一次将中国经济思想成就列入世界古代经济思想史"，从而"破除经济学家们心目中广泛存在的欧洲中心论的偏见"。[4] 叶坦指出，要"将本学科的研究提高到一个在理论上、内容上、方法上以及实践价值上的新阶段，以扎实的成果，取得本学科在世界经济学说史和经济科学中的应有地位，改变现今世界经济学说史专著中中国经济思想史几乎处于空白的状态"。[5] 严清华等认为，未来"中国经济思想史学者与国际上的学术交流合作

---

[1] 陈焕章. 孔门理财学. 北京：中国发展出版社，2009.
[2] 唐庆增. 中国经济思想史（上）. 北京：商务印书馆，1936.
[3] 中国经济思想史学会召开年会. 人民日报，1984-07-20.
[4] 胡寄窗. 政治经济学前史. 沈阳：辽宁人民出版社，1988.
[5] 叶坦. 中国经济思想史研究的回顾与展望. 经济学动态，1993（4）：17-20.

将会得到加强,中外经济思想史的比较研究也将会进一步加强,中外学者的共同努力必将为本学科争取在世界经济思想学说史和经济科学中的应有地位,现今世界经济学史专著内中国经济思想史几乎处于空白的状态必将会得到彻底的改变"。① 李守庸亦主张,"促使中国经济思想史学科走向世界和促使中国丰富的经济思想的历史遗产融入世界经济思想史、学说史学科",但其也明言,"要使中国经济思想的历史遗产得到西方学者较为普遍的承认、重视,真正被融入世界经济思想史、学说史学科领域,我们还必须继续作更大的努力,甚至要作几代人的努力"。② 李超民在分析中国古代常平仓制度对美国"罗斯福新政"时期农业立法的影响时曾表示,"考察包括美国文明在内的西方文明史,中国的贡献是有目共睹的,中国的影响痕迹处处都有,这显示在中国文化的持久影响里,这也是我们应该引以自豪的,现在也该对之加以总结了"。③

进入 21 世纪以来,总结中国发展经验、传播中国经济思想、宣扬中国经济主张、推动中国经济思想史走向世界,成为中国经济思想史学人的普遍主张。如叶坦指出,"迄今为止世界经济学说史大抵仍无中国甚至整个东方,这与我国乃至整个东方社会的发展极不相称。中国经济思想的系统研究史在非西方国家中是很突出的,具备填补空白的独有优势,可能成为中国对世界的又一重要贡献"。④ 程霖等主张,"借助现代经济学的视角、参照系和分析工具来对传统经济思想进行重新解读和理论分析","用国际通行的规范学术语言向

---

① 严清华,景新华,吴传清. 中国经济思想史学科发展的回顾与展望. 社会科学动态,1996(5):5-8.
② 李守庸. 关于中国经济思想史学科跨世纪发展问题的若干思考. 经济评论,1998(3):71-75.
③ 李超民. 常平仓:美国制度中的中国思想. 上海:上海远东出版社,2002.
④ 叶坦. 中国经济学术史的重点考察——中国经济思想史学科创始与发展优势论析. 中国经济史研究,2003(4):131-141.

世界传递中国传统经济思想的深层内核元素"。①

百余年来,中国经济思想史学人对上述四个维度历史初心的认知不断清晰,并逐渐将其作为未来学科的发展方向。

## 二、中国经济思想史研究的主要成就:学科发展的创新与突破

中国经济思想史研究最早可追溯到 19 世纪末,至 20 世纪二三十年代学科性质开始初步形成,1949 年以后发展成为一门真正意义上的独立的理论经济学分支学科。百余年来,中国经济思想史学科的发展历程可以划分为奠基(19 世纪末—1949 年)、形成(1949—1978 年)、发展(1979—1999 年)和拓展(2000 年至今)四个时期。以中国经济思想史研究历史初心的四个维度为标尺,可以动态考察中国经济思想史学科在不同发展阶段取得的主要成就、创新突破和发展进路。

### (一)奠基时期:19 世纪末—1949 年

19 世纪末,梁启超开创了中国经济思想史研究的先河,但直至 20 世纪 20—30 年代,严格意义上的中国经济思想史研究和学科创建基础才得以形成。这一时期,尽管中国经济思想史研究尚处于起步阶段,但前辈学者潜心钻研,不仅相继出版了一批具有较高学术价值的研究成果,还在国内十余所大学先后开设了中国经济思想史课程,为学科的形成奠定了较为坚实的基础。统计表明,1900—1949 年间,学界共出版了至少 46 本有关中国经济思想史的著作,发表了

---

① 程霖,陈旭东,张申.中国传统经济思想的历史地位.中国经济史研究,2016(2):16-31.

461篇中国经济思想史论文。①

以四个维度的初心为标尺来看，奠基时期学界在总结中国经济思想的光辉成就方面迈开了重要的第一步，出版了一批具有系统性和开创性的研究成果，建立了以古典政治经济学的理论范畴为分析工具，以人物和学派为分析核心的研究框架，初步明确了中国经济思想史学科的研究对象和研究意义，认识到中国经济思想史研究有助于客观评价中国经济思想的成就与世界地位，倡导了比较分析和本土化的研究方法，奠定了中国经济思想史学科的史料学基础，对中国古代（主要是先秦时期）和近代（1840—1919年）的经济思想做了初步系统的梳理总结。② 其中的代表性论著有甘乃光的《先秦经济思想史》（商务印书馆，1927），李权时的《中国经济思想小史》（世界书局，1927），熊梦的《晚周诸子经济思想史》（商务印书馆，1930），马君武的《中国历代生计政策批评》（中华书局，1930），李权时的《现代中国经济思想》（中华书局，1934），唐庆增的《中国经济思想史》（上）（商务印书馆，1936），黄汉的《管子经济思想》（商务印书馆，1936），赵可任的《孙中山先生经济学说》（正中书局，1935），赵丰田的《晚清五十年经济思想史》（哈佛燕京学社，1939），夏炎德的《中国近百年经济思想》（商务印书馆，1948）等。具有家国情怀的学人通过初步系统的梳理总结认识到，中国古先圣哲具有灿烂的经济思想，与西方同时代的经济思想相比并不逊色，并指出历史上出现过中学西渐的局面，而且"中国上古经济思想在西洋各国确曾产生有相当之影响，尤以对于法国之重农学派为最显著"。③ 但客观而言，这一时期的研究主要局限于先秦和近代时期，

---

①② 程霖，毕艳峰. 奠基时期中国经济思想史研究的成就与地位. 财经研究，2008(10)：26-38.

③ 唐庆增. 中国经济思想史（上）. 北京：商务印书馆，1936.

对秦汉以后至 1840 年期间的经济思想重视不够，缺少贯通性、整体性的研究。

在为解决现实问题提供历史借鉴方面，这一时期的学者达成了共识，即开展中国经济思想史研究是为了顺应近代社会经济变革的现实要求，比较典型的研究专题有对中国古代土地制度思想、国家干预与自由放任思想、重农抑商思想与政策的经验教训等方面的考察。例如，岭南大学经济学会编的《中山经济思想研究集》（上海三民公司，1927）汇集了甘乃光、廖仲恺、章履刚等人对孙中山平均地权及土地单一税思想的讨论与中外思想比较，并试图借此讨论在中国建立三民主义或社会主义的可行性。但这方面的探索总体上仍较薄弱，对于如何发挥中国经济思想史"以史鉴今"之作用，尚处于摸索阶段。

在为构建中国经济学提供理论要素和历史启迪方面，该时期的学者大多通过论述经济思想与经济科学的关系，认为中国经济思想史研究有利于创建中国经济学科，但这一主张基本都是在序言中提及（参见本文第一部分），并未出现以文章或著作形式加以专门分析的成果，可见此时尚处于意识萌生阶段。

在向海外传播中国经济思想方面，该时期取得了开拓性成果，主要有陈焕章的《孔门理财学》[①]和李肇义的《中国古代经济思想的各大流派及其对重农主义形成的影响》。其中，《孔门理财学》是中国学者运用西方经济学理论系统研究中国古代经济思想的最早著作，也是中国学者在西方刊行的第一部中国经济思想史名著，《美国历史评论》（*The American History Review*）称之为"破天荒的成绩"[②]，

---

[①] Chen Huan-Chuan: *The Economic Principles of Confucius and His School*, New York: Columbia University, Longmans, Green & London: P. S. King, 1911.

[②] 胡寄窗. 中国近代经济思想史大纲. 北京：中国社会科学出版社，1984.

影响广泛,在其出版的第二年(1912年)就得到了英国经济学家、"宏观经济学之父"凯恩斯的关注并为之在《经济学杂志》(*The Economic Journal*)上撰写书评。此外,德国社会学家马克斯·韦伯在《儒教与道教》中将该书列为重要参考文献,奥地利经济学家熊彼特也在《经济分析史》中特意指出了该书的重要性。据谷歌学术搜索的统计,该书具有较高引用频次,自出版以来共获全球引用119次,对于西方学者系统了解中国古代经济思想并对1938年美国农业立法发挥了重要作用。①

### (二)形成时期:1949—1978年

新中国成立后,中国经济思想史开始成为一门独立的学科,进一步明确了学科的研究对象,建立和形成了科学的研究体系与研究方法,并搭建起教学和研究的专业队伍。②学科的重要发展时期是在1949—1965年,而1966年"文化大革命"开始后的十年,中国经济思想史的研究工作基本陷于停滞。这一时期发表的中国经济思想史论文有291篇③,出版著作约20本④。

以四个维度的初心为标尺来看,学科形成时期学界在总结中国经济思想的光辉成就方面取得了重要进展。其中,代表性成果有胡

---

① 曾任美国农业部长、美国副总统的亨利·阿加德·华莱士(Henry Agard Wallace)指出,"我接任农业部长后,在最短的时间内敦促国会通过立法,把中国古代农业政治家的实践——'常平仓'引入美国农业立法中。'常平仓'的名称,我是从陈焕章的《孔子及其学派的经济原理》一书中得来的。"参见唯明. 华莱士在华言论集. 台北:世界出版社,1944;李超民. 中国古代常平仓思想对美国新政农业立法的影响. 复旦学报(社会科学版),2000(3):42-50.

② 程霖. 20世纪的中国经济思想史研究——以学术著作为主的考察. 中国经济史研究,2004(4):139-148.

③ 以上数据整理自中国经济思想史学会. 中国经济思想史论文索引(1900—1999). 北京:中国人民大学书报资料中心,2000.

④ 根据国家图书馆、上海图书馆及部分高校图书馆书目整理。

寄窗的《中国经济思想史》（上册、中册分别由上海人民出版社1962年、1963年出版，下册于1965年完成、1981年由上海人民出版社出版）。该书以马克思主义唯物史观和政治经济学原理为指导，创建了研究古代中国经济思想通史的基本框架，首次系统总结了自西周至19世纪中叶长达三千多年的中国经济思想的发展演变，"在未经探索的航程领域中间开辟出一条路径"，有填补空白和澄清误区之功①，是"一部内容丰富、结构新颖、脉络清晰的中国经济思想通史"②。赵靖、易梦虹主编的《中国近代经济思想史》（分上、中、下三册，分别由中华书局于1964年、1965年、1966年出版）作为"新中国成立后第一部中国近代思想史专著"③，对鸦片战争前后到五四运动前的经济思想做了详细论述，为中国近代经济思想史研究探索出一种新体系。其他比较有代表性的著作还有巫宝三等的《中国近代经济思想与经济政策资料选辑（1840—1864）》（科学出版社，1959）、叶世昌的《鸦片战争前后我国的货币学说》（上海人民出版社，1963）等。

在为解决现实问题提供历史借鉴方面，该阶段有两点值得关注：一是通过"对'口径'"、"加工"和转译等研究方法实现"古人思想现代化"，从而进一步理解和解释古代经济思想④，这在客观上拉近了历史与现实的距离，有助于更好地阐释古人思想和为现实服务，但由此也产生了一些过度解读古人思想的倾向，引起了学界的重视和讨论。二是围绕重农抑商思想、农民平均主义思想、货币与价格

---

① Chang, J. L. Y. "History of Chinese Economic Thought: Overview and Recent Works," *History of Political Economy*, Vol. 19, No. 3, 1987, pp. 481–502.

② 谈敏. 一部具有开拓意义的学术论著——《中国经济思想史》. 财经研究，1984(4): 61–65.

③ 程霖. 20世纪的中国经济思想史研究——以学术著作为主的考察. 中国经济史研究，2004 (4): 139–148.

④ 胡寄窗. 关于目前中国经济思想史研究的几个问题. 学术月刊，1964 (1): 31–40.

思想、均田制思想等展开了讨论，这是由于在当时的计划经济条件下，土地问题、社会主义分配问题、农业问题都是当时社会的主要关注点。例如，侯外庐主编的《中国历代大同理想》（科学出版社，1959）应用马克思主义的理论和方法，考察了中国历代被压迫阶级要求改变现实，建立大同社会的经济、政治及社会思想，指出中国劳动人民几千年来追求美好世界的理想"只有在工人阶级和共产党的领导下才能实现"[①]，为新中国的社会主义建设提供了参考和借鉴。

在为构建中国经济学提供理论要素和历史启迪方面，这一时期的中国经济思想史研究者提出需要以马克思主义经济基础与上层建筑相互关系的原理为指导开展学科研究，例如赵靖、易梦虹主编的《中国近代经济思想史》指出，经济思想史研究可以为建设社会主义文化、打造社会主义经济上层建筑提供理论武器。[②]但这些讨论仍然主要是在相关著作的序言中提及，仍未见专门性的文章或著作。

在向海外传播中国经济思想方面，中国经济思想史在这一时期的成就较少。

### （三）发展时期：1979—1999年

改革开放以来，随着中国经济改革和现代化建设的推进，中国经济思想史的教育和研究进入了蓬勃发展的时期，并于1980年成立了全国性学科社团组织——中国经济思想史学会。中国经济思想史的研究在领域、时段与方法上都有了进一步的拓展和改进，研究的系统性、整体性进一步增强。这一时期中国经济思想史研究在数量和质量上都呈现高速发展的态势，统计表明，这一时期发表的中国

---

① 卢育三.《中国历代大同理想》评介.读书，1959（14）：24-25.
② 赵靖，易梦虹.中国近代经济思想史（上）.北京：中华书局，1964.

经济思想史论文超过 7 000 篇，出版著作 312 本。①

以四个维度的初心为标尺来看，这一时期学界在总结中国经济思想的光辉成就方面取得了很大进展，涌现了一批通史著作，如胡寄窗的《中国近代经济思想史大纲》（中国社会科学出版社，1984）开辟了从 1919 年五四运动时期到 1949 年新中国成立这 30 年间经济思想发展历史的系统研究。叶世昌的《中国经济思想简史》（分上、中、下三册，分别由上海人民出版社于 1978 年、1983 年、1980 年出版）挖掘补充中国古、近代经济思想研究的新史料和内容，重新评价了管子等重要人物或学派。赵靖主编的《中国经济思想通史》（共 4 卷，分别由北京大学出版社于 1991 年、1995 年、1997 年、1998 年出版）建立了以"地产、地租、赋役"的理论结构作为梳理中国传统经济思想的指导原则，以丰富的史料和思想内容展现了四千年间中国经济思想的形成、发展与演变。其他代表性著作还有侯厚吉、吴其敬主编的《中国近代经济思想史稿》（共三册，分别由黑龙江人民出版社于 1982 年、1983 年、1984 年出版）、马伯煌主编的《中国近代经济思想史》（分上、中、下三册，分别由上海社会科学院出版社于 1988 年、1992 年、1992 年出版）、叶世昌的《近代中国经济思想史》（上海人民出版社，1998）等。

这一时期的另一大特点是专题与断代史著作不断涌现。代表性著作有赵靖的《中国古代经济管理思想概论》（广西人民出版社，1986），叶世昌的《中国货币理论史》上册（中国金融出版社，1986），吴申元的《中国人口思想史稿》（中国社会科学出版社，1986），何炼成的《中国经济管理思想史》（西北大学出版社，1988），姚家华等的《商业经济思想史》（经济管理出版社，1989），胡寄窗、谈敏

---

① 程霖，张申，何业嘉.中国现代经济思想史研究：1978—2014.中国经济史研究，2015（3）：66-84.

的《中国财政思想史》(中国财政经济出版社,1989),叶世昌、李宝金、钟祥财的《中国货币理论史》下册(中国金融出版社,1993),马伯煌的《中国经济政策思想史》(云南人民出版社,1993),姚遂的《中国金融思想史》(中国金融出版社,1994),赵晓雷的《中国工业化思想及发展战略研究》(上海社会科学院出版社,1995),韦苇的《走向富强的千年追求:中国经济发展思想的理论体系与历史演进》(西北大学出版社,1997),钟祥财的《中国农业思想史》(上海社会科学院出版社,1997),程霖的《中国近代银行制度建设思想研究(1859—1949)》(上海财经大学出版社,1999),豆建民的《中国公司制思想研究(1842—1996)》(上海财经大学出版社,1999),上海社会科学院经济研究所经济思想史研究室的《秦汉经济思想史》(中华书局,1989),谢天佑的《秦汉经济政策与经济思想史稿——兼评自然经济论》(华东师范大学出版社,1989),叶坦的《富国富民论:立足于宋代的考察》(北京出版社,1991),唐任伍的《唐代经济思想研究》(北京师范大学出版社,1996)等。

此外,人物经济思想研究也成为该时期总结中国经济思想光辉成就的一种重要方式,并开始以更为系统化的专著形式集中出现。古近代研究有李守庸的《王船山经济思想研究》(湖南人民出版社,1987),巫宝三的《管子经济思想研究》(中国社会科学出版社,1989),韦苇的《司马迁经济思想研究》(陕西人民教育出版社,1995),胡显中的《孙中山经济思想》(上海人民出版社,1985),钟祥财的《中国近代民族企业家经济思想史》(上海社会科学院出版社,1992)等。当代研究主要关注党的重要领导人,如关梦觉的《陈云同志的经济思想》(知识出版社,1984),倪大奇的《毛泽东经济思想研究》(复旦大学出版社,1991),陈益寿的《毛泽东经济思想研究》(经济科学出版社,1993),顾海良、张雷声的《邓小平的经济思想》(中国经济出版社,1996)等。

  这一时期对中外经济思想史进行比较的研究工作有所深化。如胡寄窗在《政治经济学前史》(辽宁人民出版社,1988)中,将中国等东方国家的经济思想放入世界经济思想发展史中进行考察和总结,客观、历史地评价其在人类经济思想发展史上的贡献和地位。另外,胡寄窗所撰写的《中国古代经济思想的光辉成就》(为中英双语版,中文版由中国社会科学出版社于1981年出版;英文版由 Foreign Languages Press 于1984年出版)则通过对近60个经济概念的中西对比分析,说明了17世纪以前中国经济思想在许多方面都走在西洋经济思想之前。严清华在《中日现代化经济发展思想比较研究》(湖北人民出版社,1996)中,首次对中日两国现代化经济思想做了系统的比较分析。唐任伍在《中外经济思想比较研究》(陕西人民出版社,1996)中,分系列专题对中外经济思想的异同进行了多方面的深入考察。

  值得一提的是,这一时期学界还开拓了中国现代经济思想史研究这一新领域,将新中国成立以来的经济思想纳入考察范围。代表性著作有王毅武的《中国社会主义经济思想史简编》(青海人民出版社,1988),顾龙生的《中国共产党经济思想发展史》(山西经济出版社,1996),于光远的《中国理论经济学史(1949—1989)》(河南人民出版社,1996),胡寄窗、谈敏的《新中国经济思想史纲要(1949—1989)》(上海财经大学出版社,1997),马文奇、李洁明、江洋的《从马克思到邓小平:当代中国经济理论的演变》(上海文艺出版社,1998),李占才的《当代中国经济思想史》(河南大学出版社,1999)等。另外还有谈敏主编献礼中华人民共和国成立50周年的"新中国经济思想史丛书"(有部分出版于2000年后),包括赵晓雷的《新中国经济理论史》(上海财经大学出版社,1999),陈信元、金楠的《新中国会计思想史》（上海财经大学出版社，1999），徐国祥、王德发的《新中国统计思想史》（上海财经大学出版社，1999），李扣庆等《新中国贸易思想史》（上海财经大学出版社，1999），施兵超的《新中国金融思想史》（上海财经大学出版社，2000），孙林的《新中国农业经济思想史》（上海财经大学出版社，2001）。

在为解决现实问题提供历史借鉴方面，学界围绕彼时的热点问题（如经济体制改革和经济管理、价格、人口、消费等）探索经济思想史研究与现实经济发展结合的可能，以求古为今用，充分发挥了中国经济思想史为现实经济发展服务的功能，扩大了中国经济思想史研究的社会影响。这方面的代表性论著有：杨敏的《儒家思想与东方型经营管理》（湖北人民出版社，1990），郑学益的《中国价格思想史稿》（中国物价出版社，1993），王莘耕等的《中国历代经济思想今鉴》（江西高校出版社，1995），路兆丰的《韩非与企业经营管理》（广西人民出版社，1999），唐任伍的《荀子思想与现代企业形象》（广西人民出版社，1999）等。

在为构建中国经济学提供理论要素和历史启迪方面，这一时期学者开始深入考察中西两个独立经济思想体系之间的相互影响、相互渗透关系，论证了中国古代经济思想是现代西方经济学的理论渊源之一，增强了国人构建中国经济学的自信，提供了中国经济学构建的相关理论要素。例如，谈敏的《法国重农学派学说的中国渊源》（上海人民出版社，1992）通过对重农学派基本理论与中国传统经济思想中相应思想的比较分析，充分论证了法国重农学派学说的形成受到中国传统经济思想广泛而深刻的影响，指出中国传统经济思想是法国重农学派学说的主要渊源之一，成为积极考证中国经济思想在世界范围的影响和地位的代表作。还有许多学者梳理"中国经济学"的探索历程，给当下构建中国经济学以历史启迪。例如，赵晓雷梳理了新中国成立以来中西经济学融合的历史，讨论了中国经济学建设的可能。① 刘诗白提出构建中国经济学并与实践密切结合，是建设中国特色社会主义的需要。② 何炼成、丁文锋提出要在反思和创新方法论的基础上创建中国经济学。③ 叶坦考证了中国接受"西学"并探索建立"中国经济学"之努力的艰难历程。④ 卢根鑫指出，中国在20世纪始终是外国经济学家的学生，但到21世纪不会再甘居这一地位，这从学界1995年开始讨论建立和发展中国理论经济学即可见一斑，并提出要从中国经济发展实践中寻求经济学理论的发展。⑤

在向海外传播中国经济思想方面，胡寄窗的《中国古代经济思想的光辉成就》（*Chinese Economic Thought before the Seventeenth Century*，Foreign Languages Press，1984）和《中国经济思想史简编》（*A Concise History of Chinese Economic Thought*，Foreign Languages Press，1988）两书的英文版先后出版，提出并论证了中国传统经济思想曾长期领先于世界，对现代经济学的形成产生过重要影响，打破了经济学说史中西方中心论的观念传统，积极向海外传播中国经济思想的光辉成就。根据谷歌学术搜索的统计，《中国经济思想史简编》一书英文版自出版以来共获全球引用123次，是目前中国经济思想史英文著作中引用率最高的书籍。

### （四）拓展时期：2000年至今

进入21世纪，随着中国面临的内外部环境发生重要变化，中国

---

① 赵晓雷. 西方经济学对现代中国经济学发展的影响. 经济学家，1997（4）：10-19. 赵晓雷. 我对"中国经济学"的理解. 经济学动态，1999（3）：44-45.
② 刘诗白. 中国经济学构建的若干问题. 经济学家，1997（1）：4-13.
③ 何炼成，丁文锋. 中国经济学向何处去？. 经济学动态，1997（7）：6-15. 丁文锋. 对中国经济学方法论的反思. 经济学家，1997（3）：11-19.
④ 叶坦. "中国经济学"寻根. 中国社会科学，1998（4）：59-71.
⑤ 卢根鑫. 中国经济学的发展：性质、途径与条件. 学术月刊，1999（12）：3-8. 卢根鑫. 中国理论经济学发展的基本思路. 财经研究，1999（7）：8-11.

经济思想史研究既强调深入挖掘和整理中国经济思想的历史遗产，又注重学科研究成果对现实经济发展的借鉴和启示作用。随着人类社会经济的向前发展，历史也在不断延伸，中国经济思想史的研究时段也在不断拓展，中国现当代经济思想日益成为本学科"热点"研究领域和探索空间。此外，中国经济思想史研究的范围进一步拓宽，许多重要的研究领域都开始被探索。随之，中国经济思想史的研究方法也有了新的突破。这一时期论文发表量大幅增长至 1.1 万余篇，出版著作接近 400 部。①

以四个维度的初心为标尺来看，学科拓展时期学界梳理新中国及中国共产党经济思想发展脉络与成就的论著显著增多，如白永秀、任保平的《新中国经济学 60 年（1949—2009）》（高等教育出版社，2009），柳欣、秦海英的《新中国经济学 60 年》（中国财政经济出版社，2010），张卓元的《新中国经济学史纲（1949—2011）》（中国社会科学出版社，2012），钟祥财的《当代中国经济改革思想》（上海社会科学院出版社，2016），赵晓雷的《中华人民共和国经济思想史纲：经济思想发展与转型（1949—2019）》（首都经济贸易大学出版社，2019），程霖、陈国权的《新中国经济思想研究丛书：复兴之路（1949—2019）》（共 10 部，经济科学出版社，2019），赵晓雷、王昉的《发展与转型：改革开放 40 年中国经济思想变迁》（首都经济贸易大学出版社，2018），张卓元、张晓晶的《新中国经济学研究 70 年》（分上、下册，中国社会科学出版社，2019），顾海良、邹进文的《中国共产党经济思想史 1921—2021》（共 4 卷，经济科学出版社，2021），洪银兴、杨德才的《中国共产党百年经济思想史论》

---

① 此处将 2014 年以前数据［整理自程霖，张申，何业嘉.中国现代经济思想史研究：1978—2014.中国经济史研究，2015（3）：66-84］与 2015 年及以后数据（根据中国知网期刊文献库、国家图书馆、上海图书馆及部分高校图书馆书目估算）分别计算后求和。

（分上、下册，天津人民出版社，2021）等。其中不少论著选在历史关键时点（如改革开放40周年、新中国成立70周年、建党100周年等）出版，旨在总结建党、新中国成立或改革开放以来中国经济思想、理论及学说发展的历史成就和探索经验。总体而言，对新中国经济思想和中国共产党的经济思想与理论创新进行系统的总结，是该时期的一个重要突破。

该时期不少研究从全球视野总结中国经济思想的光辉成就与影响。如李超民考察了中国古代常平仓制度和青苗法对美国"罗斯福新政"时期农业思想与政策的影响。[1] 刘群艺考察比较了近代东亚中、日、韩三国的经济改革与发展思想。[2] 张申、张亚光则将古罗马与秦汉时期的经济思想置于比较的视野之下，指出中西经济思想自该时期进一步呈现出显著不同并深刻影响其后续发展。[3] 张亚光、毕悦对海外期刊上华人经济学者的文献进行了梳理，从一个独特侧面展现出改革开放以来中国经济学科的探索和创新历程。[4] 魏众、蒋颖考察了SSCI期刊上研究中国经济问题的文章，发现在中国经济得到更多学术关注的同时，中国学者逐步确立了在这一研究领域的主导地位，展示了中国问题研究与中国经济思想国际影响力逐渐提高的过程。[5] 邹进文采用英文文献，通过西方汉学家和经济学家的视野，论证了近代中国经济思想亦对西方经济理论和政策制定形成有一定程度的影响。[6]

---

[1] 李超民. 常平仓. 上海：上海远东出版社，2002.

[2] 刘群艺. 经济思想与近代化改革. 北京：华夏出版社，2007.

[3] 张申，张亚光. 中西经济思想的首次"大分流"——基于罗马与秦汉时期的经济思想比较研究. 经济科学，2017（1）：106-119.

[4] 张亚光，毕悦. 改革开放以来经济学的本土化创新与体系构建——基于国际顶级期刊的华人学者文献述评. 东南学术，2018（6）：73-82.

[5] 魏众，蒋颖. 中国经济问题研究国际发文的几个特征事实——基于SSCI的分析. 经济学动态，2018（10）：88-99.

[6] 邹进文. 中国近代经济思想研究在西方的反响. 中国社会科学，2021（5）：169-186.

此外，这一时期在经济思想史研究中应用新方法的成果也不断涌现。例如，张亚光使用统计学方法讨论了民国金融思想的发展轨迹。① 郭旸、柴毅利用计量方法考察了古代城市经济思想的历史演化。② 周建波等运用数理模型考察了秦人功利与伦理思想对军功爵制功效的影响。③ 岳翔宇通过古气候分析考察了汉初农业危机与重农学说发展的关系。④ 柴毅等采用经济模型分析了战国时期诸国竞争的军事、经济需求与学术供给，进而探讨了墨家学说兴衰的原因。⑤

在为解决现实问题提供历史借鉴方面，对于古代经济思想史研究的"经世致用"特性在逐步加强，许多关于传统经济思想的研究注重从进入21世纪之后面临的现实问题出发，考察中国历史上先哲的相关智慧，并开拓了许多新的专题研究作为学科研究领域中新的"生长点"。如马涛的《儒家传统与现代市场经济》（复旦大学出版社，2000）讨论了儒家传统对商品经济发展的积极作用以及成为支持中国现代化经济发展的文化历史资源的可能。⑥ 王昉《中国古代农村土地所有权与使用权关系：制度思想演进的历史考察》（复旦大学出版社，2005）运用现代经济学理论探索了土地所有权和使用权的制度思想历史演变，为当代土地制度改革探索提供了足资珍视的历

---

① 张亚光. 民国金融思想的发展轨迹——对1910—1949年金融出版物的统计分析. 经济科学，2008（1）：114-125.
② 郭旸，柴毅. 禀赋、制度、道德：中国城市演化路径的因素驱动与城市经济思想研究. 贵州社会科学，2012（7）：73-77.
③ 周建波，张博，周建涛. 秦军功爵制的经济学分析——兼论秦军功爵制功效何以远超六国. 经济学（季刊），2013（4）：333-350.
④ 岳翔宇. 气候变化、农业低产与重农理论——以晁错"贵粟论"为中心. 历史研究，2015（3）：40-61.
⑤ 柴毅. 外部市场变化与理论转型：墨学兴盛和衰败的经济学诠释. 贵州社会科学，2016（11）：154-159. 柴毅，雷晓霆. 诸侯需求与学术供给：基于墨家思想的再分析. 贵州社会科学，2017（11）：148-155.
⑥ 蒋春，吕泽华. 儒家人文精神是发展市场经济的驱动力——评《儒家传统与现代市场经济》. 管子学刊，2001（1）：92-93.

史经验。① 周建波的《儒墨道法与企业经营》（机械工业出版社，2006）分析了古代多学派经济管理思想的当代意义，考察了儒墨道法思想对现代企业经营的借鉴意义。韩枫的《中国第三产业经济思想史》（经济管理出版社，2016）考察了传统商业思想的发展与演变，为中国经济转型与产业升级提供了参考。高伯文的《中国共产党区域经济思想研究》（中共党史出版社，2004）系统论述了1949年以来中国共产党区域经济思想与执政理念演变的历史轨迹，为新中国经济思想史研究开辟了新的分支领域。② 黄娟的《生态经济协调发展思想研究》（中国社会科学出版社，2008）系统研究了改革开放以来党和国家领导人的生态经济协调发展思想，为当代生态文明和生态经济建设提供了思想指导和借鉴。③ 叶坦、王昉讨论了以人民为中心的发展思想对古代"富民""养民"等民本经济观的传承与超越。④

在为构建中国经济学提供理论要素和历史启迪方面，该时期学者一方面注重探索将传统经济思想研究与新时代中国特色社会主义政治经济学构建相结合。例如，林光彬表示，中华文化是中国政治经济学的源头活水，经国济世等富民富国思想是构建中国特色、中国风格、中国气派政治经济学的学术底色。⑤ 周文指出，构建中国特色社会主义政治经济学需要不断汲取中华优秀传统经济思想的精华，并实现创造性转化、创新性发展。⑥ 陈旭东提出，要坚持汲取中国传

---

① 程霖. 浅谈中国传统经济思想史研究之创新——评《中国古代土地所有权与使用权关系》. 中国经济史研究，2007（1）：封3.
② 孔永松. 当代区域经济思想史研究的拓荒——评《中国共产党区域经济思想研究》. 当代中国史研究，2005（3）：115-117. 武力. 研究中国共产党执政理论的新成果——《中国共产党区域经济思想研究》评介. 中共党史研究，2005（3）：127-128.
③ 张锦高. 加强中国化马克思主义生态经济思想研究——评《生态经济协调发展思想研究》. 毛泽东思想研究，2009（4）：封3.
④ 叶坦，王昉. 对中国古代民本经济观的传承与超越. 人民日报，2021-11-29.
⑤ 林光彬. 中华文化是中国政治经济学的源头活水. 光明日报，2017-01-10.
⑥ 周文. 中国经济学的创新发展与历史使命. 人民日报，2019-06-24.

统经济思想菁华和西方经济理论的有益养分，加快推进中国经济学的构建。① 熊金武以近代民生经济学为案例，考察了中国传统经济思想现代化的路径特征及其对构建中国经济学的作用和启示。② 缐文考察到中国古代常平仓思想和政策实践经历了从常平仓到用中致常平再到常平律的演变，指出见对立而尚中的经济传统标识出中国经济思维简易而深刻的中道精神，它是中国特色经济思想之慧命，中国当代经济理论与实践体系的创新离不开这一大根本。③

另一方面注重探讨中外经济思想的交融与相互影响。近年来学界特别注重考察马克思主义政治经济学和西方经济学说在中国的传播、运用与本土化，梳理中国学者运用外来经济学说分析解决中国现实经济问题、进行理论创新的过程。代表性成果如谈敏的《回溯历史：马克思主义经济学在中国的传播前史》（分上、下册，上海财经大学出版社，2008）、《1917—1919：马克思主义经济学在中国的传播启蒙》（分上、中、下三册，上海财经大学出版社，2016）和《1920—1929：从民国著作看马克思主义经济学的传播》（共6卷，经济科学出版社，2021）对近代马克思主义经济学传入中国的源流、路径、形式、方式、内涵、演变和启示进行了系统的梳理。梁捷、李丹、夏国祥、张登德等学者针对西方经济学说在中国的传播展开了研究。④ 严清华、邹进

---

① 陈旭东. 中国经济学构建的近代探索与现实镜鉴. 光明日报，2019-04-17.
② 熊金武. 近代中国传统经济思想现代化研究：以民生经济学为例（1840—1949）. 北京：社会科学文献出版社，2020.
③ 缐文. 永远的常平仓：中国粮食储备传统的千年超越. 北京：社会科学文献出版社，2020.
④ 如梁捷. 西方经济学在华早期传播与译介. 学习与探索，2007（2）：135-139. 李浩，梁永康. 外国来华传教士与晚清经济思想的早期近代化. 中国社会经济史研究，2008（2）：92-98. 王昉. 经济学方法论与经济学在近代中国的发展——20世纪20—40年代对经济学方法论的引进和讨论. 复旦学报（社会科学版），2009（2）：110-117. 张登德. 求富与近代经济学中解读的最初视角——《富国策》的译刊与传播. 合肥：黄山书社，2009. 夏国祥. 西方财政学在近代中国的传播. 财经研究，2011（3）：50-59. 程霖，岳翔宇. 晚清金融思想的现代化转型. 财经研究，2014（6）：60-70，94. 李丹. 晚清西方经济学财富学说在华传播研究——以在华西人著述活动为中心的考察. 中国经济史研究，2015（3）：43-53.

文的"民国经济思想研究丛书"(武汉大学出版社,2008—2014)考察了民国时期经济、管理、贸易、保险、财政等领域传统思想与外来学说融合发展的过程。魏众等考察了中外经济思想交融在中国特色社会主义经济理论(如按劳分配原则等问题)形成过程中的作用。① 缪德刚考察了中国传统经济思想在近代外来学术思想传播背景下的学科化构建过程。②

该时期学界关注的还有一个重点是梳理中国经济学的成长历程,总结近代以来关于构建中国经济学的探索并提供历史启迪。如孙大权的《中国经济学的成长:中国经济学社研究(1923—1953)》(上海三联书店,2006)、邹进文的《近代中国经济学的发展:以留学生博士论文为中心的考察》(中国人民大学出版社,2016)等著作考察了关键群体在中国经济学发展过程中的学术贡献。程霖、张申、陈旭东对百年来中国经济学概念提出的过程、表述方式、具体界定、理论逻辑及特征演变等问题进行了历史梳理,并讨论了未来中国经济学应满足的标准。③ 张申、信瑶瑶考察了近代中国经济学体系构建在学科意义④、研究内容⑤和方法论⑥层面的探索进展。易棉阳以留学生为中心,提炼出近代中国经济学构

---

① 魏众,王琼. 按劳分配原则中国化的探索历程——经济思想史视角的分析. 经济研究,2016 (11):4-12,69. 魏众. 中国改革初期的思想解放、中外交流和理论创新. 中国经济史研究,2019 (6):146-159.

② 缪德刚. 中国传统经济思想在近代的学科化建构. 经济思想史学刊,2022 (1):95-117.

③ 程霖,张申,陈旭东. 选择与创新:西方经济学说中国化的近代考察. 经济研究,2018 (7):182-197. 陈旭东,程霖. 中国现代经济思想史研究与新时代学术话语体系构建. 学术月刊,2019 (6):45-52. 程霖,张申,陈旭东. 中国经济学的探索:一个历史考察. 经济研究,2020 (18):84-107.

④ 张申,信瑶瑶. 近代学人构建中国经济学的努力. 文汇报,2020-01-17.

⑤ 张申,信瑶瑶. 中国经济学体系构建的近代探索——基于研究内容的视角. 财经研究,2020 (9):108-122.

⑥ 信瑶瑶,张申. 近代中国经济学构建中的个人主义与整体主义. 安徽师范大学学报(人文社会科学版),2021 (6):24-33.

建的"三步走"路径。① 张亚光、沈博则以格义、分野、自立三个阶段去理解近代中国经济学的探索与转型。② 陈旭东认为，近代探索表明，中国经济学构建应基于中国文化传统与经济实践，来源于中国与世界经济思想的互动。③ 此外，程霖、洪永森、周文、孙立冰等讨论了中国经济学构建的思想来源，如中国传统经济思想现代化、马克思主义经济学中国化、西方经济学中国化和中国经济改革发展实践理论化等。④

在向海外传播中国经济思想方面，国内经济思想史学者与国际经济思想史学界的交流增多，许多学者受邀参加其他国家的经济思想史学会年会，并作专场主旨报告，有效促进了中国经济思想史的海外传播。此外，一些学者还出版了中国经济思想史的外文著作，以增加学科影响力，如马颖、Hans-Michael Trautwein 主编的《中国经济发展思想》（*Thoughts on Economic Development in China*，Routledge，2013）；程霖、Terry Peach、王昉主编的《古代中国经济思想史》（*The History of Ancient Chinese Economic Thought*，Routledge，2014）及《汉代的政治经济学及历史遗产》（*The Political Economy of the Han Dynasty and Its Legacy*，Routledge，2019）等。陶一桃、鲁志国等从中国特色社会主义经济理论史、经济发展史两个维度考察经济特区的著作《经济特区与中国道路》以多语种

---

① 易棉阳. 民国时期中国经济学构建的探索——以留学生为中心的考察. 财经研究，2019（7）：4-16，30.
② 张亚光，沈博. 格义、分野、自立：近代中国经济学的探索与转型. 财经研究，2021（1）：109-123.
③ 陈旭东. 中国经济学构建的近代探索与现实镜鉴. 光明日报，2019-04-17.
④ 程霖，陈旭东，张申. 中国传统经济思想的历史地位. 中国经济史研究，2016（2）：16-31. 洪永森. 站在中国人的立场上，用现代方法研究中国问题，用国际语言讲述中国故事. 经济研究，2017（5）：19-21. 周文. 中国道路与中国经济学——来自中国改革开放40年的经验与总结. 经济学家，2018（7）：11-19. 孙立冰. 论中国经济学现代化的马克思主义发展道路——质疑洪永森西方经济学中国化观点. 马克思主义研究，2020（6）：91-103.

在海外出版。① 此外，国内学者也在国外知名经济、金融刊物上发表文章传播中国经济思想史，如郑学益、张亚光、John Whalley 基于西方货币理论的视角考察了中国古代的货币思想和货币政策，并与欧洲和北美晚期的货币理论与实践进行了比较。② 张亚光、刘晟亚梳理了欧美期刊中的中国古代经济思想研究，考察了中国经济思想的海外影响。③

百余年来，具有强烈家国情怀的中国经济思想史学人笔耕不辍，取得了丰富的理论成果，并坚持初心不改，对学科建设做出了历史性的贡献。

## 三、中国经济思想史研究的未来使命：融通古今中外，紧扣民族复兴

凡是过往，皆为序章。中国经济思想史研究当前已进入一个全新的发展阶段，要百尺竿头更进一步，须在发展方向上紧扣中华民族伟大复兴的宏伟愿景，树立强烈的思想自觉，在治学方法上融通古今中外，以今释古、以古鉴今，在未来的研究与探索中继续坚持总结中国经济思想的光辉成就、提供解决现实问题的历史借鉴、挖掘构建中国经济学的理论要素、推动中国经济思想的海外传播这四项学科使命，充分发挥中国经济思想史学科在历史机遇期的重要

---

① 陶一桃，鲁志国，等．经济特区与中国道路．北京：社会科学文献出版社，2017；Tao Y, Lu Z. *Special Economic Zones and China's Development Path*. Springer, 2018；该书还被翻译成阿拉伯文、俄文，参见一带一路数据库（www.ydylcn.com）。

② Zheng Xueyi, Zhang Yaguang and John Whalley, "Monetary Theory in Chinese Historical Thought," *European Financial Review*, February-March 2011, pp. 49-53; Zheng Xueyi, Zhang Yaguang and John Whalley, "Monetary Theory and Policy from a Chinese Historical Perspective," *China Economic Review*, Vol. 26, September 2013, pp. 89-104.

③ 张亚光，刘晟亚．中国经济史学的新视野——欧美期刊中的中国古代经济思想研究．贵州社会科学，2016（9）：22-28.

价值。

## （一）深入挖掘，古今贯通，全面、系统总结中国经济思想的光辉成就

中国经济思想史是一个巨大的宝库，百余年来，前辈学者虽在发掘和整理中国经济思想的光辉成就方面积累了相对丰富的研究成果，但就全面性、系统性、深入性、贯通性而言，还有进一步拓展的空间。随着中国经济逐渐走在世界前列，为了更好地总结中国经济思想的光辉成就和历史地位，树立文化自信，未来中国经济思想史研究须在"深耕"与"打通"方面下功夫。① 一方面，继续深入挖掘已取得一定程度发展的领域；另一方面，进一步打通目前相对分散、割裂的不同时代（古代、近代、现代）之间的经济思想考察，从而在统一的分析框架和理论体系之下，完整呈现中国经济思想发展的历史脉络和动态变化。

一是要以马克思主义基本原理为行动指南，推动其与中国具体实际和中华优秀传统文化的结合，坚持解放思想、实事求是、与时俱进、求真务实，客观、科学、准确地评估中国经济思想的地位与价值，尊重历史，既不夸大，也不缩小。

二是就研究领域而言，既要深耕现有的领域，强化相对薄弱的领域，如加强在时间上起步相对较晚的中国现代经济思想史研究，挖掘"中国经济奇迹"背后的思想智慧，也要勇于开辟新研究领域，扩展研究对象，将以往经济思想史研究中一些不被重视的问题纳入研究视野。这就意味着需要进一步加强挖掘新史料、发现新问题、运用新方法。

---

① 陈旭东，程霖. 深耕与打通：新时代中国现代经济思想史研究. 金融博览，2020(15)：36-37.

三是要从分散走向综合，构建贯通古今的框架，汇聚学科研究力量推进纵贯古今的通史性著作研究。通史性著作研究的前提和基础是研究资料的挖掘、研究成果的积累、研究体例和框架的创新与深化、研究团队的组建与合作，因此，通史性著作成果的形成与出版往往具有很大的标志性，对一个学科的发展具有重要意义。

四是考察中国经济思想的光辉成就和价值要坚持历史视野和国际视野相统一，不仅要将中国经济思想放入历史纵向和全球横向的维度中，分析、提炼和概括其光辉成就、基本特点和理论贡献，还要系统梳理和考察中国经济思想的海外传播以及对世界经济理论发展和经济实践的影响，并总结经验和启示。[①]

五是要立足史料挖掘和整理，注重与中国经济史的互动融合，推进中国经济思想史分析框架和研究体系方面的创新，加强分析性和理论性研究，拓展研究广度和深度，持续推出具有思想性、理论性、学术性的优秀学术成果。

## （二）坚持问题导向，理论联系实际，为解决现实问题提供历史借鉴

古为今用、以古鉴今是历代中国经济思想史学人的学术追求，也是未来中国经济思想史研究需要继续坚持的使命。但就目前的研究成果来看，大部分学者虽有问题意识，但理论与实际的结合程度还有待提高。我国目前正处于实现中华民族伟大复兴的关键时期，中国经济正处于从高速增长阶段转向高质量发展阶段，还面临着若干重大问题，如经济结构性问题日益突出、改革进入攻坚期和深水区、宏观环境风险压力加大等等，未来中国经济思想史研究需要坚

---

① 程霖. 经济思想史研究助推经济学学术体系构建. 中国社会科学报，2019-12-20.

持问题导向，理论联系实际，为中华民族伟大复兴事业发展提供历史镜鉴和理论依据。

一是要与时代同行，强化问题意识。一切历史都是当代史，我们要紧密结合国情，研究真问题、真研究问题，一方面从当下关注的社会经济问题（尤其要勇于直面和紧扣最为突出的经济矛盾）出发，用中国特色社会主义政治经济学中已得到检验的理论和方法去回溯历史，考察哪些类似问题前人已有论述，其采取了怎样的应对策略，有怎样的经验教训等等；另一方面也要从历史上的经济现象入手，抓住以往经济思想产生的问题根源，分析其产生的原因和导致的结果，择其善者而从之，其不善者而去之。

二是坚持理论创新与实践探索相结合，推进中国传统经济思想在现代经济中创造性转化、创新性发展，古为今用、推陈出新，从优秀传统文化中汲取推动现代社会经济发展的养分。通过加强中国传统经济思想与当前中国经济发展的实际，尤其是新发展理念这一中国特色社会主义政治经济学的思想精髓的联系，进一步彰显中国经济学的继承性、民族性和现实性。

三是要依托具体经济问题，加强对经济学细分领域的研究，强化专门史研究。虽然随着经济实践的不断推进，总是会涌现出新的经济现象，但同一或相近领域内的经济事件存在的历史必然性的因素，可以帮助我们解读和应对现在或即将发生的经济实践。立足于当下的国内外经济环境，建议围绕中国历史上的国家经济治理、经济与生态、发展与民生、调均贫富、经济与防疫救灾、产权制度保障等具体问题展开经济思想的专题研究。

### （三）加强对理论创新的成果与经验梳理，充分发挥经济思想史为中国经济学构建提供理论要素和历史启迪的作用

构建中国经济学是时代赋予中国经济思想史学科的一个重大历

史使命。从历史的角度出发,一个系统性的经济学说构建往往需要三个条件:经济的持续发展、有一系列经济理论创新的积累、进行理论创新的完善与综合。这些条件在当前的中国已逐渐具备。未来要进一步发挥经济思想史学科在构建中国经济学中的积极作用,就需要加强对既有理论创新的成果与经验的系统梳理和客观评价,为经济学家们不断进行理论创新、完善与综合,乃至中国经济学的构建与学科体系、学术体系、话语体系的建设提供坚实基础。

一是经济思想史学科要加强综合研究能力,必须着力促进"经济理论知识与实际经济知识、经济学科知识与历史学科知识、经济思想历史描述与经济史发展背景分析等的交融渗透","不断构建完善包括学科界定与学科特质、研究对象与基本逻辑、研究方法与话语体系等在内"的中国经济思想史学科基质,保持学科的科学性、严谨性、独立性和可持续性。[1]

二是加强中国经济思想史学科自身建设,优化学科配置,培养创新人才,建设研究队伍,打造学术交流平台,构建起符合学科自身特性和规律的学科体系、学术体系和话语体系。自觉承担起时代所赋予的使命、任务和责任,发挥学科总结历史、把握规律的学术优势。

三是要总结和梳理中国经济发展取得的成就和经验,提炼中国经济理论,尤其是要总结好百余年来"党走过的光辉历程""党团结带领人民取得的辉煌成就""党推进革命、建设、改革的宝贵经验""党的十八大以来党和国家事业砥砺奋进的理论和实践"等,这是党的伟大实践赋予中国经济学构建的宝贵思想财富。

四是要系统总结中国经济学构建的历史探索经验,研究西方经

---

[1] 陈旭东,程霖. 中国现代经济思想史研究与新时代学术话语体系构建. 学术月刊,2019(6):45-52.

济学体系演进史并考察"中学西渐"及其影响,为构建中国经济学体系提供借鉴、启示和自信。同时,要及时总结分析当前国内经济学学术的进展与不足,提示未来应该着重发展的方向。

### (四)立足本土,融通中外,面向世界积极传播中国经济思想

中国经济思想不仅是中国人民的宝贵精神财富,更是人类文明成果的重要组成部分。未来中国经济思想史研究要立足本土,融通中外,主动向世界传播中国经济思想,讲好中国经济故事及其背后的思想渊源与精神力量,展示立体、真实、全面的中国,并为世界经济发展贡献中国智慧,宣扬中国主张。

一是要始终立足本土,正确认识中国经济思想的"中国特色"与"中国底色"。当代语境下的中国经济思想既不是简单延续中国传统经济思想的母版,也不是简单套用马克思主义经济思想的模板或其他国家社会主义经济思想的再版,更不是西方经济思想的翻版,而是马克思主义基本原理同中国具体实际相结合、同中华优秀传统文化相结合的原版。

二是要坚持融通中外,以开放思维促进中国经济思想史研究的国际化发展与中外文明交流互鉴。一方面要主动将中国经济思想史纳入世界经济思想史的范围,加强对融通中外的经济思想史的研究,例如应鼓励中国学者在开展世界视域的通史性、比较性经济思想考察中,将中国篇章作为必要构成;另一方面,对于其他国家经济思想史领域的研究方法和理论工具,应加以批判性吸收和灵活运用,促进本国经济思想史研究和经济理论的创新发展。

三是要大力推动中国经济思想史研究成果向海外传播,通过严谨的研究与翻译成果呈现中国经济思想的世界意义和价值。此过程

不应局限于现有的存量成果的翻译出版，而应进一步出版更多面向海外各界的中国经济思想史普及性文献，以及分析中国式现代化背后经济思想的文献，以国际通行的经济学学术规范和话语体系讲好中国故事、提供中国方案。

　　党的十九届六中全会指出，要推动中华优秀传统文化创造性转化、创新性发展。百余年来，中国经济思想史研究在古今中外各种经济思想的交汇冲突中不断发展，既兼容了马克思主义经济学和各种外来理论成果及术语元素，具有国际化的基因和可通约的话语，又对中国传统经济思想进行了继承、扬弃和发展。中国经济思想史研究只有从学科百余年发展中看清楚过去我们取得了哪些成就、仍有哪些不足，才能更加坚定、更加自觉地践行历代学人的初心使命，坚持把马克思主义基本原理同中国具体实际相结合、同中华优秀传统文化相结合，不断总结、凝练、抽象中国独特经济实践中所蕴含的经济规律，为中华民族伟大复兴发挥学科所长，在重要历史关口做出应有的贡献。

# 外国经济思想史学科在中国的源流与发展[*]

## 贾根良

  梁启超在 1902 年发表的《生计学学说沿革小史》标志着外国经济思想史学科在中国的诞生。本文运用经济思想编史学的方法，通过回顾外国经济思想史学科在我国 120 年的发展历程，按照其在不同阶段的主要功能和特征，将其划分为五个阶段，考察该学科在每一阶段发展的背景、动因和主要成就。在过去的 120 年中，外国经济思想史学科在中国经济学发展和国家建设中发挥了三种主要的功能：引进新思想、为探求国家富强之道提供历史借鉴并提出新的战略思想、服务于国家社会科学知识体系的建构。但是，该学科在建构新的经济理论体系方面的功能基本上仍付之阙如，它有望在"建构中国自主的知识体系"中发挥重要作用。然而，该学科在代表性高校的现状说明，外国经济思想史学科在中国面临着生存危机，对此经济学界和相关部门应该引起高度重视。

---

[*] 本文发表于《学术研究》，2023（5）。作者：贾根良，中国人民大学经济学院教授，国家级人才项目特聘教授。

## 一、引言

对某一学科的起源及其演变过程的历史考察,不仅要对其源流进行描述,而且还需要在理论上对其进行评价,前者属于"史学史"的考察范围,后者属于"史学理论"的范畴。"史学史"部分需要对该学科的论文、教材和著作进行整理、汇编和分类,对其学科建制、理论论争及其与实践的关系进行考察,区分不同的学派,并对该学科的发展进行历史分期。这种研究既要对本学科不同理论或学派内在的理论逻辑进行研究,也要对影响这些理论或学派产生及其发展的学科外部因素进行考察,这些因素包括哲学和社会思潮、经济利益、阶级关系、学科建制及其权力结构等对不同理论或学派兴衰所产生的重大影响。"史学理论"旨在对学科发展史进行批判性的哲学反思,这包括对研究对象、研究目的、研究纲领和研究方法的探讨,属于方法论层次的讨论,其目的就在于总结学科建设的经验和教训,探讨该学科发展的新方向。

与经济学家们对其某一分支学科的发展源流进行探讨一样,经济思想史家对本学科历史及其研究方法的反思也包括"史学史"和"史学理论"两大部分,前者可以称为经济思想史学史,后者称作经济思想史学理论[①],在经济思想史学科中,两者统称为"经济思想编史学"。但与经济学家们对某一学科的思想史(包括经济思想和经济学家)以及专业经济思想史家对经济思想史的研究不同,经济思想编史学是对经济思想史学科和经济思想史家本身的研究(见表1),它与经济思想史的关系,就像经济学方法论与经济学的关系一样。

---

① 贾根良. "新经济思想史"刍议. 社会科学战线,2010 (1):74-85.

经济思想编史学关注的是经济思想史学科的基础性概念和主题，例如，经济思想史学理论讨论的是经济思想史学科的价值、功能、定位、方法论和经济思想编史的历史观等，并以此为经济思想史学史的研究提供理论指导。

表1 经济思想编史学与经济学学科的三阶（三层次）体系

| 研究层次与学科类别 | 研究者 | 研究对象 |
| --- | --- | --- |
| 经济学 | 经济学家 | 经济现象 |
| 经济思想史 | 经济思想史家 | 经济思想和经济学家 |
| 经济思想编史学 | 经济思想编史学家 | 经济思想史学科和经济思想史家 |

资料来源：李黎力，贾根良．经济思想编史学：学科性质、内容与意义．经济学动态，2017（11）：152-160．

按照我国经济学学位点的设置，经济思想史学科属于理论经济学之下的一个二级学科，并下设三个三级学科：外国经济思想史、马克思主义经济思想史和中国经济思想史。按照这种学科分工，外国经济思想史的研究对象是外国非马克思主义经济思想的历史，一般是指欧美国家非马克思主义经济思想的历史。本文是对外国经济思想史学科在我国诞生和发展的编史学的初步研究，只是在必要时，才谈及中国经济思想史和马克思主义经济思想史的个别问题。

为了能够在比较的视野下更好地考察外国经济思想史学科在我国的诞生及其发展的历程，笔者在这里有必要简要概述一下古德温对经济思想史学科在欧美国家发展过程的历史分期问题。古德温在给2008年出版的《新帕尔格雷夫经济学大辞典》中撰写的"经济思想史"词条中，将该学科的历史演变划分为五个时期，在前四个时期，他将经济学家们研究经济思想史的不同目的或任务作为划分各时期的标准。在古德温看来，第一个时期是启蒙时期，研究经济思想史的目的是在理论和政策争论中作为辩论的手段，证明自己正确和对手错误。第二个时期是古典政治经济学时期，研究经济思想史的目的是对各种学说进行清理。为了改变当时经济学说的无政府状态,经济学家们转向经济思想史研究,目的是确定历史上哪些经济思想与他们看作正统的学说相一致,挑选出能引导当时思想的经济学说。第三个时期是新古典经济学和历史经济学并存的时期,在这个时期,经济思想史在经济学研究中发挥着文献述评的作用。第四个时期被称作经济思想史学科发展的黄金时代,大约从第一次世界大战持续到20世纪50年代末,经济思想史在经济研究中作为分析手段或启发法的手段来使用。第五个时期是从20世纪60年代至今,古德温称之为建立新的分支学科的时期,在这个时期,经济思想史研究作为启发法的手段为经济学发展的重大前沿问题提供答案的作用消失了。①

对于我国来说,外国经济思想史的论著是随着西方经济学说传入中国的,而且晚于西方经济学说在中国开始传播的时间。在引进西方学者的经济思想史著作之前,梁启超1902年就在《新民丛报》上发表了《生计学学说沿革小史》。与欧美经济思想史发展的前三个阶段的任务不同,外国经济思想史在我国这个阶段(截至五四运动)的主要功能是辅助西方经济学说在中国的传播,因此,笔者将其称作"外国经济思想史学科的诞生与初步引进阶段"。《新青年杂志》创刊后,西方各种思潮大量涌入中国,特别是在五四运动爆发后,欧美留学经济学者集中回国,为了对当时探索挽救民族危亡的道路提供借鉴,并受到经济思想史学科在欧美国家处于"黄金时代"的影响,外国经济思想史学科开始在中国得到迅速发展,形成了该学科在中国发展的"繁荣和多元化阶段"。新中国成立后,外国经济思

---

① Goodwin, Craufurd D., "History of Economic Thought," in: Steven N. Durlauf and Lawrence E. Blume (eds), *The New Palgrave Dictionary of Economics*, Basingstoke, UK and New York: Palgrave Macmillan, 2008, pp. 48–57.

想史学科在中国的发展与欧美国家分道扬镳，先后经历了服务于马克思主义政治经济学学科建设的阶段（从20世纪50年代到70年代末）、引进西方经济学之桥梁的阶段（1979年到20世纪90年代末）、编史学观念的突破和引进西方非正统经济学的阶段（21世纪初至今），而欧美国家的经济思想史学科在20世纪50年代末开始步入衰落阶段，一直延续至今。目前，中国的外国经济思想史学科也步入了衰落阶段。因此，与欧美国家相比，外国经济思想史学科在中国的发展过程呈现出许多不同的特征，笔者将在第二到第六节讨论该学科在中国发展的五个阶段，在最后一节总结外国经济思想史学科在过去120年发挥的重要作用，并简要说明其面临的生存危机。

## 二、外国经济思想史学科的诞生与初步引进阶段

从1902年至五四运动是外国经济思想史学科在中国发展的第一个阶段，这是外国经济思想史学科在中国的萌芽时期，它是随着译介西方经济学著作而引进到中国的。中国学者从事外国经济思想史研究并将之介绍到国内，主要有两个目的或任务：一是辅助人们更好地理解外国经济学说，二是了解西方国家致富之路，以资作为救国救民道路的镜鉴。

第二次鸦片战争后，西方经济学说被介绍到中国。在甲午战争前，这种引进工作主要是通过英美国家传教士的翻译作为媒介的；甲午战争后，随着留日学生的激增，西方经济学说开始间接经由日文翻译介绍到中国。五四运动后，随着留美和留欧的大批学者陆续归国，西方经济学说引入中国的途径又从日本直接转向了欧美国家，这个过程一直持续到1949年才结束。

在严复翻译并于1901年出版《原富》（亚当·斯密的《国富

论》）之前，翻译到中国的西方经济学著作代表作是 1880 年出版的《富国策》，该书是由时任京师同文馆总教习的美国传教士丁韪良（1827—1916 年）编译的。在《富国策》中，作者介绍了属于经济思想史内容的亚当·斯密、大卫·李嘉图和马尔萨斯的学说。正是因为这本书的编译，有学者甚至认为，丁韪良是向"中国介绍西方经济理论的第一人"。[①]

对于当时的中国知识分子来说，理解这些西方经济学说还是非常困难的。正如梁启超在《生计学学说沿革小史》中所指出的："兹学译出之书，今只有《原富》一种（其在前一二无可观）。理深文奥，读者不易"[②]，因此，在这种情况下，引入和研究经济思想史就被人们看作是进一步学习和研究西方经济学的必要工具。梁启超认为，如果严复能够"著叙论一卷，略述此学之沿革，斯密氏以前之流派若何，斯密氏以后之流派若何，斯密氏在此学中位置、功德若何，综其概而论之"，将会有利于读者对西方经济学的理解。梁启超曾建议严复撰写一本简述经济学发展史的著作"以昭后学"，但严复没有时间从事这项工作，因此，当时流亡日本的梁启超就使用三本日文经济学说史著作的材料，撰写了《生计学学说沿革小史》。

1902 年，梁启超在其主编的《新民丛报》第七号上开始连续七回连载了《生计学学说沿革小史》，因此，我国经济学家普遍将之看作是国人撰写的第一部外国经济思想史著作，据此，本文将梁启超的这本著作视作外国经济思想史学科在中国诞生的标志。1901 年发行的《译书汇编》第 7 期的"已译待刊书目录"一栏中，曾列有井上哲次郎的《经济学史》一书出版预告，但在目前的数据库里检索

---

① 王立新. 美国传教士与晚清中国现代化. 天津：天津人民出版社，1997.
② 严复将 economics（经济学）翻译成"计学"，但梁启超不同意他的译名，而将经济学翻译成生计学。

不到这本书的存在，虽然这本书在一些书籍介绍里面曾经出现过，但没有引用其译文，很有可能最后没有出版。① 因此，梁启超的这本外国经济思想史著作，很可能是用中文出版的第一本经济思想史著作，这就是说，与西方经济学学科在中国先传播后建立不同，外国经济思想史学科在中国是先建立，然后才开始持续不断地引进。1903年，由陈国镛翻译的日本学者田尻稻次郎所著的《二十年来生计界剧变论》在中国出版。

在外国经济思想史的初步引进阶段，率羣使用日文有关经济学史、经济史和西洋哲学史资料撰写的两篇文章也具有一定的代表性。第一篇文章题为《欧洲经济学思想变迁论》，自1912年第1卷第11期开始在《独立周报》上连载，一直持续到1913年第2卷第18/19期，但由于《独立周报》停刊戛然而止，共约32页，该文只介绍了马尔萨斯及以前的西方经济学说，介绍了李嘉图经济学的部分内容。《独立周报》停刊后，率羣在1914年的《雅言》杂志上发表了《世界最近经济学说变迁论》一文，该文介绍并评论了德国历史学派和奥地利学派。据推测，率羣似乎是民国时期著名的民主革命家和法学家康宝忠的笔名，康宝忠早年曾在早稻田大学经济科学习，是《独立周报》的创始人。②

在这个阶段，外国经济思想史学科具有两项功能：首先，作为推动西方经济学说在中国传播的有力工具，在引进新思想上发挥了重要作用；其次，为探索富强之道提供历史借鉴，并提供学理基础。梁启超曾将经济学视为决定"国之兴亡，种之有灭"的关键因素，因此，我们可以说，寻找当时中国积贫积弱的解决办法也是梁启超撰写《生计学学说沿革小史》的目的之一。率羣坦言，他撰写《欧

---

① ② 罗震宇. 清末民国时期外国经济思想史学科史研究. 北京：中国人民大学，2020.

洲经济学思想变迁论》和《世界最近经济学说变迁论》的目的是让人们了解"欧洲经济学说变迁之大势",以让国人能够"知欧洲能臻繁富之原因以及其学术之功用"。①

这个阶段的外国经济思想史学科具有两个特征。首先,它深受德国历史学派的影响。从梁启超撰写《生计学学说沿革小史》到五四运动,外国经济思想史学科几乎完全是经由日本引入中国的,而德国历史学派在当时的日本是占支配性地位的经济学说,"在国家对倡导和保护工商企业扮演重要角色的社会,自由放任的经济理论不如德国历史学派的以国家为中心的经济理论(在日本)具有吸引力是毫不奇怪的";② 而当时日本的经济学研究非常重视经济思想史(在日本被称作经济学史),流行的经济学说史著作也都是以历史学派观点撰写的。因此,外国经济思想史学科在中国一诞生就被深深地打上了历史学派的烙印,而且这个特征一直延续到新中国的诞生。其次,外国经济思想史课程在当时的高校中几乎没有讲授,学科建设仍未提上议事日程。北京大学于1913年在法科下添设"经济学门",与商科并列,1916年经济学门在第二年开设有一学年的"经济学史"③,但在当时的中国大学中,可能只有北京大学将经济思想史(经济学史)课程列为必修课,而其他学校很少开设该课程。

在这里需要指出的是外国经济思想史对中国革命产生的重大影响。美国19世纪初中期的一些著名政治家是美国学派政治经济学的坚定支持者,林肯就是其中著名的代表,在其当选总统后,他全面推行了美国学派"关税保护、内部改善和国民银行"的经济发展战

---

① 罗震宇. 清末民国时期外国经济思想史学科史研究. 北京:中国人民大学,2020.
② 泰萨·莫里斯-铃木. 日本经济思想史. 北京:商务印书馆,2000.
③ 孙家红. 通往经世济民之路——北京大学经济学科发展史(1898—1949). 北京:北京大学出版社,2012.

略，为美国在南北战争后的迅速崛起奠定了基础。作为美国学派的政治领导人，林肯对中国革命产生了重要影响，孙中山先生接受了林肯的"民有、民治和民享"的三民思想，成为其"三民主义"的直接来源，正如先生自己在20世纪20年代初的演讲中指出的，"林肯所主张的这个民有、民治和民享主义，就是兄弟所主张的民族、民权和民生主义。"① 辛亥革命后，国外各种各样的思潮和学说开始被介绍到国内，马克思主义也开始在中国传播。

## 三、外国经济思想史学科繁荣和多元化发展的阶段

五四运动标志着中国进入了急剧变革的时期，以《新青年》杂志为代表，国外各种各样的学说被大量地介绍到国内，其中包括马克思主义学说在中国的进一步传播。1917年俄国十月革命胜利后，李大钊先生备受鼓舞，连续发表《法俄革命之比较观》《庶民的胜利》《布尔什维主义的胜利》等文章和演讲，热情讴歌十月革命。1919年5月，李大钊在《新青年》第6卷第5、6号"马克思主义专号"上发表《我的马克思主义观》，介绍唯物史观、科学社会主义和《资本论》的主要内容，阐述了剩余价值理论，剖析了资本剥削的实质，阐明了无产阶级是资本主义的掘墓人。自此之后，马克思和恩格斯的许多原著开始被翻译成中文，马克思主义在中国得到了广泛的传播。与此同时，外国经济思想史学科在中国也得到了迅速发展，从而开始进入了一个繁荣和多元化发展的阶段，一直到新中国成立，这个阶段才结束。

五四运动后，随着大量欧美留学生集中回国，经济学学科建制

---

① 孙中山. 三民主义之具体办法//黄季陆. 总理全集. 重庆：联友出版社，1944.

在中国开始走上正轨,推动了外国经济思想史学科在中国的迅速发展。"与中国经济思想史研究相比,中国近代有关外国经济思想史研究的成果数量较多,促进该学科发展的重要推动力量是中国近代大学有关课程的开设。……中国早期经济学说史著作主要是作为教材之用的急就篇,其中译作超过半数以上,当时的西方经济学说史名著大部分都有译本"①,"这种情况在当时的其他经济分支学科中是罕见的"②。其中包括三本著名经济学说史教科书的翻译:一是夏尔·基特、夏尔·理斯脱的《经济学史》③,该书在1986年由商务印书馆出版了徐卓英、李炳焕和李履端的重译本;二是英国历史学派代表人物约翰·凯尔斯·因格拉门(John Kells Ingram)的《政治经济学史》(中译本名为《经济学史》)④,上海社会科学院在2016年的"民国西学要籍汉译文献"丛书中出版了其影印本;三是奥地利著名经济学家斯班的《经济学说史》教材,在20世纪30年代的中国,斯班的这本教科书有两个译本,在当时的影响相当大。

但与"国内学术界热衷于翻译西方经济思想史著作,少有学术创新不同,中国近代海外留学生在外国经济思想史研究领域进行了艰辛的开拓,有些学术成果得到当时西方学术界的推崇。"⑤ 邹进文教授介绍了段茂澜的《作为经济学家的西斯蒙第》、赵迺抟的《理查·琼斯:一位早期英国的制度经济学家》和伍启元的《国际贸易价格关系理论:一个历史的研究》博士论文在海外出版和产生影响的情况。

---

① 邹进文.民国时期的经济思想史研究——来自留学生博士论文的考察.中国经济史研究,2015(3):54-65.
② 胡寄窗.中国近代经济思想史大纲.北京:中国社会科学出版社,1984.
③ 当时的译者王建祖对这两位作者名字的翻译与目前不同,见基特,理斯脱.经济学史.上海:商务印书馆,1923.
④ 因格拉门(Ingram,J.K.).经济学史.北京:商务印书馆,1933.
⑤ 邹进文.民国时期的经济思想史研究——来自留学生博士论文的考察.中国经济史研究,2015(3):54-65.

在这一阶段，经济思想史译作的主要来源从日本转向了欧美国家，中国学者撰写的经济学说史教科书和介绍国外经济学名家的著作也大量地出现了，如唐庆增的《西洋五大经济学家》和刘秉麟撰写的关于斯密、李嘉图、李斯特等著名经济学家系列传记和学说的著作。经济思想史学科在这一阶段得到高度重视，其中标志之一是1939年在当时教育部的建议下，经济思想史在中国的大学中设成了必修课。以马寅初、赵迺抟、袁贤能、王亚南、陈岱孙、何廉和方显廷等为代表的留学生群体成为推动外国经济思想史学科在中国发展的中坚力量，其中，袁贤能的《亚当·斯密前经济思想史》(1940)和赵迺抟的《欧美经济学史》(1949)代表着中国学者在这一阶段在外国经济思想史研究上的最高水平。概括地说，这一阶段的外国经济思想史学科具有以下三个特征。

首先，这是一个外国经济思想史学科在中国多元化发展的阶段。笔者在这里仅以前述斯班的《经济学说史》教材为例说明这个问题。斯班在这本流传甚广的教科书中明确地区分了经济学研究的两大传统："人们已经不能再否认由亚当·米勒（德国历史学派先驱——引者注）一直到新的历史学派的经济学说都是由一条'红带'贯穿着的。……这些人所产生的普遍的有机主义（universalist-organic）和理想主义（idealist）的学说，与亚当·斯密、李嘉图、萨伊、罗氏（Rau）、门格尔和杰文斯所主张之原子论的个人主义（atomist-individualist）和物质主义的学说可以相互辉映……从历史的观点看来，不存在一种统一的经济学体系，并且依照个人主义和有机主义之资本的问题的变异，一切的思想必须类分为个人主义和有机主义的。"①

---

① 斯班. 经济学说史. 上海：大东书局，1932.

区克宣在其所译的斯班的《经济学说史》中介绍说，斯班是维也纳大学继庞巴维克之后的著名教授，他撰写的这本经济学说史教材初版于1911年，原书名为《经济学与重要派别》，每年出版一版，到1929年该书已出版到第十九版，并被译成多国文字。在这本著名的经济学说史教材中，斯班按照上述理论架构组织经济学说史的篇章结构，两种不同传统的经济学所占篇幅大致相当。在20世纪上半叶，西方国家经济思想史学科的这种两大经济学研究传统的观念与欧美国家当时经济学的多元化是交互影响的，但在西方经济学于20世纪50年代发生"数学形式主义革命"以后，两种经济学研究传统的概念在西方国家就逐渐消失了，直到20世纪末，贾根良（1998，1999，2006）、泰伯（Tabb，1999）和赖纳特（Reinert，2004）才复兴了这个概念。

其次，经济学的历史学派对这个阶段的经济学和外国经济思想史学科影响最大。在这个阶段，李斯特（李士特）的《政治经济学国民体系》的中译本（当时译名为《国家经济学》）于1925年出版，旧历史学派代表人物胡洛斯基和罗齐尔的《经济学历史方法论》以及施穆勒（斯莫拉）的《重商制度及其历史意义》的中译本同在1936年出版。1925年，商务印书馆出版了刘秉麟撰写的《李士特经济学说与传记》，该书曾数次再版。1933年，朱谦之撰写并出版了《历史学派经济学》。在20世纪三四十年代的中国，李斯特的保护主义学说和德国历史学派得到了学者们较普遍的重视，与现在不同，当时大部分学者都赞同保护主义学说和经济研究的历史方法。严鹏认为，德国历史学派对民国时期中国经济学的发展产生了广泛的影响，民国经济学者主要关注这一学派诞生的渊源、保护主义政策以及历史主义方法，这些关注点基于中国学者将近代中国的处境比拟于19世纪前期的德意志，而希望从德国历史学派那里寻求富强之道，在构建本土经济学的进程中，民国学者一方面视德国历史学派为榜样，另一方面又对其进行扬弃，为中国经济学的创立开辟了广阔的空间。①

最后，外国经济思想史在推动马克思主义政治经济学在中国的传播上发挥了重要作用。在这里，笔者只简要指出马克思主义经济学家王亚南、郭大力为了翻译好《资本论》在经济思想史上所下的功夫。他们认为，没有深厚坚实的理论修养和渊博的学识积累是翻译不好《资本论》的，这其中就包括对作为马克思主义政治经济学来源的古典经济学的深入理解，因此，在翻译《资本论》之前，他们花了八年的功夫先翻译出版了外国经济思想史上的名著：王亚南和郭大力合译了李嘉图的《政治经济学及赋税原理》和斯密的《国富论》，郭大力独自翻译了马尔萨斯的《人口论》、约翰·穆勒的《经济学原理》、杰文斯的《经济学原理》和伊利的《经济学大纲》，在此基础上，他们终于在1938年完成了十年前计划翻译出版《资本论》三大卷全译本的宏愿。时隔十年，郭大力翻译的《剩余价值学说史》也在1948年出版。

总而言之，这个阶段是我国经济思想史学科发展的"黄金时代"，它承担着在经济学上探索中国救国救民之道的使命。正是这种使命感造就了一个经济学发展的多元化阶段，并在推动马克思主义在中国的传播上发挥了重要作用。当然，在我国经济思想史学科史上，这个"黄金时代"的形成也受到了海外因素的很大影响，当时欧美国家的经济学正处于多元化发展阶段，其经济思想史学科也正处于"黄金时代"。

---

① 严鹏. 德国历史学派与民国时期中国经济学的发展. 德国研究, 2011 (2): 40-45.

## 四、服务于马克思主义政治经济学学科建设的阶段

第三个阶段是服务于马克思主义政治经济学学科建设的阶段（20世纪50年代至70年代末），这是经济思想史学科在这个阶段的主要功能，另一项功能是致力于对"资产阶级庸俗经济学"的批判。新中国成立后，为了更好地发挥马克思主义政治经济学对中国社会主义经济建设的指导作用，当时的教育部邀请苏联专家在新成立的中国人民大学授课，为全国高校培养政治经济学教员，从而构建起了以苏联教学经验为基础的马克思主义政治经济学知识体系，这一体系主要由政治经济学理论课程和经济学说史课程构成，从而建立起了以马克思主义为指导的经济思想史学科。

据中国人民大学档案馆资料，从1950年6月至1957年6月，曾先后有七位苏联专家在中国人民大学政治经济学教研室工作。从1952年秋季开始，苏联专家为马列主义研究班特别是政治经济学分班授课，其中然明、卡拉达耶夫为政治经济学教研室的研究生班讲授经济学说史课程，然明编写了《经济学说史讲义》，卡拉达耶夫编写了《经济学说讲义》，1957年由经济学说史教研室翻译成中文，由中国人民大学出版社公开出版发行。卡拉达耶夫在教学过程中阐述了中国经济学说史的若干特点，例如，他提出中国经济学说的产生比古希腊的家庭经济学要早，而且是以解决国家经济问题为对象的，这种看法现在看来仍是非常有见地的。在当时，我国高校经济学说史课程普遍采用然明撰写的《经济学说史讲义》作为教材。[①] 为了提供经济思想史教学和研究的参考资料，我国经济学界在1958—1960

---

① 吴起民，耿化敏. 苏联专家与中国人民大学政治经济学理论课程的建立（1949—1957年）. 当代中国史研究，2017（4）：63-72.

年翻译出版了卢森贝的三卷本《政治经济学史》,这是经济思想史学科"苏联范式"的代表作,这个阶段的外国经济思想史学科深受其影响。

1960 年,中共中央书记处召开编选大学文科教材的会议。根据会议决定,中国人民大学、北京大学和南开大学的相关教师开始共同编写《经济学说史》教材,并由鲁友章、李宗正担任主编,该教材 1965 年由人民出版社出版了上册,但下册因故推迟到 1983 年 3 月才出版。该教材是新中国成立以后第一本由中国学者自己编写的经济学说史教科书,被参编者、我国著名的经济思想史专家季陶达教授称为"我国第一部完整的经济学说史教科书"。该教科书在 20 世纪 90 年代以前影响巨大,曾荣获国家教委评选的优秀教材一等奖,并在 2013 年出版了由吴易风、姚开建和贾根良修订的第三版(修订版)。

从 20 世纪 50 年代中期开始,我国高校相继开设了两门课程,一门是"外国经济学说史",另一门是"当代资产阶级经济学说(介绍与批判)",前者讲授的是凯恩斯及其凯恩斯之前的经济思想史,后者讲授的是凯恩斯之后直到当前的经济思想史,我们现在把它叫做"当代(西方)经济学流派"(包括前沿的经济学各流派),属于当代经济思想史的范畴。在这个阶段,这两门经济学说史课程的作用是配合当时政治经济学和《资本论》的教学与研究,在帮助学生深入理解马克思主义政治经济学方面做出了重要贡献。为了配合当时的《资本论》教学,中国人民大学出版社 1963 年出版了中国人民大学经济学说史教研室编写的《资本论典故注释》;为了配合外国经济学说史的教学,商务印书馆分别于 1963 年和 1965 年出版了季陶达主编的《资产阶级庸俗政治经济学选辑》和王亚南主编的《资产阶级古典政治经济学选辑》,后者后来又由吴斐丹教授主持修订,于

1979年再版。

在1950—1979年期间，我国经济思想史研究主要从事两项工作：马克思主义政治经济学诞生之前的经济思想史研究和名著翻译工作，当代资产阶级经济学说批判及其相关论著的翻译工作。以经济思想史学者为例，前者的代表作有20世纪60年代初出版的李宗正的《马尔萨斯主义》、鲁友章的《重商主义》、季陶达的《英国古典政治经济学》和《重农主义》等专著，译作有袁南宇翻译出版的托马斯·孟的《英国得自对外贸易的财富》和吴斐丹、张草纫选译并出版的《魁奈经济著作选集》等。为了对当代资产阶级经济学说进行批判，商务印书馆翻译出版了阿尔弗里德·马歇尔的《经济学原理》和康芒斯的《制度经济学》、李斯特的《政治经济学的国民体系》（重译本）、勒纳的《统制经济学》等许多译作。

## 五、引进西方经济学之桥梁的阶段

第四个阶段（1979年至20世纪90年代末）的突出特征是其所发挥的引进西方经济学之桥梁的作用。一个突出的标志是1979年中华外国经济学说研究会的成立，该学会最初的名字是"外国经济学说研究会"，它是由陈岱孙、李宗正、朱绍文、吴斐丹、吴易风、蒋自强等17位主要从事外国经济思想史教学和研究的学者共同发起的，是一个全国性的研究外国经济思想史和当代西方经济学说的学会。[①] 该研究会所做的两项工作对西方经济学在中国的传播起到了重要的推动作用：一是在1979年11月至1981年春在北京大学开设国外经济学讲座，43位学者共讲了60讲，这些讲稿汇编成四册，以

---

① 成立"外国经济学说研究会"创议书. 经济学动态，1979（9）：F0004.

《外国经济学讲座》的书名由中国社会科学出版社于1980—1981年出版,在当时影响很大;二是研究会组织业内专家从英文文献中挑选出外国经济学说和流派中具有代表性的著述,翻译、编辑和出版了十七辑《现代国外经济学论文选》(1979—1997年),并通过定期举办学会年会以及主编论文集等形式,大力推动了经济思想史学科学术共同体的形成和发展,推动了西方经济学在中国的普及和传播。此外,商务印书馆在这个阶段以"汉译世界学术名著"为旗帜,系统地组织翻译和出版了一大批西方经济学名著(一部分是原有译本的再版或重译),其中有不少是外国经济思想史上的名著,如杨春学教授翻译的李斯特的《政治经济学的自然体系》。在这一时期,我国外国经济思想史学科在新中国成立后的经济学教育和研究中发挥的作用达到了顶峰。

在1977年恢复高考后,恢复研究生教育及其学位制度也被提上了议事日程。1949年新中国成立前,研究生教育非常落后,仅有232人获得硕士学位,其中授予经济学硕士学位的单位主要是南开大学的南开经济研究所,到新中国成立前,南开经济研究所共招收硕士研究生11届59人。新中国成立后,政府十分重视研究生教育,1950年即招收研究生。1950—1965年共招收研究生22 700多人。但由于受"文化大革命"影响,中国研究生教育自1966年后中断了12年之久,直到1979年才恢复了研究生招生。随后,又恢复了学位授予制度。据国务院学位委员会1981年11月26日下达的《首批硕士学位授予单位及其学科、专业名单》和《首批博士学位授予单位及其学科、专业名单》,被批准设有外国经济思想史专业首批硕士学科点的单位有北京大学、中国人民大学、复旦大学和辽宁大学,被批准设有外国经济思想史专业首批博士学科点的单位只有北京大学。1984年,新增中国人民大学、复旦大学和辽宁大学为外国经济思想史专业全国第二批博士学位授权点；新增上海财经学院（现为上海财经大学）为第二批外国经济思想史专业硕士点。1986年，新增武汉大学为外国经济思想史专业全国第三批博士学位授权点；新增山东大学、华中工学院（现为华中科技大学）和云南大学为第二批外国经济思想史专业硕士点。

在1990年公布的第四批博士点授权单位中，西方经济学专业尚未出现，但却出现在该年国务院学位委员会颁布的《授予博士、硕士学位和培养研究生的学科、专业目录》中。由于根据新颁布的学科、专业目录申报新的博士、硕士学位授予点到批准有一段时间，因此，直到1993年，教育部才正式把西方经济学增设为新的硕士和博士点。[①] 在此之前，西方经济学的研究生培养基本上是在外国经济思想史专业名义之下进行的。表2是截至1986年全国高校前三批"外国经济思想史"专业博士生导师名单，从这些博导名录可以看出，他们中不少也是西方经济学的研究者，在引进西方经济学中发挥了重要作用。

表2　全国高校前三批（截至1986年）"外国经济思想史"专业博导名单

| 博士学位授予单位 | 指导教师 |
| --- | --- |
| 北京大学 | 陈岱孙 |
| | 厉以宁 |
| | 杜 度 |
| | 胡代光 |
| 中国人民大学 | 李宗正 |
| | 高鸿业 |
| 复旦大学 | 宋承先 |
| 辽宁大学 | 宋则行 |
| 武汉大学 | 谭崇台 |

---

① 方福前．引进西方经济学40年．教学与研究，2018（12）：67-79.

在这个阶段，学者们新编写了不少西方经济学说史或外国经济思想史教科书，代表性教材主要有陈岱孙教授主编的《政治经济学史》、陈孟熙教授主编的《经济学说史教程》、胡寄窗教授主编的《西方经济学说史》和汤在新、颜鹏飞教授主编的《近代经济学说史》等。在教科书的编写上，这一阶段也出现了明显不同于改革开放前的新思路。以陶大镛教授主编的《外国经济思想史新编》为例①，在该教科书的序言中，他批评指出，从新中国成立后直到20世纪80年代中期的经济学说史教材"大多侧重于价值理论和剩余价值理论的评述，基本框架和具体内容大同小异，在理论分析上不免显得有些刻板，未能鲜明地反映人类经济思想发展的历史全貌。"②因此，该教科书增加了德国历史学派、边际革命以及属于当代西方经济学的内容，并体现出古为今用和洋为中用的编写理念。

在这个阶段，我国的外国经济思想史研究也出版了一批具有代表性的研究专著。例如，陈岱孙教授于1981年出版了《从古典经济学派到马克思——若干主要学说发展论略》；吴易风教授分别于1980年、1988年和1998年出版了《空想社会主义》、《英国古典经济理论》和《市场经济与政府干预：新古典宏观经济学和凯恩斯主义经济学研究》；晏智杰教授分别于1987年、1996年和1998年出版了专著《经济学中的边际主义》、《亚当·斯密以前的经济学》和《古典经济学》。一般说来，这个阶段的经济思想史专著大都是新中国第一代和第二代经济思想史学家撰写的，研究内容和研究思路基本上仍延续了上一个阶段的传统。

在这个阶段，外国经济思想史学科在研究生教育的学科、专业目录中的地位发生了很大变化，参见表3。自1983年国务院学位委

---

① 陶大镛.外国经济思想史新编（上、下册）.南京：江苏人民出版社，1990，1991.
② 陶大镛.《外国经济思想史新编》序.经济学家，1989（5）：107-111.

员会发布《高等学校和科研机构授予博士、硕士学位的学科、专业目录（试行草案）》以来，研究生教育的学科专业目录先后颁布了1983年版、1990年版、1997年版、2011年版、2018年修订版和2022年版。直到1997年版才在作为一级学科的经济学下设立理论经济学和应用经济学两个二级学科，其中理论经济学之下六个专业的设置一直延续至今。通过表3可以看出，1997年版的学科专业目录将外国经济思想史与马克思主义经济思想史、中国经济思想史归并为"经济思想史"之下的子学科。因此，从1990年版的研究生教育学科专业目录专设西方经济学开始，再经1997年版将其归并为"历史类"，外国经济思想史学科逐渐与西方经济学分道扬镳，"这个转变意味着西方经济学已无须再通过外国经济思想史学科这个载体来发展。如同在国外一样，经济思想史不再被认为是经济学的重要组成部分"。① 由于受这个因素及其他各个因素的影响，进入21世纪以来，外国思想史学科在我国经济学界越来越被边缘化。

表3 研究生教育学科专业目录中的外国经济思想史学科

| 《授予博士、硕士学位和培养研究生的学科、专业目录》1997年版中的"理论经济学"各专业 | 《授予博士、硕士学位和培养研究生的学科、专业目录》1990年版中与1997年版中相对应的"理论经济学"各专业 |
| --- | --- |
| 020101 政治经济学 | 020101 政治经济学 |
| 020102 经济思想史 | 020102 马克思主义经济思想史 |
| 020103 经济史 | 020103 中国经济思想史 |
| 020104 西方经济学 | 020104 外国经济思想史 |
| 020105 世界经济 | 020105 中国经济史 |
| 020106 人口、资源与环境经济学 | 020106 外国经济史 |
|  | 020107 西方经济学 |
|  | 020108 世界经济 |

---

① 李黎力. 外国经济思想史学科的世纪流变. 中国社会科学报，2021－08－11.

## 六、编史学观念的突破和引进西方非正统经济学的阶段

在过去的 20 年中，虽然经济思想史学科一直处于不断被边缘化的状态，但是，由于受到新中国老一代经济学家重视经济思想史的影响，经济思想史学界通过对传统的经济思想史研究范式进行反思，取得了一些突破性成果，从而迎来了新中国成立以来外国经济思想史学科的繁荣时期。特别是 20 世纪 60—70 年代初出生的新一代经济思想史研究者，在引进新思想、发挥经济思想史研究引领经济理论创新的作用、提供富强之道借鉴和探索经济思想史研究新方法等方面做出了新贡献。由于篇幅所限，本文只能简介该学科在这一阶段所取得的主要成果。

首先，突破了经济思想史学科传统的编史学观念。这主要表现在突破传统经济学说史的"前苏联范式"，打破"欧美中心主义"的编史学理念，倡导主流和正统并重的多元主义编史学新理念，并提出学科建设的"新经济思想史"研究纲领上。在这方面，主要有以下四项代表性的成就。

一是蒋自强、张旭昆、罗卫东、袁亚春、曹旭华和罗卫东教授的四卷本著作《经济思想通史》在 2003 年出版，皇皇二百三十余万言。该书有三大主要贡献：将中国与欧美经济思想从古至今纳入一个统一框架进行分析，突破了"欧美中心主义"的经济思想编史学理念；突破了以卢森贝为代表的以阶级斗争作为经济思想编史学单一模式的"苏联范式"；尝试性地运用经济思想的"供求"模式揭示经济思想演化发展的机制。

二是顾海良和颜鹏飞两位教授主编的《新编经济思想史》（共十

一卷）由经济科学出版社于 2016 年出版，该书贯通中国经济思想史、马克思主义经济思想史和西方经济思想史，目的是突破经济思想编史学的"美欧中心主义情结"，表现出了鲜明的中国情结，从而使"从中国出发、以中国结尾"成为这套巨著的突出特点。

三是贾根良和张林倡导主流和正统并重的多元主义编史学理念，并将之付诸实践。贾根良指出，"经济学家们可以大致上被分为两种类型……熟悉经济学说发展史的人都知道，长期以来，这两类经济学家构成了经济学研究的两大传统"[①]，这就是西方正统与非正统经济学的两大传统。张林在其编写的经济思想史教科书中贯彻了多元主义编史学的理念："目前多数经济思想史教科书其实更多地是'西方正统经济思想史'，对正统经济学的反对派着墨不多。本书对正统与非正统经济学同等对待：从第二篇开始，在每一个时间段都反映出两种经济学的发展。"[②]

四是贾根良在多篇论文中扼要阐述了经济思想史研究的新纲领：西方经济思想史中存在着经济学研究和经济政策制定的两大传统和三大理论体系，"新经济思想史"应该以此为框架重新梳理西方经济思想史的演化过程，并以现代宇宙观为标准对各种经济学说重新进行评价；"新经济思想史"研究的目的是经世致用；重点研究发达国家历史上脱贫致富的经济思想史；创建介于经济思想史和经济史学科之间交叉研究的"经济政策史"和"经济政策思想史"子学科；系统地发展史论结合的经济思想史理论；以"创造解释学"为基础，发展"新经济思想史研究方法论"。[③]

---

① 贾根良. 中国经济学发展的西方主流化遭遇重大质疑. 南开经济研究，2003（2）：3-12.
② 张林. 经济思想史. 北京：科学出版社，2008.
③ 贾根良. "新经济思想史"刍议. 社会科学战线，2010（1）：74-85.

其次，对经济思想史学科在经济学中的地位和研究目的有了新的认识。贾根良认为，作为经济学的一门基础性学科，经济思想史本身就是经济学，它可以通过发挥理论和政策的批判性功能，启迪、推动和直接从事经济理论的创新，并为解决实际经济问题提供政策建议。同时，作为经济理论和经济政策创新的基因库，经济思想史具有经济学其他学科无法替代的许多重要功能，例如，更好地理解经济理论的创造过程，更好地把握现代经济理论，更好地体悟经济政策因时因地而制宜的至关重要性，培养经济学多元主义科学思维，避免理论和政策主张的极端主义，作为思想基因库保留被排斥的经济思想，温故知新，为新理论的创造提供建筑材料，立足于经济思想发展的历史规律对前沿理论创新和经济学发展的方向进行评价，等等。①

就经济思想史在经济理论创新中的作用而言，贾根良、姚开建提出，经济思想史研究的目的就在于解放思想，营造经济学多元主义的学术氛围，为中国经济学的自主创新铺平道路，为经济理论创新的成败提供历史上可以借鉴的经验和教训，为经济思想史中曾存在但在目前经济学发展中没有得到足够重视或被忽视的重要理论问题提供新思路和灵感来源，为解决中国重大经济问题所提出的特殊而又具体的原创性理论命题提供支援意识。② 贾根良和黄阳华指出，"马克思经济学在主体上与德国历史学派都是同一种哲学传统和经济学传统的产物，而这种传统与中国哲学传统之间又具有惊人的相似性，这对于马克思主义经济学的创造性发展和开创中国经济学研究

---

① 贾根良． "新经济思想史与新李斯特学派丛书"总序//贾根良，等．新李斯特经济学在中国．北京：中国人民大学出版社，2015．
② 贾根良，姚开建．中国经济学的自主创新与"新经济思想史"研究．社会科学战线，2008（12）：57-64．本文为姚开建，贾根良主编的"经济思想史丛书"（中国人民大学出版社，2009—2012）的"代总序"。

传统都具有重大的启发意义。"① 张林教授讨论了经济思想史研究在中国特色社会主义政治经济学创新中的重要作用。② 在经济理论创新的成败为我国经济学发展可以提供借鉴的经济思想史研究方面，关永强、张东刚的论文③和张林的专著④具有代表性。

再次，为我国强国富民之路提供经济思想史和经济史的借鉴研究。为了适应中国崛起而借鉴历史经验的需要，在过去的 20 年中，有相当多的经济思想史研究者对推动发达国家崛起的经济思想史进行了深入研究，这包括我国台湾"清华大学"荣誉退休教授赖建诚教授的《亚当·斯密与严复：〈国富论〉与中国》（2022 年出版了英文版），贾根良的团队对重商主义、李斯特经济学、德国历史学派和美国学派的系统和深入研究，梅俊杰对李斯特经济学思想史的系统研究，杨春学、魏建和严鹏等对德国历史学派的研究，徐则荣、黄阳华等对熊彼特经济学思想史的研究，张林、贾根良等对老制度学派思想史的研究，杨虎涛、贾根良等对演化经济学思想史的研究，贾根良、马国旺、张凤林和李黎力等对后凯恩斯主义经济学思想史的研究，以及梅俊杰、李新宽、伍山林、黄阳华和唐万宁等对重商主义经济学的研究。2015 年，贾根良、梅俊杰主编的"经济史与国富策译丛"开始在商务印书馆出版发行，梅俊杰教授在 2013—2018 年还主持翻译出版了科尔贝、汉密尔顿和维特等经济战略家的传记。

最后，外国经济思想史学科成为引进西方非正统经济学的主要

---

① 贾根良，黄阳华. 德国历史学派再认识与中国经济学的自主创新. 南开学报（哲学社会科学版），2006（4）：89-97.
② 张林. 经济思想史研究在构建完善中国特色社会主义政治经济学中的作用. 光明日报，2019-06-18.
③ 关永强，张东刚. 英国经济学的演变与经济史学的形成（1870—1940）. 中国社会科学，2014（4）：45-65.
④ 张林. 从多元到新古典霸权：20 世纪上半叶经济学在美国的发展及其影响. 北京：商务印书馆，2021.

途径。外国经济思想史学科自 20 世纪 90 年代末与西方经济学分道扬镳后，就转变成了引进西方非正统经济学的主要途径。例如，演化经济学、老制度主义经济学的新发展、新熊彼特经济学、奥地利经济学、后凯恩斯主义经济学的新发展、女性主义经济学、演化发展经济学、明斯基经济理论和"现代货币理论"等西方非正统经济学基本上都是由外国经济思想史的研究者引入中国的，他们还在引进法国调节学派和复杂系统经济理论等方面做出了贡献。引进西方非正统经济学与 2008 年开始召开的中国演化经济学年会有很大关系，该年会的骨干成员大部分也都在从事经济思想史研究，目前在国内已出版了三套具有代表性的西方非正统经济学译丛：贾根良主编的"演化经济学译丛"（2004—2007 年）、孟捷主编的"演化与创新经济学译丛"（2007 年）和张林主编的"西方非正统经济学译丛"（2008—2013 年）。

外国经济思想史的研究者之所以注重引进西方非正统经济学，是因为他们认为，西方非正统经济学在西方国家目前虽然处于被边缘化的地位，但却因其先进的宇宙观和现实主义的研究方法，代表着西方经济理论的未来，它可以与中国文化传统共同构成中国经济学原创性发展的支援意识[1]；由于它对市场经济的运行机制和规律的研究提供了比西方正统经济学更现实和更深刻的描述和分析，因此对中国特色社会主义政治经济学的创新具有直接的和重要的借鉴价值[2]，引进西方非正统经济学，在中国形成经济学多元发展的局面，将会促进具有鲜明中国特色的马克思主义中国学派的形成，

---

[1] 贾根良. 西方异端经济学传统与中国经济学的激烈转向. 社会科学战线，2005（3）：43-51.
[2] 贾根良. 我国应该加强西方政治经济学的教学与研究. 政治经济学评论，2017（1）：38-57.

有助于实现中国的马克思主义经济学成为马克思主义经济学主体的长远目标。①

在这一阶段，我国经济思想史学界在出版相关刊物、召开专业会议、成立经济史学系等学科建设方面取得了新进展。首先，创办专业期刊。顾海良、颜鹏飞于2006年创办了《经济思想史评论》辑刊；王立胜、周绍东于2019年创办了《经济思想史研究》辑刊；2021年3月，中国社会科学院经济研究所创办了《经济思想史学刊》（季刊）。其次，召开专业学术会议。北京大学和中国人民大学举办了多次经济学"两史学科"（经济史和经济思想史）的学术研讨会，中国社会科学院经济研究所于2019年12月召开了全国性的"第一届经济思想史前沿论坛"。再次，成立专业化的教学和研究机构。中央财经大学、上海财经大学和北京大学成立了专门从事经济史和经济思想史教学与研究的经济史学系。最后，通过其他形式推动经济思想史教学和研究。例如，截至2022年，北京大学已举办六届"中外经济思想史研究"暑期讲习班；中国人民大学的经济思想史学科举办经济思想史读书会（截至2022年底已举办40期），以及通过"RUC经济思想史"公众号，向学界和社会推送经济思想史的研究成果。

在这一阶段，外国经济思想史研究者还将欧美国家经济思想史学界在过去40年有关经济思想史学科的基础理论及其前沿成果介绍到国内。例如，张林引入了经济思想史的事件研究方法，并创造性将其运用到对学科评估等方面的研究中。进入新世纪以来，西方经济思想史学界对辉格史观在战后经济思想史学科中的支配性影响进行了反思和批判，其标志性成果是《剑桥经济学杂志》在2014年第

---

① 张林. 马克思主义经济学、非正统经济学与中国经济学的多元发展. 社会科学辑刊，2016（4）：15-20.

3 期出版的一整期专刊，乔洪武和贾根良等将其介绍到了国内。贾根良、何增平将经济思想史的两大权威名著——米切尔的《经济理论的类型：从重商主义到制度主义》和卡尔·普利布拉姆的《经济推理史》介绍到国内。贾根良、李黎力、兰无双将经济思想编史学、经济学学界史等西方经济思想史的分支学科介绍到国内。经济政策史与经济政策思想史在中国经济史研究中本来就有其传统，贾根良对西方经济思想史学界将经济分析作为经济思想史学科主要研究对象的做法提出了批评，倡导经济政策史与经济政策思想史研究的重要性。① 所有这些都拓宽了经济思想史研究的理论基础和研究范围，对中国经济思想史和马克思主义经济思想史的学科建设和研究工作也是有益的。

在这个阶段的外国经济思想史研究上，有不少学者做出了重要的贡献。例如，韦森教授对外国经济思想史的诸多领域具有广泛兴趣，其中对哈耶克经济思想的研究在国内广为人知；张旭昆教授是外国经济思想史的资深研究者，其专著《思想市场论——分析知识产品演化的一个模式：以经济学为例》是经济思想史理论的代表作；罗卫东教授是经济思想史跨学科研究的代表性人物，出版了专著《情感、秩序、美德：亚当·斯密的伦理学世界》；马涛教授的《经济学范式的演变》力图揭示经济学范式与经济思想史发展内在逻辑的规律性，入选国家哲学社会科学成果文库；姚开建教授著有《广义政治经济学：资本主义以前的社会生产方式》；乔洪武教授等所著的《西方经济伦理思想研究》获得 2019 年度孙冶方经济科学著作奖；杜丽群教授担任《中国大百科全书》（第二版）"外国经济思想史"分支条目的主要撰稿人，2009 年获中央宣传部和新闻出版总署

---

① 贾根良. 论加强经济政策史和经济政策思想史的研究. 经济思想史学刊，2021（2）：19-36.

颁发的《中国大百科全书》编纂出版重要贡献奖;李井奎教授是凯恩斯经济思想史研究专家,翻译的《凯恩斯文集》(共十一卷)正在陆续出版;梁捷博士撰写了不少经济思想史随笔和小品文,在普及外国经济思想史上做出了贡献。

## 七、结语:学科发展面临的严峻挑战值得高度重视

通过对外国经济思想史学科在中国发展历程的简要考察,我们可以观察到,外国经济思想史学科在我国经济学的发展中发挥着不可替代的重要作用,笔者在这里将其简要地总结为三种主要的功能。

首先,引进新思想的桥梁。外国经济思想史学科在过去120年中一直发挥着引进新思想的作用。虽然绝大多数人将经济思想史看作是历史的学科,但是,经济思想史学科也是一门前卫的学科,因为经济思想史家只有通过研究经济学说的前沿来回顾它的历史,才能对历史上的各种学说进行评价;同时,该学科也通过研究过去的学说来观察和评价新思想的诞生、发展和未来演变的趋势,这是该学科非常重要的功能。凯恩斯曾说过:"研究思想的历史是解放思想的必要前提",20世纪初的著名科学家彭加勒又说过:"为了预见数学的未来,正确的方法是研究它的历史和现状"。将这两位学者的说法合在一起,讲的就是思想史的这个功能。

其次,为探求国家富强之道提供历史借鉴,为制定国家经济发展战略和解决重大现实经济问题提供灵感或新思路。笔者在这里举两个例子说明这个问题,第一个例子是晚清和民国时期的中国最需要借鉴的外国经济学说是李斯特的保护主义学说,而严复却翻译了斯密的《国富论》,梁启超认为斯密的自由竞争和自由贸易理论不适合中国国情,提倡中国采取德国式的保护主义和英国历史上的重商

主义，这无疑与梁启超对西方经济思想史的了解具有很大关系；五四运动之后的民国经济学家绝大多数都赞同李斯特的学说，不再盲从西方经济学说，这也与外国经济思想史的作用具有很大关系。第二个例子是笔者提出"国内大循环经济发展战略"与经济思想史研究存在着交互作用的关系，"笔者组织翻译赫德森的这本著作就是为了给呼唤中国经济发展道路的大变革准备思想材料，并为笔者提出的'国内经济大循环战略'提供历史经验的借鉴。"①

最后，服务于国家社会科学知识体系的建构。国家社会科学知识体系的建设是国家建设的重要组成部分，古今中外概莫能外，外国经济思想史学科在新中国成立后30年服务于马克思主义政治经济学学科建设是无可厚非的，虽然存在着缺陷和不足。2022年4月25日，习近平总书记在中国人民大学考察调研时指出："加快构建中国特色哲学社会科学，归根结底是建构中国自主的知识体系"。外国经济思想史学科和西方非正统经济学作为比较、借鉴和激发灵感的途径将在其中发挥重要作用。新中国成立后30年，外国经济思想史的研究集中于马克思主义政治经济学诞生之前的政治经济学史，割断了与此后发达国家政治经济学新发展的联系，从而使中国政治经济学的发展失去了从中获得启迪和吸收营养的机会，这是一个值得记取的教训。发达国家政治经济学在当代的新发展就是西方非正统经济学，与西方主流经济学无关，但是，改革开放后，我国引进西方经济学言必称西方主流经济学，只有外国经济思想史学科注重引进西方非正统经济学，这使得政治经济学学科从后者获得启发和借鉴的机会受到了限制。在当代西方非正统经济学的发展中，西方马克思主义经济学与非马克思主义的西方非正统经济学日益融合，西方

---

① 迈克尔·赫德森. 保护主义：美国经济崛起的秘诀（1815—1914）. 北京：中国人民大学出版社，2010：译者前言16.

非正统经济学对中国经济学自主创新的重要性是不言而喻的,因此,我国经济学界亟须改变对西方非正统经济学的态度。

在这里有必要指出的是,经济思想史学科还有一个在我国缺失的重要功能,这就是通过经济思想史研究建构新的经济理论体系。任何一种新学说都可以在思想史中找到其先驱,经济思想史是经济理论和经济政策创新的基因库,只有在适当的时机,在适当的环境条件下,某些基因经过"组合",才能创造出新的理论学说和新的理论体系。例如,"现代货币理论"基本上就是在经济思想史研究的基础之上搭建的宏观经济学新框架,其建筑板块绝大部分来自经济思想史中已有的学说,如一百年前就已经消失的德国新历史学派克纳普的国家货币理论,勒纳在1941年提出的功能财政理论,美国老制度主义的制度分析,以及马克思、凯恩斯和卡莱茨基的有效需求理论与资本主义生产的货币理论,等等。经济思想史中的这些理论元素一直在等待历史机遇,直到1971年布雷顿森林体系的崩溃才为其赋予了新的使命。当然,"现代货币理论"也有重要的创新,它是一个新的宏观经济学理论体系。纵观外国经济思想史学科在中国发展的120年,虽然在该学科过去20年的繁荣期中,我国的一些学者在这个方面也做出了某些贡献,但经济思想史学科的这个功能在我国基本上是付之阙如的。

笔者在前面已经提到,自经济思想史学科在学科建制上与西方经济学分道扬镳后,就一直处于不断被边缘化的地位,因此,在笔者看来,外国经济思想史学科在我国过去20年的繁荣期中有可能正在成为历史,因为这种繁荣只是表现在少数坚持经济思想史研究的学者的研究成果方面,而学科本身的生存正面临着危机。笔者在前面列出了改革开放后外国经济思想史学科前三批获得博士点授权的五所高校和教授名录,查阅这些高校官网上的研究生招生目录,笔者发现，除了北京大学和中国人民大学各有一位临近退休的教师仍在招收经济思想史专业的博士研究生，复旦大学、武汉大学和辽宁大学在2022年和2023年都已停止招生。导致这种状况的一个原因是该学科长期面临后继无人的困境，以武汉大学为例，该校的外国经济思想史专业在其鼎盛时期有五位博士生导师，但在这些教授退休后，这个学科基本上就消亡了。① 虽然中央财经大学和上海财经大学都设有经济史学系，但基本上都是以经济史和中国经济思想史为主，只有伍山林教授一人兼职指导外国经济思想史博士研究生。这说明，在经济学大繁荣的背景之下，外国经济思想史学科作为学科建制在中国正面临着生存危机。

笔者在以往的论著中曾对造成我国外国经济思想史学科被边缘化的原因进行过讨论，这里不再赘述。经济思想史学科的生存危机是一种全球性的现象，由于该学科在经济学院生存困难，西方经济思想史学界对是否将该学科搬到历史学系和科学史学系已经展开了长达30年的争论。② 在西方发达资本主义国家，西方主流经济学通过顶级期刊发表和学科评估排挤和打击经济思想史学科是导致该学科衰落的主要原因；在我国，经济学数学形式主义的支配性影响和学科评估也是导致该学科日渐衰落的重要原因。我国经济学界和相关部门应该正视经济思想史学科的衰落对经济学的生态系统造成的严重损害：正如生物多样性是生物进化的基础一样，作为多元化思想基因库的经济思想史学科发挥着类似的作用。一旦一个学科不再了解自己的历史，其发展将面临无源之水、无本之木的境地；一旦

---

① 朱亚男. 我国高校外国经济思想史专业研究生学位论文评述. 武汉：武汉大学，2019.

② 贾根良，兰无双. 关于经济思想史学科专业归属和栖息地的争论. 经济学动态，2016 (12)：132-140.

一个学科缺乏多元主义科学精神，教条主义就会盛行，创新就会受到巨大阻碍。一叶知秋，外国经济思想史学科衰落的问题不是该学科本身的问题，其背后隐藏着许多重大的深层次问题，我国经济学界和相关部门应该对此引起高度重视，以"将论文写在祖国的大地上"为宗旨改革中国经济学教育和科研体制，只有这样，才能为中国经济学自主知识体系的建构营造一个多元化的学术环境；只有在这种环境中，外国经济思想史学科才能迎来其振兴的历史机遇。